懐かしい京成電鉄沿線にタイムトリップ

京成電鉄
古地図さんぽ

生田 誠 著

中川橋梁を渡る京成電車。

1章【京成本線、東成田線、芝山鉄道線】

京成電車沿線案内（昭和戦前期）

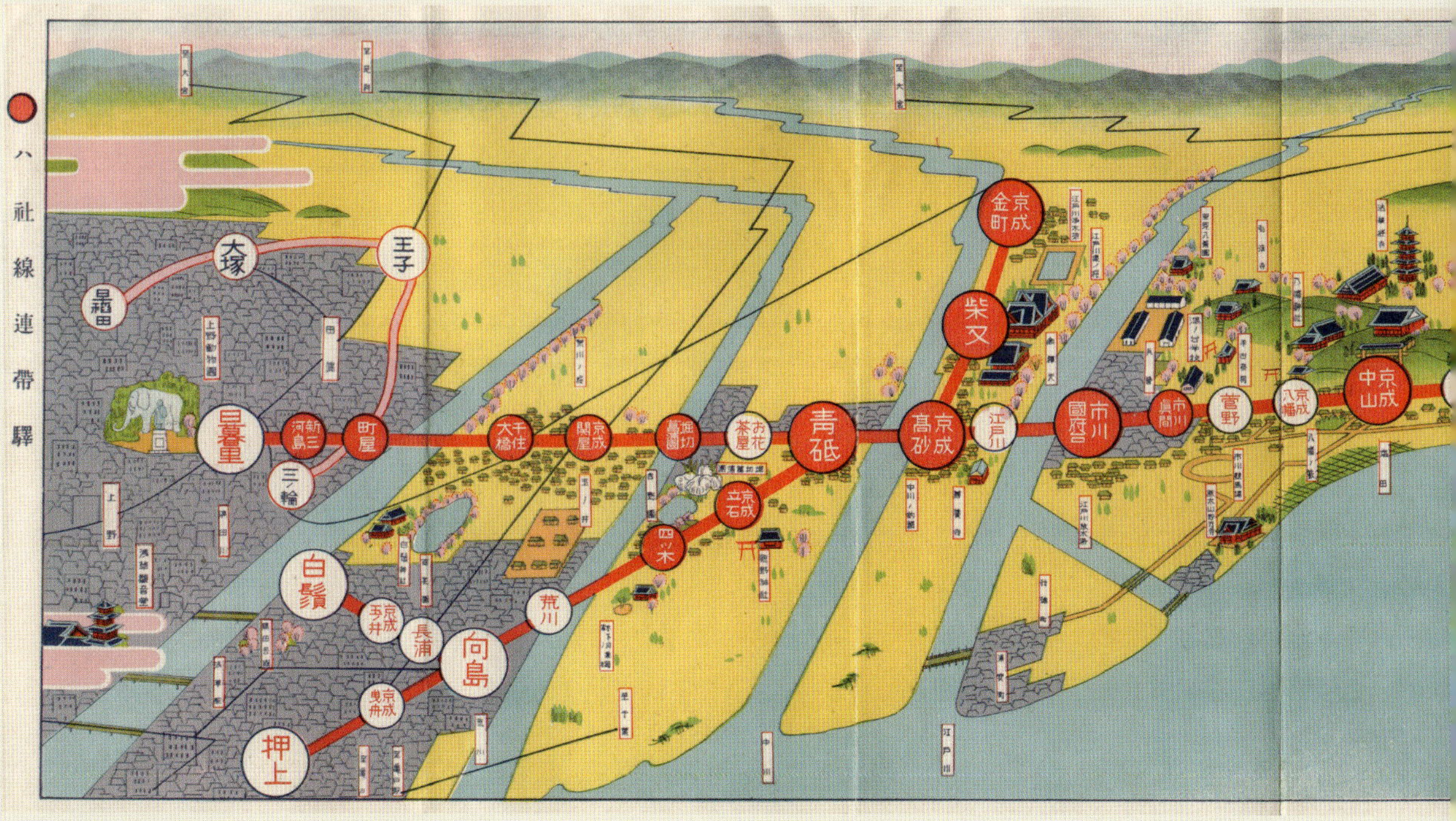

11万石の城下町に残る佐倉城址公園
京成佐倉 …… 82
大佐倉は印旛沼干拓地。酒々井に名水
大佐倉、京成酒々井 …… 86
成宗電気軌道は消え、宗吾伝説は残る
宗吾参道、公津の杜 …… 88
歌舞伎の歴代団十郎も崇敬した新勝寺
京成成田 …… 90
成田スカイアクセス線で便利な路線に
空港第2ビル、成田空港・東成田 …… 94
2002年、芝山鉄道線に芝山千代田駅
芝山千代田 …… 96

2章【押上線、金町線】

東京スカイツリーのお膝元、東の玄関口
押上 …… 98
2線の駅名となった曳舟、地名は消えて
京成曳舟 …… 102
1923年の開業以来、荒川駅を名乗る
八広 …… 104
荒川放水路の開削で移転し、現在地に
四ツ木 …… 106
葛飾区役所の最寄り駅。立石様が存在
京成立石 …… 108
寅さん・矢切の渡しで観光客に人気の街
柴又 …… 110
京成金町線の起終点駅。常磐線と連絡
京成金町 …… 114

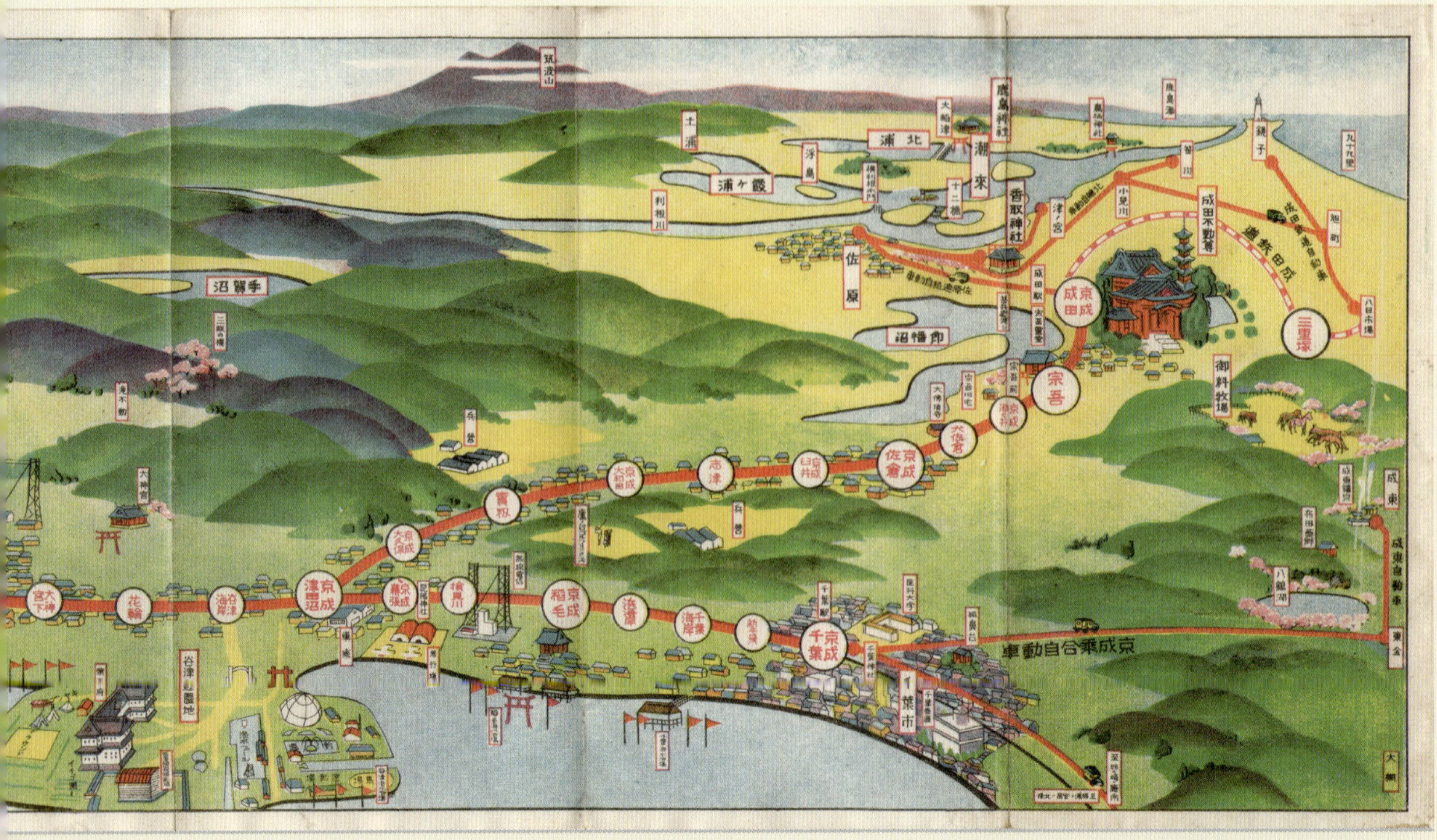
北浦
霞ヶ浦
手賀沼
印旛沼
香取神社
佐原
潮来
京成乗合自動車

白鬚線 …… 116

3章【千葉線、千原線、成田空港線】

花見川区に京成幕張本郷駅と京成幕張駅
京成幕張本郷、京成幕張 …… 118

千葉市花見川区に置かれている検見川駅
検見川 …… 120

かつての稲毛海岸は海水浴・保養の場所
京成稲毛 …… 122

みどり台・西登戸には駅名改称の歴史
みどり台、西登戸、新千葉 …… 124

京成千葉駅は新駅、千葉中央駅は移転駅
京成千葉、千葉中央 …… 126

千葉急行電鉄からスタートした千原線
千葉寺、大森台 …… 132

ちはら台駅まで1995年に延伸した
学園前、おゆみ野、ちはら台 …… 134

北総線+成田スカイアクセス線
東松戸 …… 136

北総線・新京成線・東武野田線の連絡駅
新鎌ヶ谷 …… 138

北総鉄道の駅として1984年に開業
千葉ニュータウン中央 …… 140

この駅から成田スカイアクセス線延伸
印旛日本医大、成田湯川 …… 142

京成電車沿線案内（昭和戦前期）

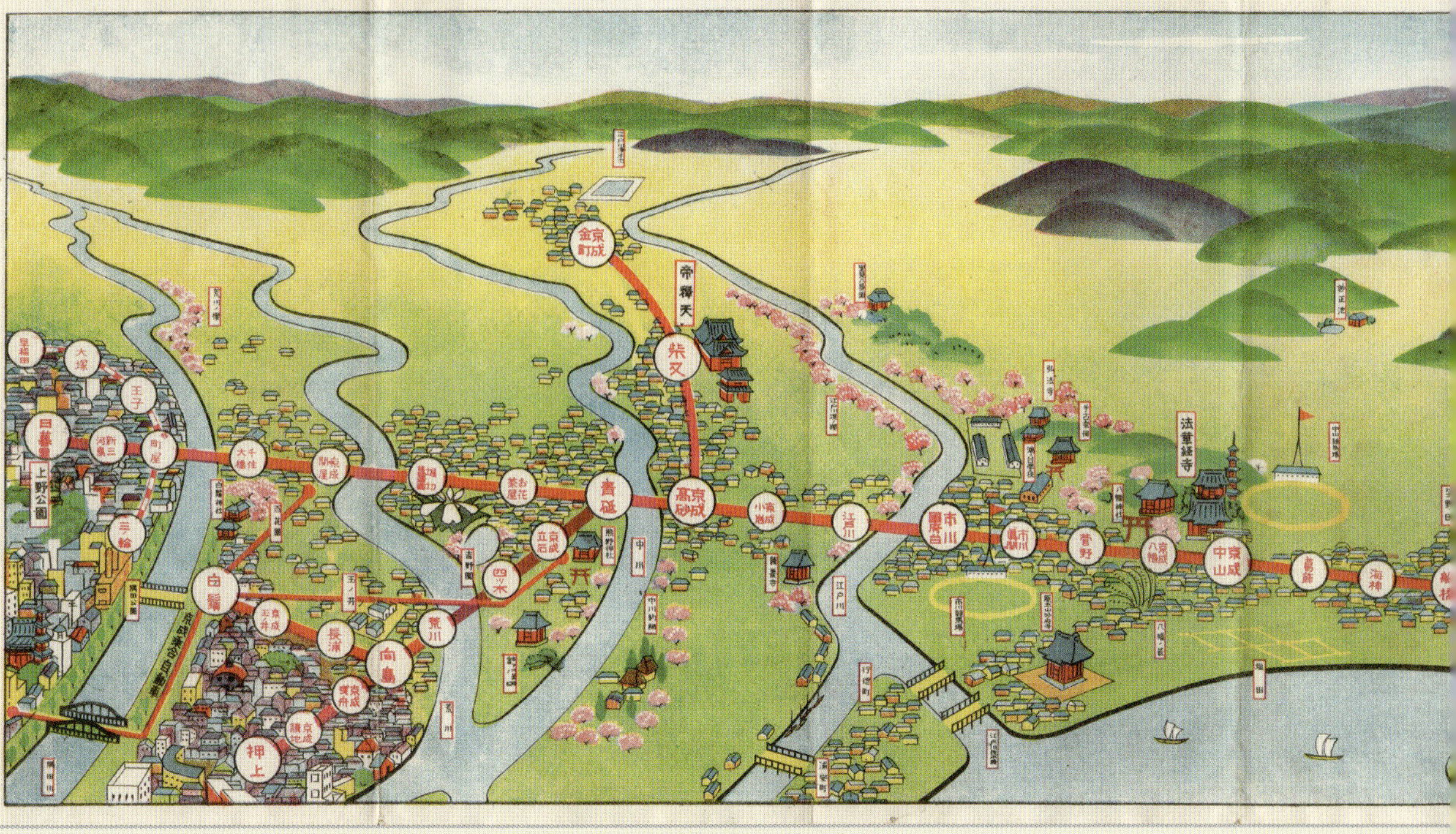

京成電車沿線案内（昭和戦前期） 主要駅間運賃表や運転系統図などが付いた、京成電車沿線案内である。既に白鬚線はなく、1936（昭和11）年以降の地図と思われる。観光案内的に上野公園付近や、柴又などを含む江戸川提ピクニックコース、水郷などの地図も掲載されている。京成線は京成成田駅、京成千葉駅まで延び、その先に向かうバス路線もかなり整備されている。都心側のターミナル駅として、上野公園（現・京成上野）駅が開業している。裏面には観光名所の写真も掲載されている。

上野公園附近
京成電車
沿線案内
遊覧券
御宴會に　御商談に
御家族づれで　御同伴で
上野公園・押上から
電車往復券
御料理五品（御飯・香物付）共
市川券　一圓五十錢
船橋券　一圓七十錢
詳細は旅客係へ
向島驛から押上驛のりかへ
バス淺草菊屋橋迄　八錢
市電全線へ　十錢
町屋驛から
上野公園驛のりかへ
市電全線へ
電話番號
旅客係　スミダ(74)　〇〇四四　三〇〇五
上野公園案内所　シタヤ(83)　〇九八九
千住大橋驛　アダチ　二七六〇
成田驛　ナリタ　〇二一五
千葉驛　チバ　一一五四
團体割引率
人員　二十五人以上　五十人以上　百人以上　二百人以上　四百人以上
普通　二割　二割五分　三割　三割五分　四割
特別　三割　三割五分　四割　四割五分　五割
高等小學　五割　五割五分　六割　六割五分　七割
東京・本所・押上
京成電氣軌道株式會社

京成電車沿線案内（昭和戦前期）　前ページ見開きの沿線案内とほぼ同じ体裁だが、サイズは少し大きく、裏面は白紙である。主要駅間運賃表はなく、代わりに企業広告が入り、柴又競技場の地図が加わっている。白鬚線が走っていることから、1928（昭和3）年～1936（昭和11）年に作成された地図である。習志野の軍事施設として、京成大和田駅付近には陸軍の射撃場と騎兵学校、四街道付近に下志津飛行学校、野戦砲兵学校などが見える。

京成電車沿線略圖
上野公園附近
東京市
凡例
北
ミツウロコ
東京株式取引所
一般短期取引員
實物
鳩見屋商店
石田信之助
東京市日本橋區兜町二ノ一六番地
電話茅場町(66)
2760
2761
2762
3343
1719
1519
株式は鳩見屋

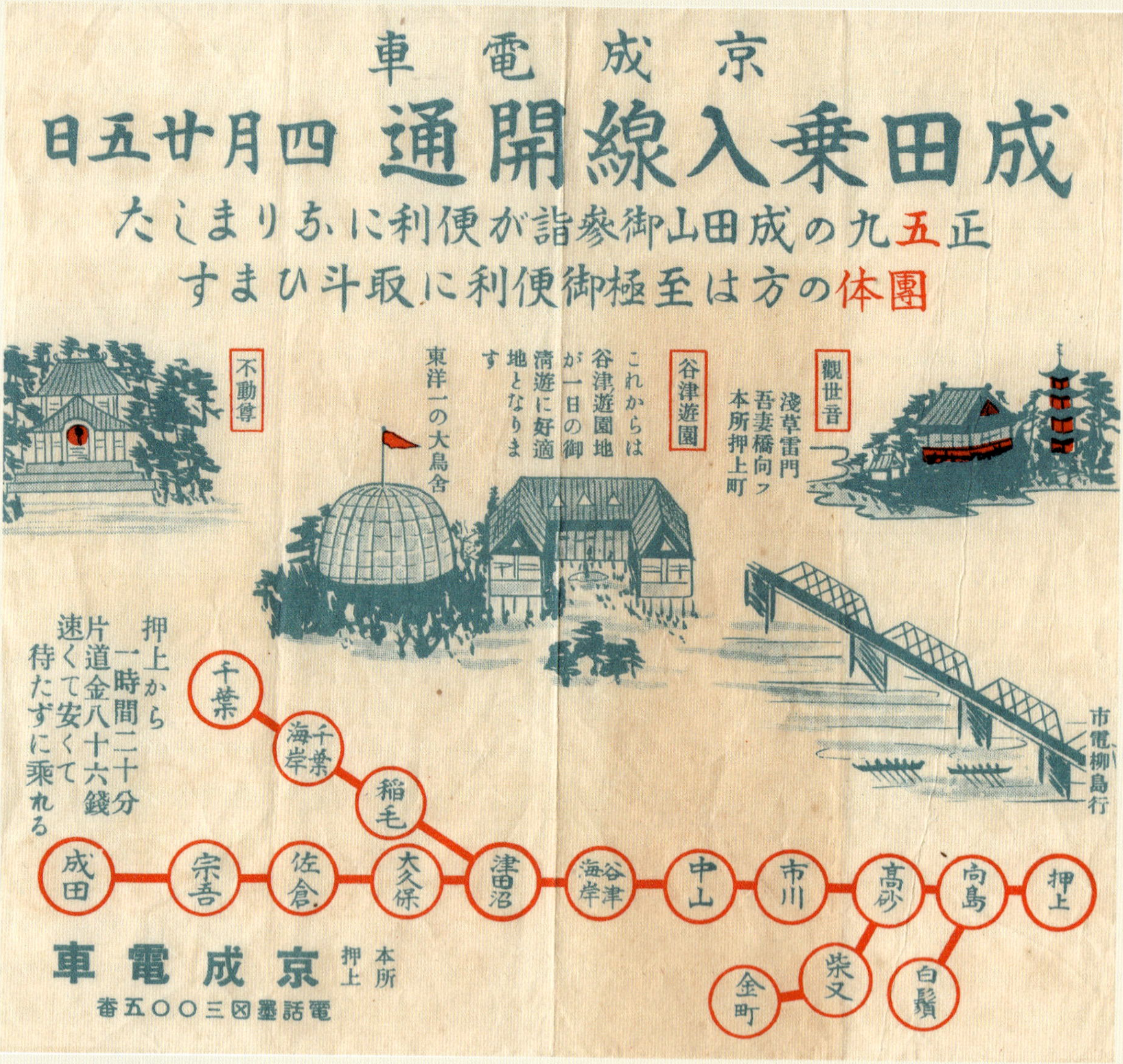

成田乗入線開通ちらし

1930（昭和5）年4月25日、本駅である成田（現・京成成田）駅が開設されて、成田山参詣がより便利になったことを示す、京成電車の宣伝ちらしである。この頃は、押上駅が京成本線の都心側ターミナル駅であった。

成田山公園

成田山公園は1928（昭和3）年に開園した、モダンな公園であった。

蓬莱閣ホテル

1927（昭和2）年1月1日、成田山の総門前にオープンした蓬莱閣ホテル。

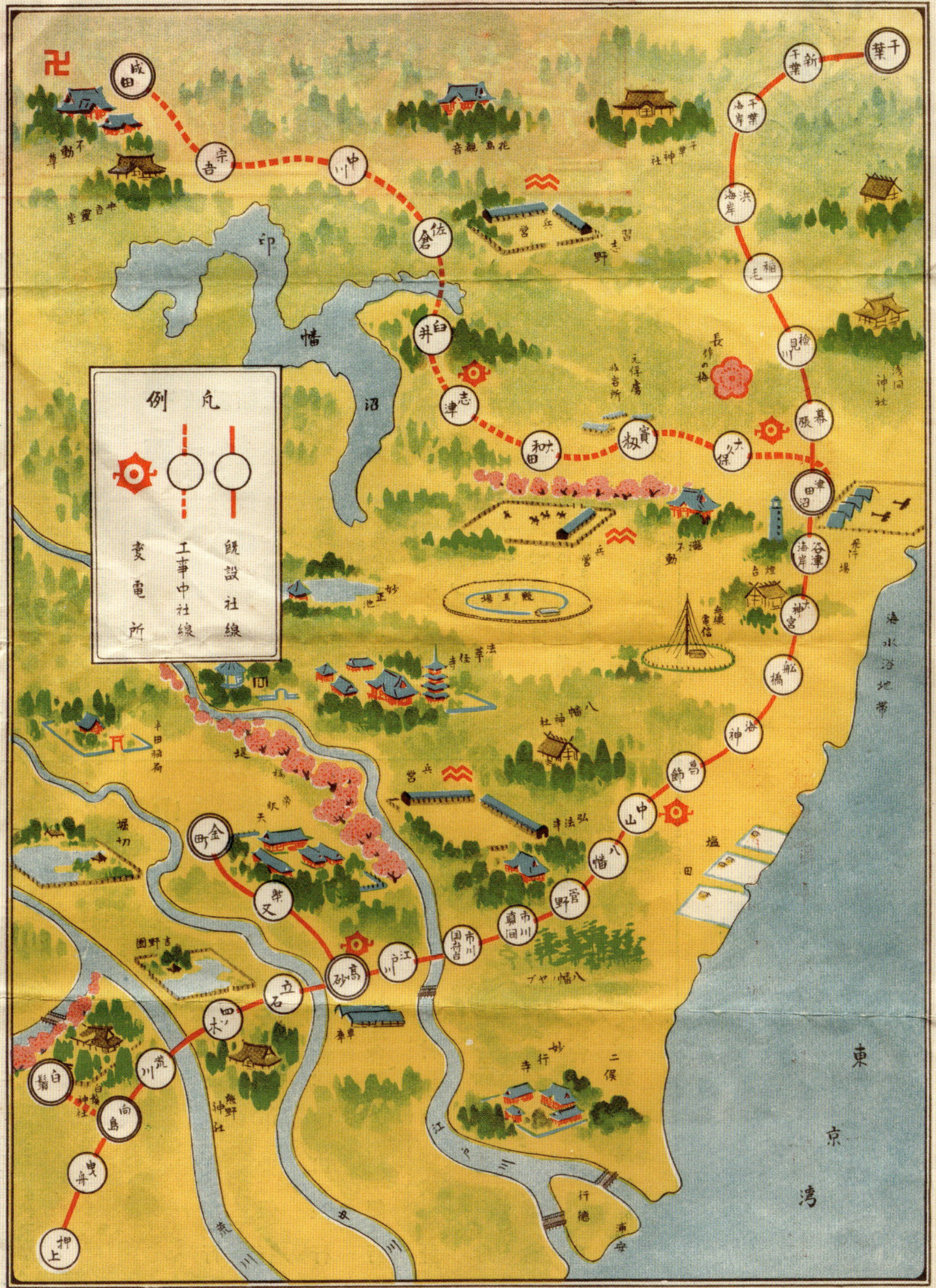

京成線沿線絵図　京成電気軌道株式会社のプレミアム附新株式募集のパンフレットに付けられていた、京成線沿線の絵図。押上駅を起点とする路線は荒川、中川、江戸川を越えて、船橋、津田沼方面に進んでゆく。千葉線の部分は開通しているものの、津田沼(現・京成津田沼)駅から先の本線は開通しておらず、大正後期に発行されたと思われる。

京成電鉄の時刻表の推移

1924（大正13）年9月1日改正

押上・千葉及高砂・金町間（非連帶線）

大正十三年九月一日改正　　（京成電氣軌道線）

押上—高砂—船橋—稻毛—千葉 ｛押上•千葉間 1 時間 15 分ヲ要シ 5.00 ヨリ 11.00 マデ／押上•船橋間 40 分ヲ要シ 5.00 ヨリ 11.00 マデ｝15 分乃至 30 分毎ニ運轉

（全區間 23.0 哩　運賃 56 錢）

高砂—柴又—金町 ｛高砂•金町間 7 分ヲ要シ押上•千葉間本線上、下電車著毎ニ連絡／（全區間 1.5 哩　運賃 6 錢）

1940（昭和15）年6月1日訂補

十五年六月一日訂補　　**京成電氣軌道線**（運）　　主要連絡驛ノミヲ示ス

初電				特急	終電				粁程	運賃	驛名	初電		特急	終電		
…	5 00	5 20	8 00		22 05	23 50	…	0 25	0.0	圓 錢	發上野公園着	5 13	5 39	14 53	23 49	0 20	…
…	5 04	5 24	8 03		22 09	23 54	…	0 29	2.1	10	〃日暮里發	5 09	5 35	14 50	23 45	0 17	…
…	5 12	5 32	8 10		22 17	0 02	…	0 37	5.9	15	〃千住大橋〃	5 01	5 27	14 46	23 37	0 08	…
…	5 16	5 36	レ		22 21	0 06	…	0 41	8.8	20	〃堀切菖蒲園發	4 57	5 23	1	23 33	0 04	…
4 50	5 09	5 29	8 08		22 14	24 00	0 20	│	0.0	錢	〃押上着	5.02	5 29	14 45	23 41	0 10	…
4 54	5 13	5 33	レ		22 18	0 04	0 24	│	1.7	5	〃向島發	4 59	5 25	1	23 37	0 06	…
5 01	5 20	5 40	8 16		22 25	0 10	0 31	0 45	11.5	25	〃青砥〃	4 53	5 19	14 36	23 29	24 00	…
5 03	5 22	5 42	レ		22 27	0 13	0 33	0 47	12.9	25	〃京成高砂〃	4 49	5 16	1	23 27	23 57	…
5 08	5 27	5 47	レ		22 32	0 18			16.4	30	〃市川國府台〃	4 44	5 11	1	23 22	23 52	…
5 10	5 29	5 49	特急		22 35	0 20	…	…	17.4	30	〃市川眞間〃	4 42	5 09	特急	23 20	23 50	…
5 17	5 36	5 56	レ		22 42	0 27	…	…	20.9	35	〃京成中山〃	4 35	5 02	1	23 13	23 43	…
5 24	5 43	6 03	レ		22 49	0 34	…	…	25.2	45	〃京成船橋〃	4 28	4 55	1	23 06	23 36	…
5 30	5 49	6 09	レ		22 55	0 40	…	…	28.2	60	〃谷津遊園〃	4 22	4 49	1	23 00	23 30	—
5 32	5 51	6 11	8 43		22 57	0 42	…	…	29.7	60	〃京成津田沼發	4 20	4 47	14 10	22 58	23 23	0 13
5 42	│	6 21	│		│	0 52	…	…	37.9	75	〃京成稻毛着	4 10	│	│	│	23 18	0 03
5 50	│	6 29	│		│	1 00	…	…	42.7	75	着京成千葉發	4 02	│	│	│	23 10	23 55
…	5 55	…	レ		22 59	…	…	…	32.1	65	發京成大久保〃	…	4 37	1	22 55	…	…
…	6 16	…	レ		23 21	…	…	…	51.0	1.00	〃京成佐倉〃	…	4 15	1	22 33	…	…
…	6 29	…	9 15		23 34	…	…	…	61.5	1.00	着京成成田發	…	4 02	13 40	22 20	…	…

上野・押上ヨリ成田・千葉行 交互15分毎運轉

特急 上野發成田行 9 00　10 00　11 00

押上發成田行 9 08　10 08　11 08

成田・千葉ヨリ上野・押上行 交互15分毎運轉

特急 成田發上野・押上行 14 40　15 40　16 40

押上・京成金町間 9.4 粁 16 錢 17 分要シ押上發 5 29—23 54 マデ　京成金町發 5 51—23 22 マデ15分毎運轉

1956（昭和31）年11月20日改正

31・11・20改正　上野—成田—千葉—金町（連）（京成電鉄）

特急	初電			終電				粁	賃	駅名	初電			終電		特急	間隔
930	…	…	500	2230	2302	2345	020	粁	円	発京成上野着	503	526	609	…	009	1536	
レ	…	…	504	2234	2306	2349	024	2.1	10	〃日暮里(国)発	458	522	604	…	005	1	
レ	…	…	510	2240	2312	2355	030	5.9	10	〃千住大橋〃	452	515	558	…	2358	1	
レ	…	…	515	2245	2317	2400	035	8.7	20	〃堀切菖蒲園〃	448	511	553	…	2354	1	
944	…	…	520	2250	2322	005	040	11.5	30	〃青砥〃	443	506	549	…	2349	1522	2—10分
レ	…	500	523	2253	2325	008	043	12.8	30	〃京成高砂〃	440	503	546	…	2346	1	
(開運号)	…	508	531	2301	2333	016	—	17.4	30	〃市川真間〃	…	455	538	…	2338	(開運号)	
	…	517	540	2310	2342	025	…	21.7	50	〃東中山〃	…	446	529	…	2329		
	…	524	547	2317	2349	032	…	25.2	50	〃京成船橋(国)〃	…	439	522	…	2322		
	…	530	553	2323	2355	038	…	28.2	70	〃谷津遊園〃	…	432	515	…	2315		
レ	445	533	556	2326	2358	041	…	29.7	70	〃京成津田沼〃	…	430	513	…	2313	1	
レ	458	546	609	2339	013	…	…	38.7	90	〃京成大和田〃	…	…	500	…	2300	1	10—20分
レ	513	601	624	2354		…	…	51.0	110	〃京成佐倉〃	…	…	445	…	2245	1	
レ	522	610	633	003	…	…	…	57.2	130	〃宗吾参道〃	…	…	436	…	2236	1	
1036	528	616	639	009	…	…	…	61.5	140	着京成成田(国)発	…	…	430	…	2230	1430	
…	505	…	…	…	…	2400	…	29.7	70	発京成津田沼着	500	…	…	…	2400	…	10—20
…	516	…	…	…	…	011	…	37.9	90	〃京成稲毛〃	448	…	…	…	2348	…	
…	525	…	…	…	…	020	…	42.7	90	着京成千葉発	440	…	…	…	2340	…	
特急「開運号」			445	…	…	2330	2350	0.0	円	発押上着	500	519	…	001	…	…	4—10分
京成上野—			457	…	…	2342	002	5.7	10	〃青砥発	448	507	…	2348	—	…	
京成成田			500	…	…	2346	005	7.0	20	〃京成高砂〃	445	500	…	2343	2400	…	
座席指定料金			506	…	…	2348	—	7.9	20	〃柴又〃	…	458	…	2341	2358	…	
50円			509	…	…	2351	…	9.4	20	着京成金町(国)発	…	455	…	2338	2355	…	

急行 上野発818.839.900.942.1003.1022.1038.1102.1122.1142　通勤 成田発 617. 641. 708. 728

護摩 成田発1406.1450.1510.1528.1547.1608.1628.1649　急行 上野発1705.1728.1749.1810.1831

1章
京成本線
東成田線
芝山鉄道線

宣伝絵葉書　全日本馬術競技大会(谷津遊園)

京成電車宣伝絵葉書　日暮里駅連絡

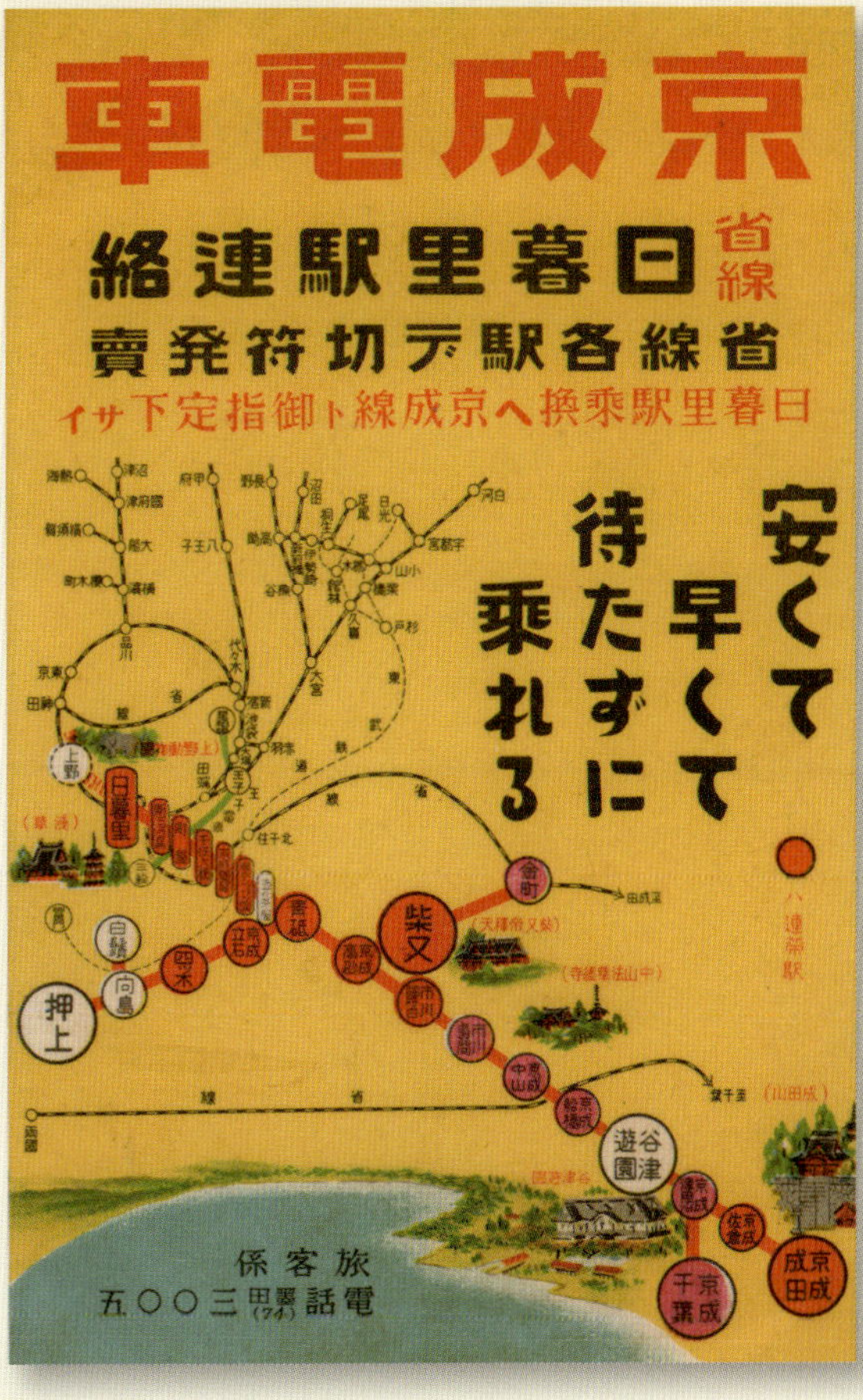

帝国陸軍陸地測量部発行「1/10000地形図」

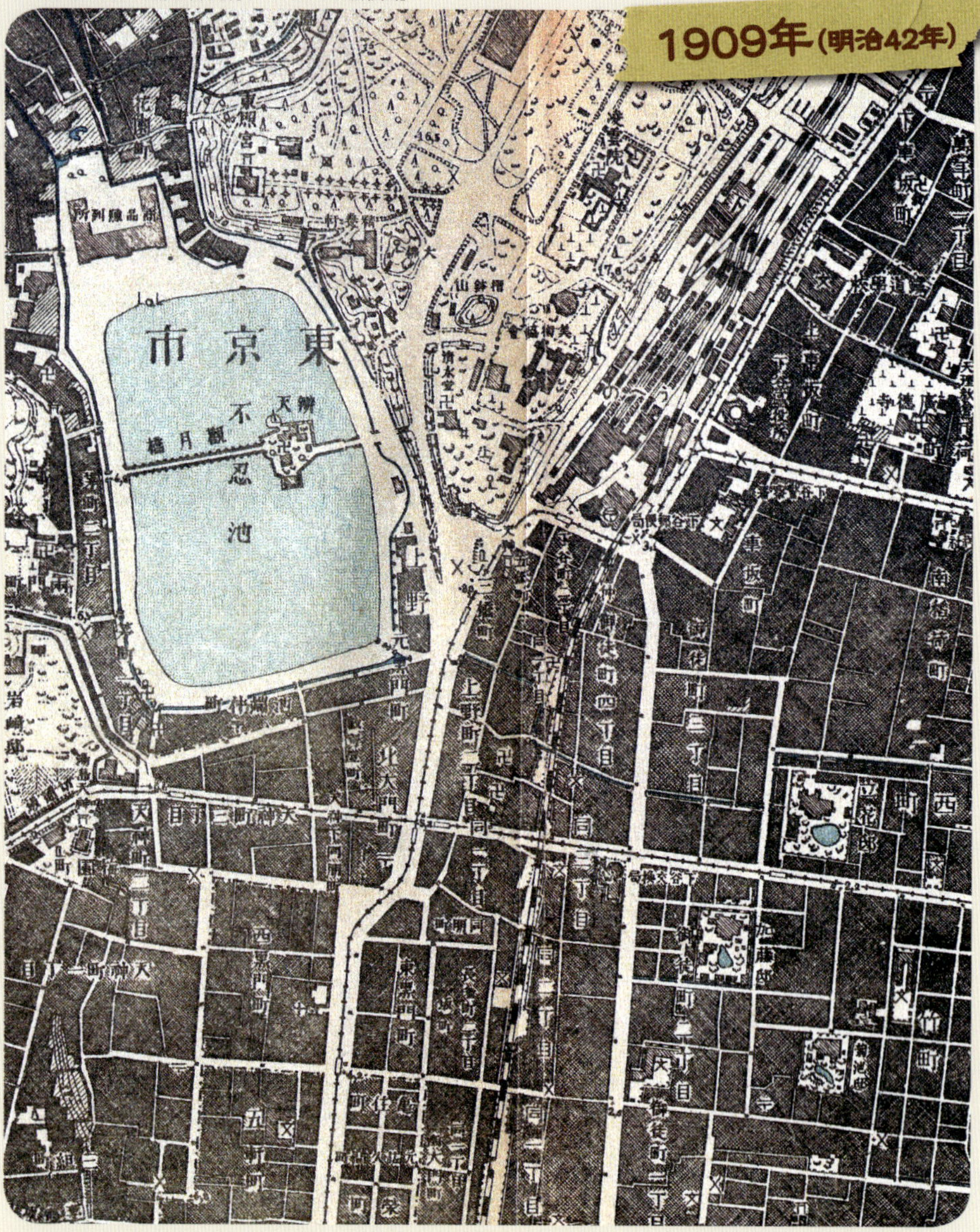

この時期には、既に中央通りから上野駅前を経由して、浅草、三ノ輪方面に向かう市電（都電）の路線が開通している。春日通りにも既に本所方面へ向かう路線があった。一方、昭和通りを通る路線は開通していなかった。現在の台東区と文京区の境目にあたる、不忍池の南西には岩崎邸があった。ここは現在、都立公園の岩崎邸庭園として公開されている。この時期には、昭和通りの東側にも立花邸、加藤邸、菊池邸といった、大きなお屋敷が存在していた。

京成本線

京成上野

始発駅は京成上野。公園は文化ゾーン

開業年	1933（昭和8年）12月10日
所在地	台東区上野公園 1－60
キロ程	0.0km（京成上野起点）
駅構造	地下駅／2面4線
乗降客	49,028人（2017年度）

昭和8年、都心ターミナル

京成本線の始発駅がある上野周辺は、地図を持って散歩するのに最適の場所である。何といっても、北西に文化ゾーンである上野公園が広がり、「谷根千」と呼ばれる谷中・根津・千駄木へ足を延ばすことができる。合羽橋商店街がある浅草、隅田川方面に行くのもいいだろう。さらに手軽な食べ歩きを楽しむなら、アメ横といった商業地も存在する。歴史の重なる地であり、現在の地図とともに、古地図も一緒ならば、探訪する楽しみはさらに増すだろう。

東叡山寛永寺のある上野は、浅草寺を有する浅草とともに、江戸・東京の故郷的といっていいだろう。明治維新後、ともに公園地となったものの、浅草が庶民的な娯楽の街に発展したのに対し、上野は博物館・美術館が多くできる文化的な土地となっていった。その一方で、年末に買い物客で賑うアメ横が存在するなど、今も下町の側面をもっている。

この上野の地に京成電気軌道（現・京成電鉄）が、都心のターミナル駅を設けるのは1933（昭和8）年12月である。日暮里駅から南下する路線は、上野公園の下を通った先に地下駅を設けた。開業時は2面4線のホームを有する上野公園駅であり、1953（昭和28）年に現在の「京成上野」へ、駅名を変更している。

京成上野駅が置かれたのは上野台地（公園）南端の地下であり、国鉄（現・JR）上野駅の南西に位置している。JRの上野駅は日本鉄道時代の1883（明

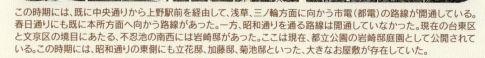

下町風俗資料館

かつての下町文化を次世代へ伝えるため、1980（昭和55）年10月、上野公園内の不忍池の畔に開館した台東区立の博物館。下町を愛する台東区内外の人々から貴重な資料が寄贈され、主に江戸時代から昭和時代中期の東京下町の文化的資料が充実している。

台東区上野公園2-1

鈴本演芸場

1857（安政4）年より続く東京で最も古い寄席。初めは「本牧亭」と名乗っていたが、後に「鈴本」と改称。明治から大正にかけて同系列の寄席が数軒あったが、現在は上野のみ。関東大震災で焼失し、筋向かいの現在地に移転。戦後に「鈴本演芸場」として再開場した。かつては畳敷だったが、1971（昭和46）年にビルの中の寄席として全面的に改築。300ほどある客席はすべて椅子席になっている。

台東区上野2-7

帝国陸軍陸地測量部発行「1/10000地形図」

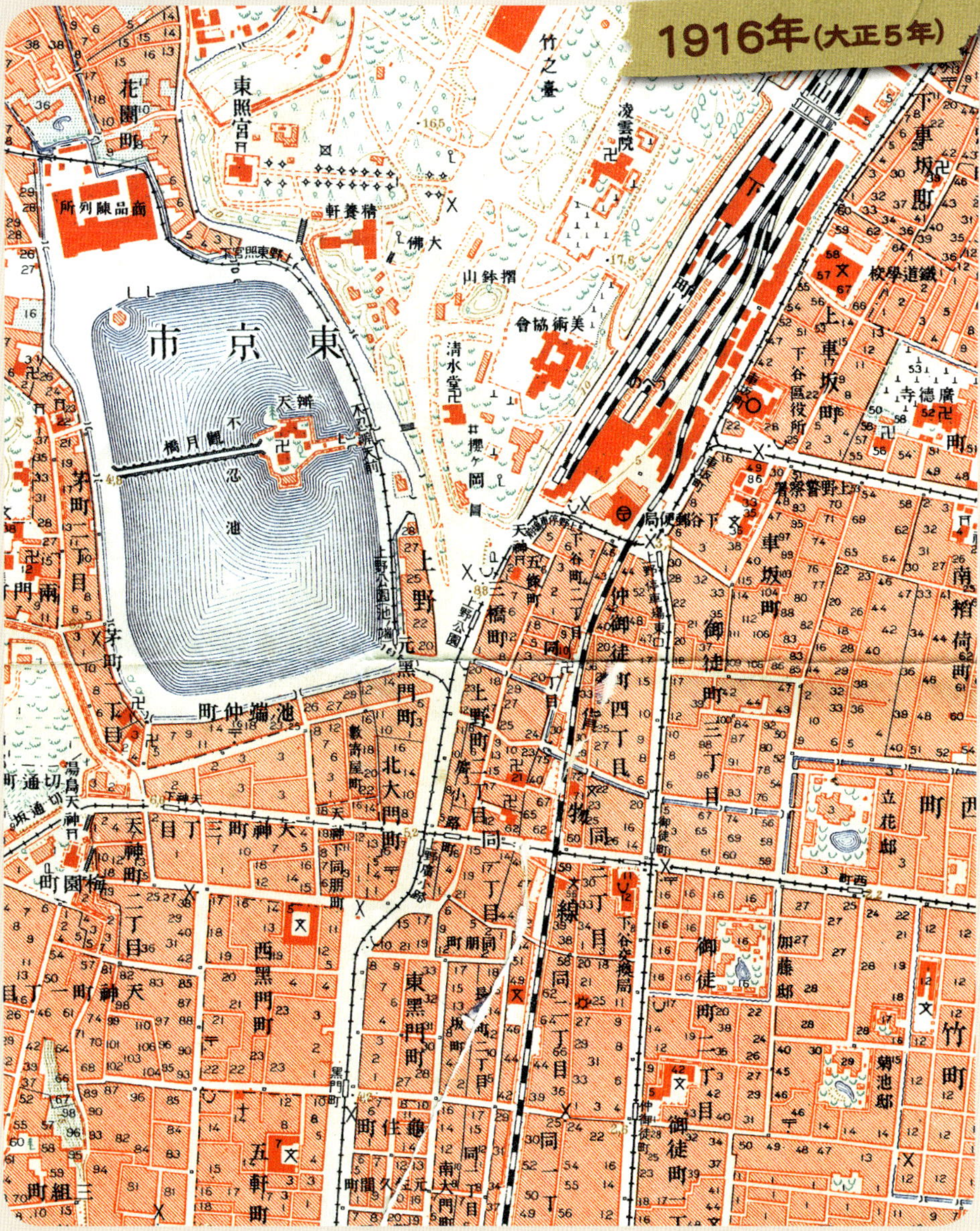

上野駅の西側にある不忍池には、中央部分を横断するように観月橋が架かっている。北側の池辺には商品陳列所が建つが、この建物はここで開催されていた博覧会の名残である。一方、上野公園には精養軒や動物園、（日本）美術協会はあるものの、国立科学博物館や東京府（都）美術館は開館していない。この時期はまだ、上野大仏も健在であった。一方、山下には駅前に下谷郵便局があり、現在の台東区役所の前身である下谷区役所も見える。京浜東北線・山手線は開通前で、上野駅以南の路線は貨物線であった。

上野山下（昭和戦前期）

上野公園から中央通り、上野御徒町方面を望む。現在の京成上野駅が置かれているのは、右側の地下部分である。

治16）年に開業している。現在は北東の地下に、東京メトロの上野駅も存在し、京成駅からの乗り換えは地下通路で結ばれている。

戦前は下谷区

江戸時代には、一帯に天海僧正を開祖とする東叡山寛永寺が広がっていた。また、さらにさかのぼれば、ここには伊賀（現・三重県）上野の領主で、豊臣秀吉、徳川家康に仕えた藤堂高虎の屋敷が置

帝国陸軍陸地測量部発行「1/10000地形図」

1930年(昭和5年)

関東大震災をへて、不忍池の観月橋はなくなり、大仏も姿を消している。上野駅も大震災で焼失し、この時期は仮駅舎での営業であった。下谷郵便局は通りの反対側で営業している。上野駅と秋葉原駅を結ぶ路線が開通し、御徒町駅が開業している。この駅の西側には、上野松坂屋のビルも誕生した。上野駅の南側、五條町に鎮座していた五條天神社は、1928(昭和3)年に上野公園に移転していた。京成上野駅はまだ開業していない。

恩賜上野動物園

ジャイアントパンダの存在で、日本一有名な動物園。1882(明治15)年開園の日本最古の動物園でもある、不忍池川の西園と東園を結ぶ、上野動物園モノレールは東京都交通局が運営する日本最古のモノレールである。

東京国立博物館

日本を代表する美術博物館。質量ともに国内最大規模を誇る。1872(明治5)年に湯島で開館し、内国勧業博覧会の終了後、上野に移転した。現在は本館、東洋館、平成館などを有し、日本、東洋美術の名作を展示するほか、大規模な特別展も開催する。

かれていたで、「上野」という地名が生まれたともいわれる。現在も、高虎の墓は寛永寺内の寒松院に残っている。

また、「上野」は上野台地（忍ケ岡）の南端であり、台地の下を示す地名「下谷」と対になっている。戦前には下谷区が存在したが、1947(昭和22)年に浅草区と合併して、台東区となった。現在、台東区には「上野」「下谷」の地名表示が存在している。上野台地の西側には、本郷台地が存在し、かつてはその間の谷間を藍染川（谷田川）が流れていた。藍染川が注いでいたのが不忍池である。

現在は、不忍池を含む上野山一帯が公園恩賜公園となっており、東京国立博物館、恩賜上野動物園、東京文化会館、東京都美術館などの文化施設が建ち並んでいる。

この京成上野駅からわずか0・9キロ先には、1997（平成9）年まで博物館動物園駅が存在した。そのまま、2004(平成16)年に廃止になったが、ほぼ当時の形で保存され、2018（平成30)年に東京都選定歴史的建造物に選定された。現在も時折、公開されてイベントなどが行われている。

また、この駅と日暮里駅の間には、1947（昭和22)年まで寛永寺坂駅も置かれていた。この2つの駅は日暮里~上野公園間が延伸した1933(昭和8)年12月に開業している。

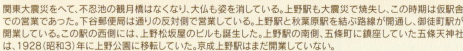

西郷隆盛像

公園の南端に建つ西郷隆盛像は、1898(明治31)年に初代の銅像が建てられた。作者は彫刻家、高村光雲で、詩人でもある高村光太郎の父親である。関東大震災後には尋ね人の札がペタペタと貼られたことでも知られる。

国際子ども図書館

上野公園に2000(平成12)年に開館した専門図書館。1897(明治30)年に誕生した帝国図書館を起源とし、その建物を受け継いでおり、子どもの読書離を防ごうと、児童書を専門にしている。

建設省地理調査所発行「1/10000地形図」

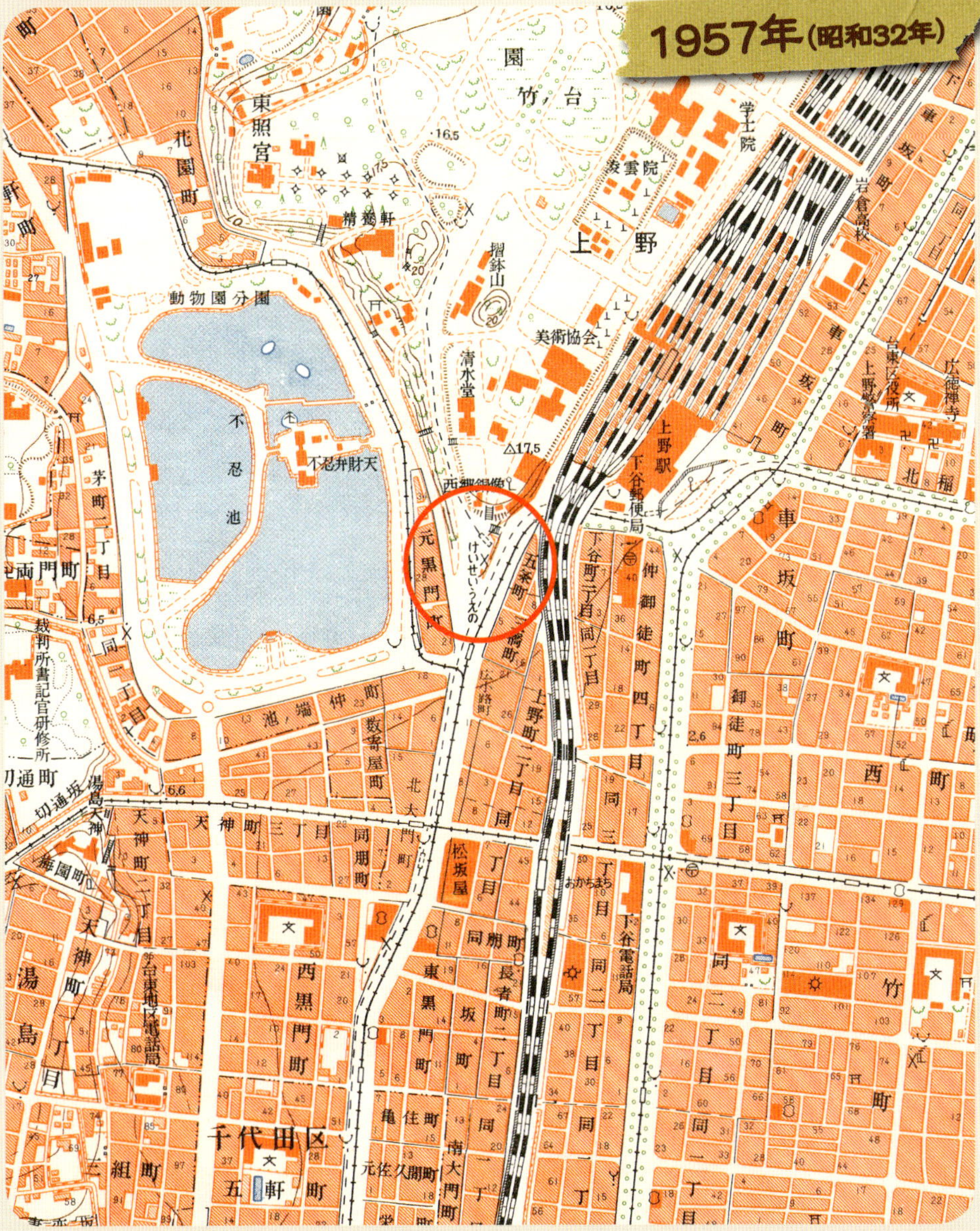

地図では、地下駅として開業した京成上野駅が記載されている。その北側の上野公園には、国立科学博物館が開館し、不忍池の北側には上野動物園の分園が誕生している。東京文化会館、国立西洋美術館はまだ開館していない。上野駅の東側に戦前からあった岩倉鉄道学校は、岩倉高校に変わっている。下谷区役所も合併により、台東区役所となっている。中央通り、昭和通り、春日通り、浅草通りなどにはこの当時、都電が走っていた。上野松坂屋の西側に見える学校は、長い歴史をもつ台東区立黒門小学校である。

京成上野駅

都心と成田空港を60分で結ぶ、京成スカイライナーの看板が目立つ京成上野駅の地上出口。

上野駅の空撮(昭和戦前期)

関東大震災から復興して上野駅の新駅舎が誕生。中央通り、昭和通りなども整備された。

京成本線

日暮里

ＪＲ各線と連絡する京成本線の主要駅

帝国陸軍陸地測量部発行「1/10000地形図」

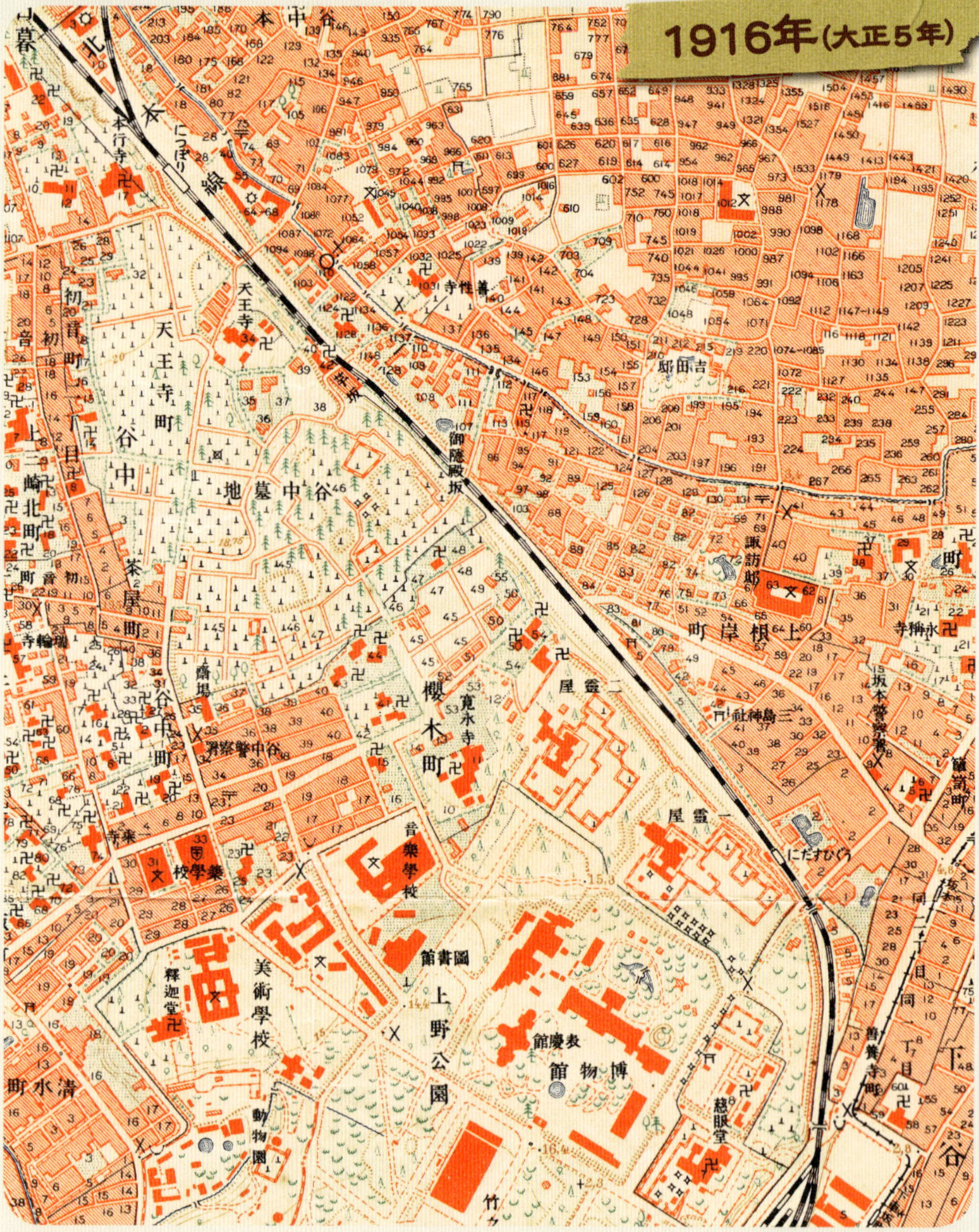

この当時、１本の路線で描かれている東北本線には、鶯谷駅、日暮里駅が置かれている。西側には上野公園が広がり、東京帝室博物館、帝国図書館などが存在している。現在の東京芸術大学は、東京美術学校と東京音楽学校に分かれていた。公園の北側には谷中警察署が存在したが、戦後、統合されて移転している。さらに北側には谷中墓地が広がり、天王寺、本行寺が見える。天王寺の南西に見える芋坂は、夏目漱石の『吾輩は猫である』に登場する坂で、付近で芋を作っていたことから、その名が付いたとされる。

開業年	1931（昭和6年）12月19日
所在地	荒川区西日暮里2−19−1
キロ程	2.1㎞（京成上野起点）
駅構造	地上駅（橋上駅）・高架駅／1面1線（地上）2面1線（高架）
乗降客	103,528人（2017年度）

「谷根千」は東京散歩の新名所

ＪＲ日暮里駅は現在、荒川区にあり、一部は台東区にまたがっている。地図で確認すると、南側の山手線・京浜東北ホームは台東区、常磐線ホームは荒川区に分かれることとなる。東口側に位置する京成駅・ホームは当然、荒川区に置かれている。この東口側には、尾久橋通りが通っている。

京成の日暮里駅は１９３１（昭和６）年12月に開業している。このときに当時の本線上にある青砥駅から、９・４キロの路線延長が実現し、国鉄（現・ＪＲ）線と連絡する日暮里駅が誕生、新しい都心のターミナル駅となった。２年後の１９３３（昭和８）年、京成上野駅までの延伸が実現し、ターミナル駅の座は譲ったものの、国鉄との連絡駅の座は保ったままで現在に至っている。その後、日暮里・舎人ライナーの日暮里駅が加わり、通勤・通学客を中心に乗り換え客の多い駅となっている。

上野側の京成本線は、この日暮里駅を出るとしばらくはＪＲ各線の北側に沿って南東に走るが、すぐにＪＲ線を跨ぐ形で南に進路を変える。そして間もなく、言問通りと出合う手前で、地下に入ることとなる。終着駅である京成上野駅との間に、博物館動物園駅と寛永寺坂駅が存在した時代があるのは、京成上野駅のページで記述した通りである。

ＪＲ日暮里駅は１９０５（明治38）年、日本鉄道の三河島～日暮里間が開業して誕生した。それまで、この区間の路線には駅が存在せず、常磐線も田端駅に

谷中霊園

1935（昭和10）年に谷中墓地から「谷中霊園」に改められた都立霊園。約10万㎡の園内には約7000基の墓が並び、徳川家最後の将軍慶喜や鳩山一郎・横山大観・渋沢栄一などが眠る。春になると桜のトンネルができる中央園路は通称「さくら通り」と呼ばれ、花見客で賑わう。幸田露伴の小説で有名な谷中天王寺の五重の塔跡地が霊園の中央にある。現在、公園型霊園として再整備が行われている。

台東区谷中7丁目

朝倉彫塑館

彫刻家朝倉文夫が自ら設計し、細部に至るまで工夫を凝らしたアトリエと住居。朝倉の遺志で遺族により1967（昭和42）年から公開された。1986（昭和61）年に台東区に移管され台東区立朝倉彫塑館となる。2001（平成13）年には建物が国有形文化財に登録され、2008（平成20）年には敷地全体が「旧朝倉文夫氏庭園」として国の名勝に指定されている。

台東区谷中7-18-10

建設省地理調査所発行「1/10000地形図」

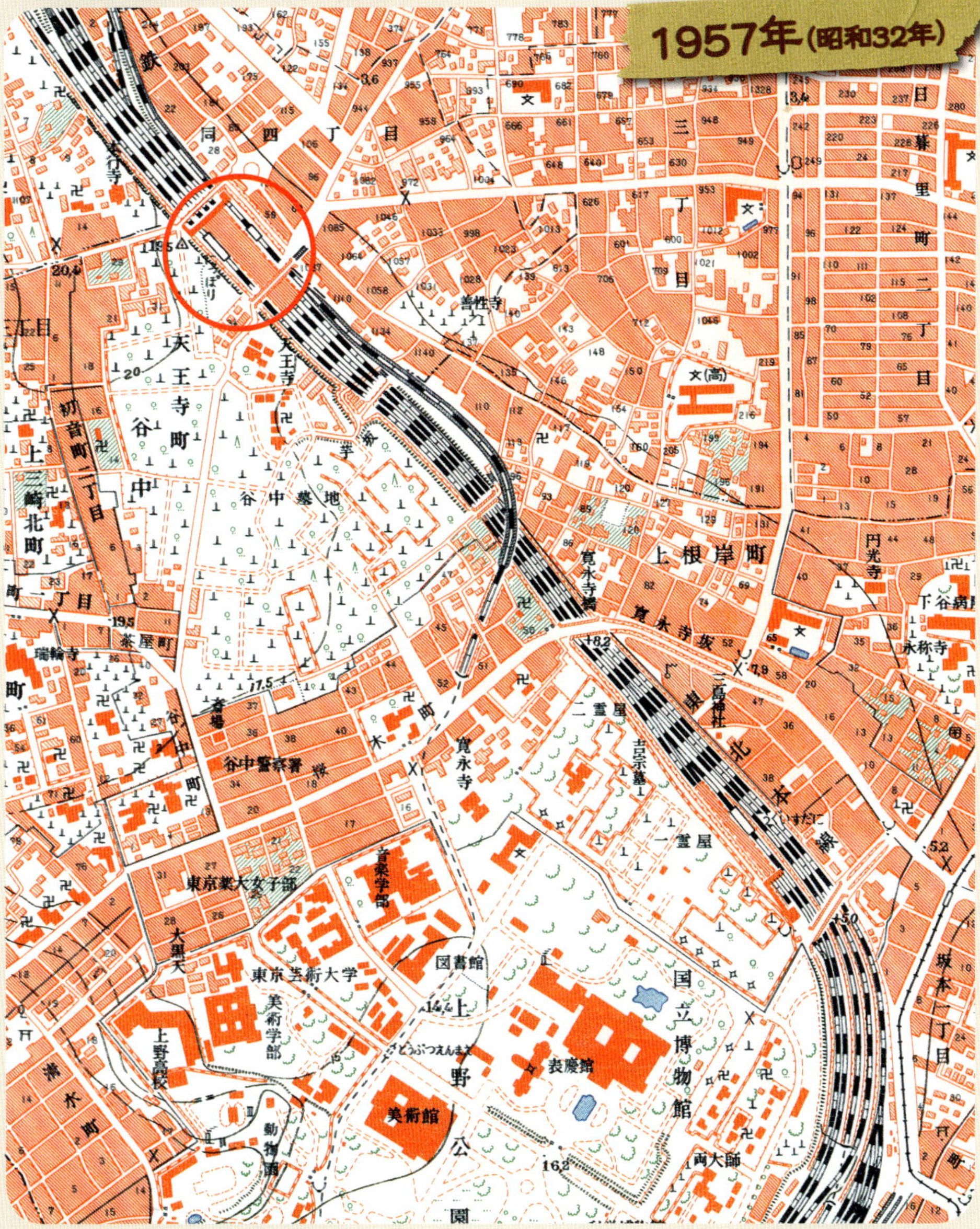

地図の東側には、南北に走る尾竹橋通りが開通している。途中、日暮里駅から東に延びる日暮里中央通りと交差している。交差点の南西角にある「文」の地図記号は、第二日暮里小学校である。その南側に見える「文（高）」は1935（昭和10）年、上野公園内で第四東京私立高等女学校として開校した都立竹台高校で、1954（昭和29）年に旧吉田邸があった場所へ移転してきた。国鉄の線路を跨ぐ寛永寺橋が開通し、言問通りが一本につながっている。

日暮里銀座通り（昭和戦前期）

日暮里駅の東側、尾竹橋通りに続く商店街は、「日暮里銀座」と呼ばれ、この頃から賑わいを見せていた。

おいて、スイッチバック運転を行っていた。現在は京浜東北線、山手線、常磐線（快速）の列車が停車する駅である。

日暮里駅の西側には、谷中墓地（霊園）が広がり、天王寺、本行寺などが存在する寺町となっている。また、彫刻家の朝倉文夫の住居・アトリエを改装した台東区立朝倉彫塑館も存在する。この「日暮里」の地名は、江戸時代に「新堀」から変化したといわれる。その意味は「一日中過ごしても飽きない、日暮らしの里」という意味であった。

1889（明治22）年、北豊島郡の日暮里村が谷中本村、金杉村の一部と合併し、改めて日暮里村が成立。1913（大正2）年に町制を施行し、日暮里町が誕生。1932（昭和7）年に東京市に編入され、荒川区の一部となっている。

帝国陸軍陸地測量部発行「1/10000地形図」

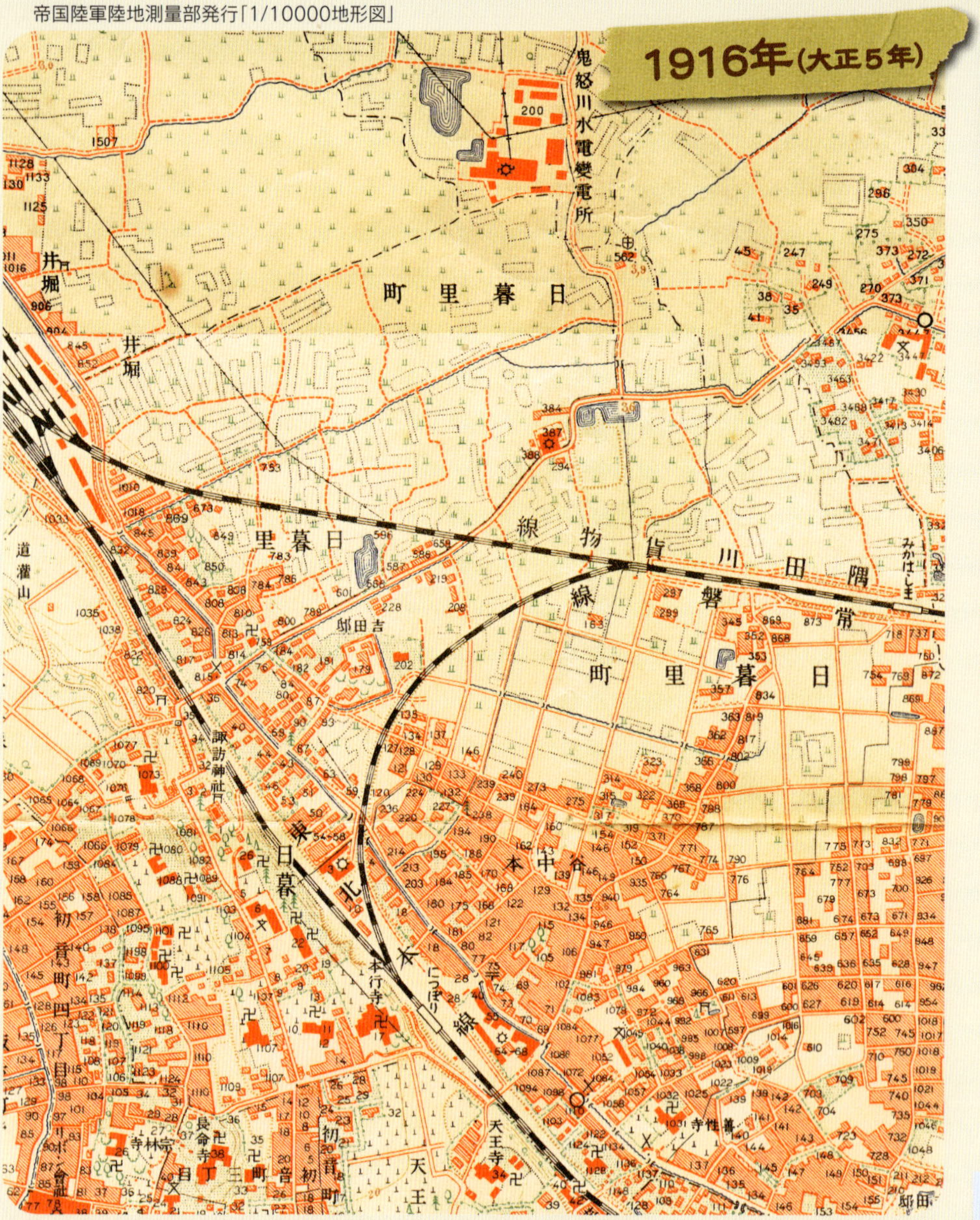

京成本線

新三河島

開業は1931年、常磐線には三河島駅

京成本線が開通し、新三河島駅が開設される前の地図であり、東北本線と京浜東北線・山手線は分離されていない。日暮里～赤羽間の列車線が開通し、尾久駅（地図外）が開業するのは1929（昭和4）年である。この時期、常磐線の三河島駅周辺にはまだ農地が多く残っていた。地図の北西、戦後に西日暮里駅が開設される西側には、道灌山が存在する。この道灌山は古くは遠くに富士山、筑波山が見渡せた高台で、秋には虫聞きの名所となっていた場所である。一説には、太田道灌の出城跡とされる。

開業年	1931（昭和6年）12月19日
所在地	荒川区西日暮里6－2－1
キロ程	3.4㎞（京成上野起点）
駅構造	高架駅／1面2線
乗降客	5,977人（2017年度）

東に荒川区役所、荒川公園

今から90年ほど前まで、東京府北豊島郡に三河島町が存在していたことを、ご存じの方は少ないだろう。その前身は1889（明治22）年に成立した三河島村で、それまであった旧三河島村、三ノ輪村、千住南組の一部と町屋村が合併して誕生した。この三河島村が1920（大正8）年に町制を施行して三河島町となり、1932（昭和7）年に東京市に編入されて荒川区の一部となった。

三河島町には既に、国鉄常磐線の三河島駅が存在し、新たに路線を延ばしてきた京成本線は、駅を設置するにあたり、「新三河島」と命名した。東京市に編入される前年1931（昭和6）年12月の開業であり、同じ三河島町内の駅として、町屋駅も同時に開業している。

駅の開業時、周辺は既に市街地となっており、当初から駅ホームが明治通りを跨ぐ形で設置された。駅の構造は島式ホーム1面2線の高架駅であった。すぐ東側には1940（昭和15）年に明治通りと尾竹橋通り、道灌山通りが交わる都内屈指のロータリー、宮地交差点が誕生している。ここから南に延びる尾竹橋通りの西側にあるのが、JRの三河島駅である。

また、明治通りを東に進めば、荒川区役所と荒川公園が左手に見える。その先にはサンパール荒川（荒川区民会館）があり、このあたりが荒川区の心臓部となっている。1975（昭和50）年にオープンしたサンパール荒川には、大小ホールのほか、集会場があり、以前は結

宮地稲荷神社

通称、三河島稲荷と呼ばれ、三河島駅の北東、尾竹橋通りに近い場所に建つ。「宮地」の地名の由来はこの神社といわれる。1579（天正7）年の創建と伝わり、樹齢650年といわれた神木、大ケヤキは現在、切り株だけが残る。

浄正寺
三河島観音

明治通りの南側（荒川3丁目）にある浄土宗の寺院。1503（文亀3）年の創建で、境内には多くの石佛・石碑があり、本堂前には三河島事故の犠牲者を供養する三河島観音が安置されている。

三峰神社

こちらも明治通りの南側（荒川3丁目）に鎮座する。境内にある「袈裟塚の耳無不動」は、僧と遊女の悲恋を物語る不動明王である。

建設省地理調査所発行「1/10000地形図」

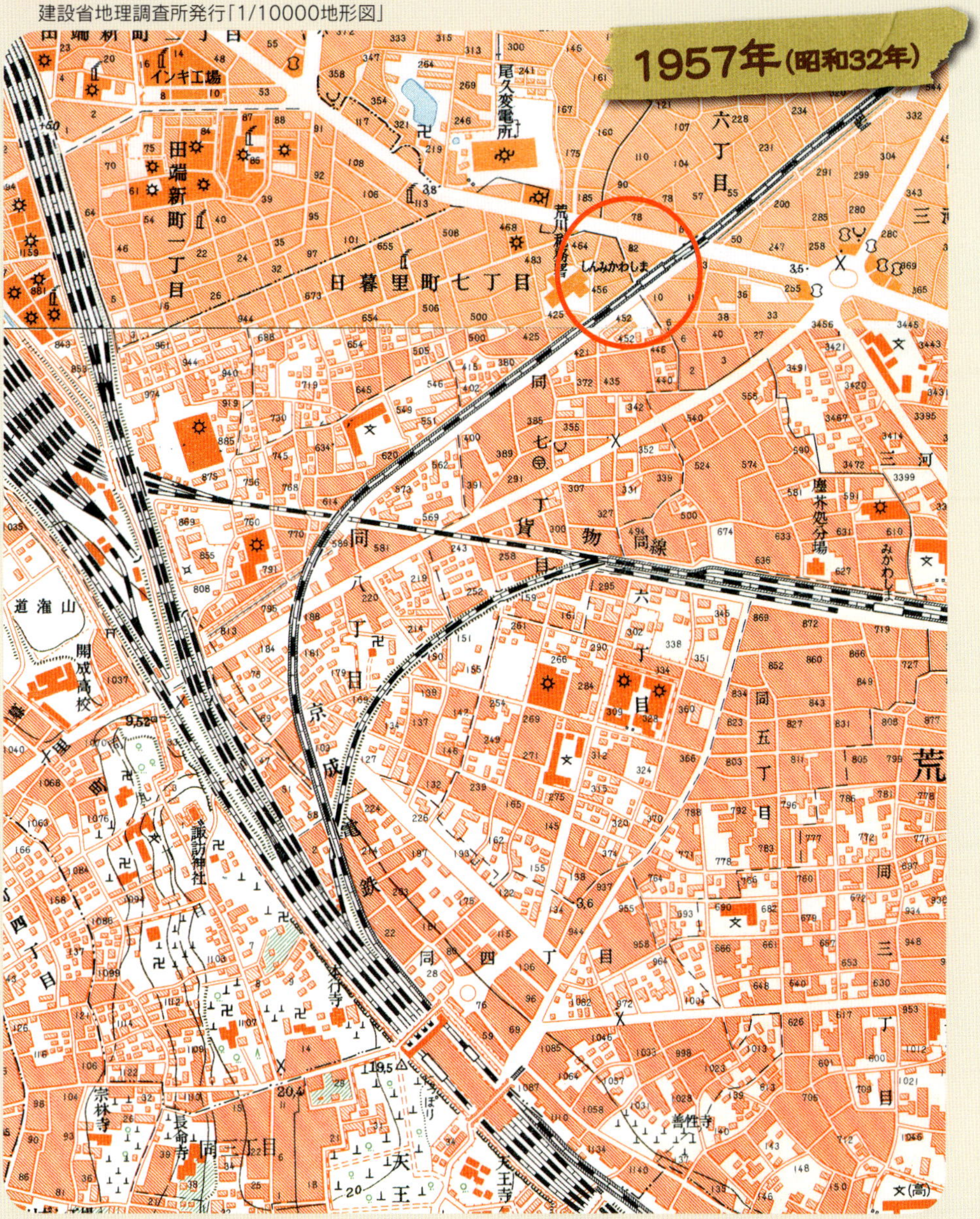

京成本線が開通し、新三河島駅が開業している。駅の北側に見える尾久変電所は戦前、鬼怒川水電変電所であった。両者の間には明治通り（都道306号）が通っており、宮地交差点が見える。左上の道灌山には、開成高校が見える。開成高校は戦前の中学校時代、関東大震災で淡路町の校舎が焼失したため、1924（大正13）年にこの地に移転してきた。既に市街地は拡大し、三河島駅付近からも農地は消えている。国鉄（JR）西日暮里駅は1971（昭和46）年の開業で、地図上には見えない。日暮里～新三河島間には戦前道灌山通駅が開設されたが、戦災で焼失し、後に廃止された。

新三河島駅（昭和戦前期）

新三河島駅は開業当初から高架駅であり、下を明治通りが通っている。

婚式場も営業していた。

「三河島」という地名の由来には諸説が存在する。徳川家康とともに三河国から来た伊藤一族が住みついたからという説。太田道灌の時代に、木戸三河守孝範という武士の屋敷が存在したからという説。また、中川、古利根川、荒川という3本の川に囲まれた島状の土地だったという説があり、現在は最後の説が有力である。

帝国陸軍陸地測量部発行「1/10000地形図」

1916年（大正5年）

京成本線が開通する前の地図であり、三河島村はほとんどが農地で、わずかに1913（大正2）年に開業した王子電気軌道（王電、現・都電荒川線）の路線が見える。地図上にある停留場は、博善社前（現・荒川7丁目）、三河島（現・荒川2丁目）である。この王電が東から南に方向を変える付近の北側には町屋火葬場があり、現在は町屋斎場となっている。三河島停留場の西側に見える「文」の地図記号は、1919（大正8）年に開校した第二峡田小学校である。

京成本線

町屋

王子電気軌道が現在の都電荒川線に

開業年	1931（昭和6年）12月19日
所在地	荒川区荒川7－40－1
キロ程	4.3㎞（京成上野起点）
駅構造	高架駅／1面2線
乗降客	20,655人（2017年度）

震災復興事業で、尾竹橋架橋

京成線と都電荒川線が交わるのが、町屋の街である。上を京成線、下を都電が通るシーンは、昭和の風情を残す下町ならではの風景といえるだろう。現在は、地下に東京メトロ千代田線の駅も誕生し、荒川区における交通の要地としての地位を確立している。

京成の町屋駅は、京成本線の延伸時、1931（昭和6）年12月の開業である。一方、現在の都電荒川線の前身である王子電気軌道（王電）が開通したのは1913（大正2）年。このとき、飛鳥山下（現・梶原）～三ノ輪（現・三ノ輪橋）間の延伸が実現している。現在の停留場の名称は「町屋駅前」だが、開業当時の名称は「稲荷前」で、戦後に「町屋一丁目」に変わり、1977（昭和52）年に現在の停留場名に改称している。

駅の北東には隅田川が流れているが、現在の地図を見ても、橋の数は少ないことがわかる。この当時は尾竹橋も存在せず、関東大震災後の復興事業として、1934（昭和9）年に架橋されている。

「町屋」の地名の由来は、古くから人が住み、集落（町）があった場所という説、良質の粘土である「真土」が取れた場所であるという2つの説が存在する。ちなみに、隅田川沿いの待乳山も「真土山」に由来するといわれる。また、この町屋は昭和40～50年代に、星飛雄馬が活躍する野球漫画「巨人の星」の舞台として描かれた。物語に登場するのは町屋9丁目で、実際に存在する住居表示は、町屋1～8丁目である。

荒川自然公園

東京都下水道局「三河島水再生センター」の上に造られた人工地盤のスペースを利用した区立公園。新東京百景の一つにも選ばれている。1974（昭和49）年の開園で、面積は約61万㎡。園内は、池や樹木が多い南地区、野球場やテニスコートがある中央地区、子どもたちが交通ルールなどを学ぶ交通園のある北地区と、3ブロックに分かれている。三河島水再生センターは、日本で最初の本格的な下水処理場として知られ、稼働中の施設の一部を公園内から眺めることができる。

荒川区荒川8-25-3

泊船軒

町屋駅の東側（荒川7丁目）にある泊船軒は、臨済宗妙心寺派の寺院である。関東大震災後、この地に移転しており、小室翠雲の天井画や太田道灌の故事にちなんだ山吹の碑があることで知られる。

建設省地理調査所発行「1/10000地形図」

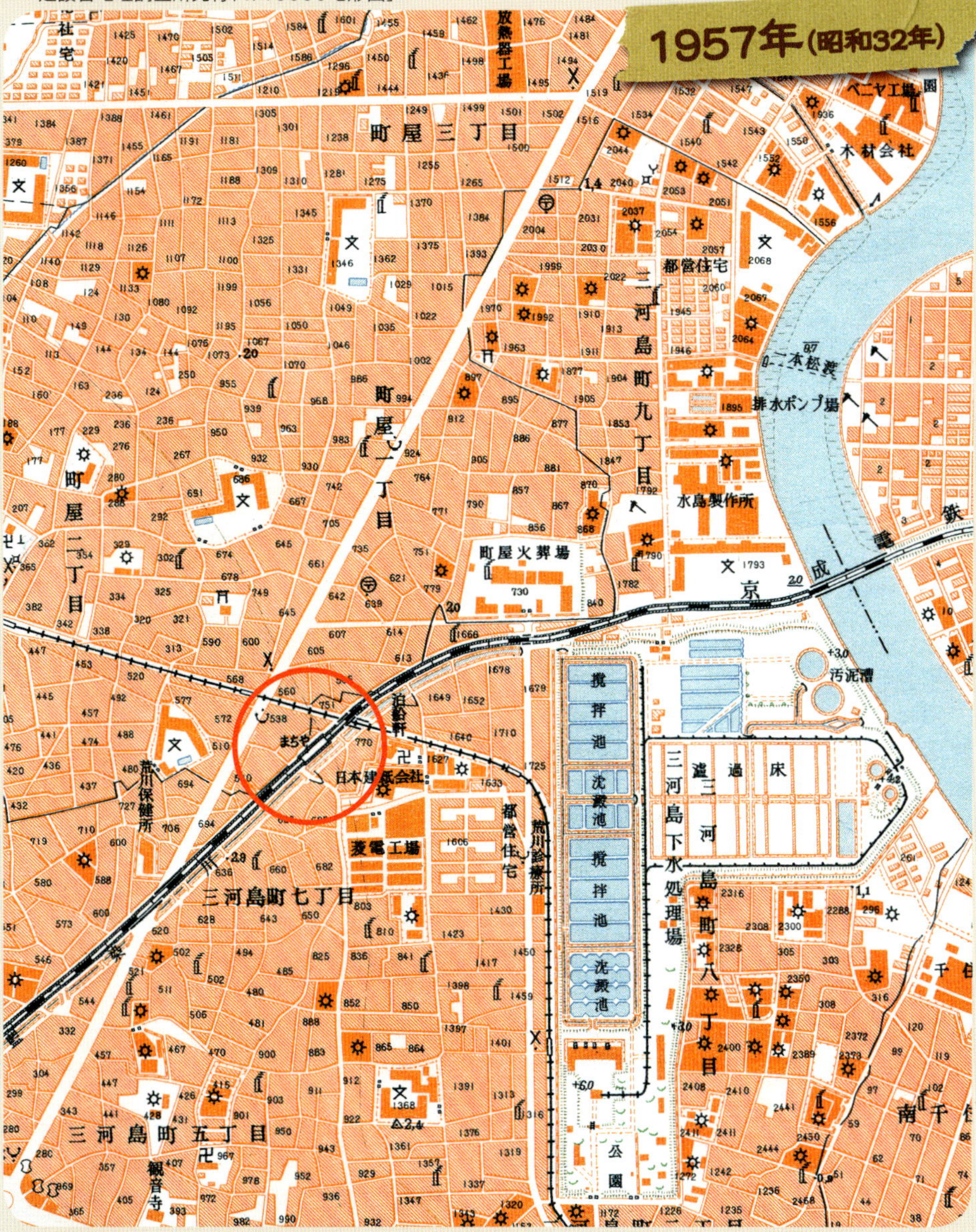

右の地図で空白となっていた右側部分は、三河島下水処理場が誕生している。ここは現在、三河島水再生センターと変わり、一部は荒川自然公園となり、野球場、庭球場も開場している。この時期、周辺はすっかり市街地となり、日本健紙会社、菱電工場、水島製作所などの工場ができている。その間を京成本線が通り、町屋駅の先で隅田川を渡ってゆく。また、南北を斜めに貫く形で、尾竹橋通りが開通している。現在はこの地下を東京メトロ千代田線が走り、町屋駅が置かれている。

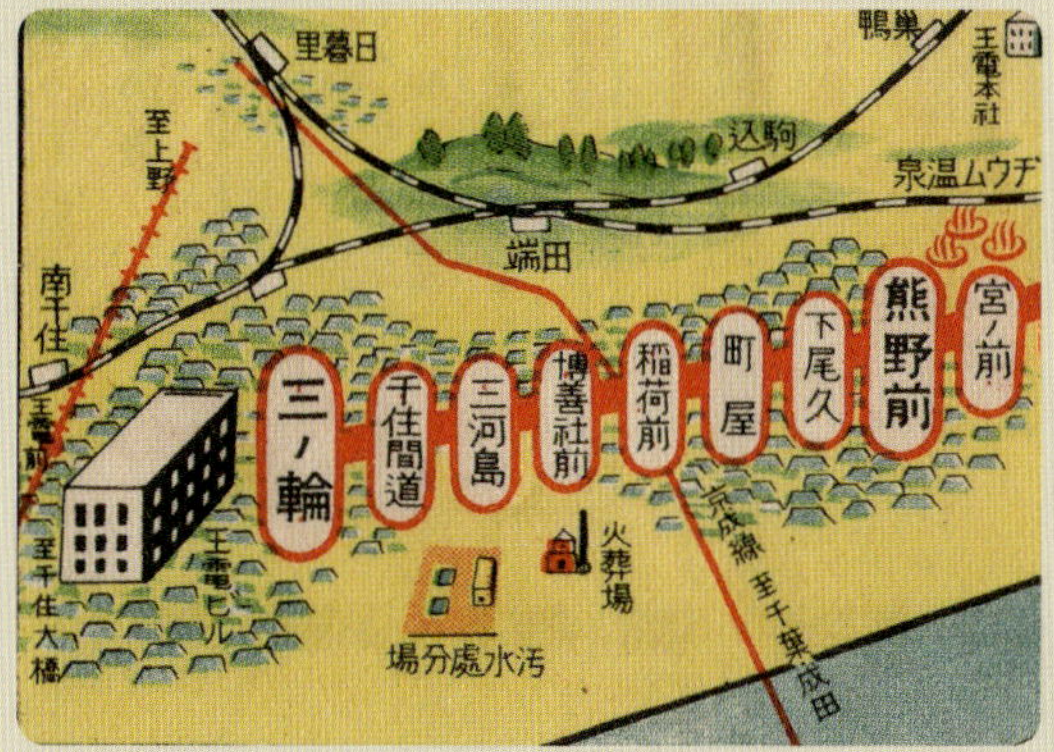

王子電気軌道路線図（部分）

早稲田と三ノ輪（橋）を結んでいた王子電気軌道（王電、現・都電荒川線）の路線図（部分）である。連絡する京成線の路線も描かれている。

駅の東側に広がるのは、1974（昭和49）年に開園した荒川自然公園である。ここは三河島水再生センターの上に造られた、人工地盤を利用した区立の公園で、面積は約6万1000平方メートルである。南側地区には野草園、昆虫観察園、白鳥の池などがあり、中央地区には野球場、テニスコート、プールなどがある。北側地区には、子どもが交通ルールを学べる交通園が設けられている。

帝国陸軍陸地測量部発行「1/10000地形図」

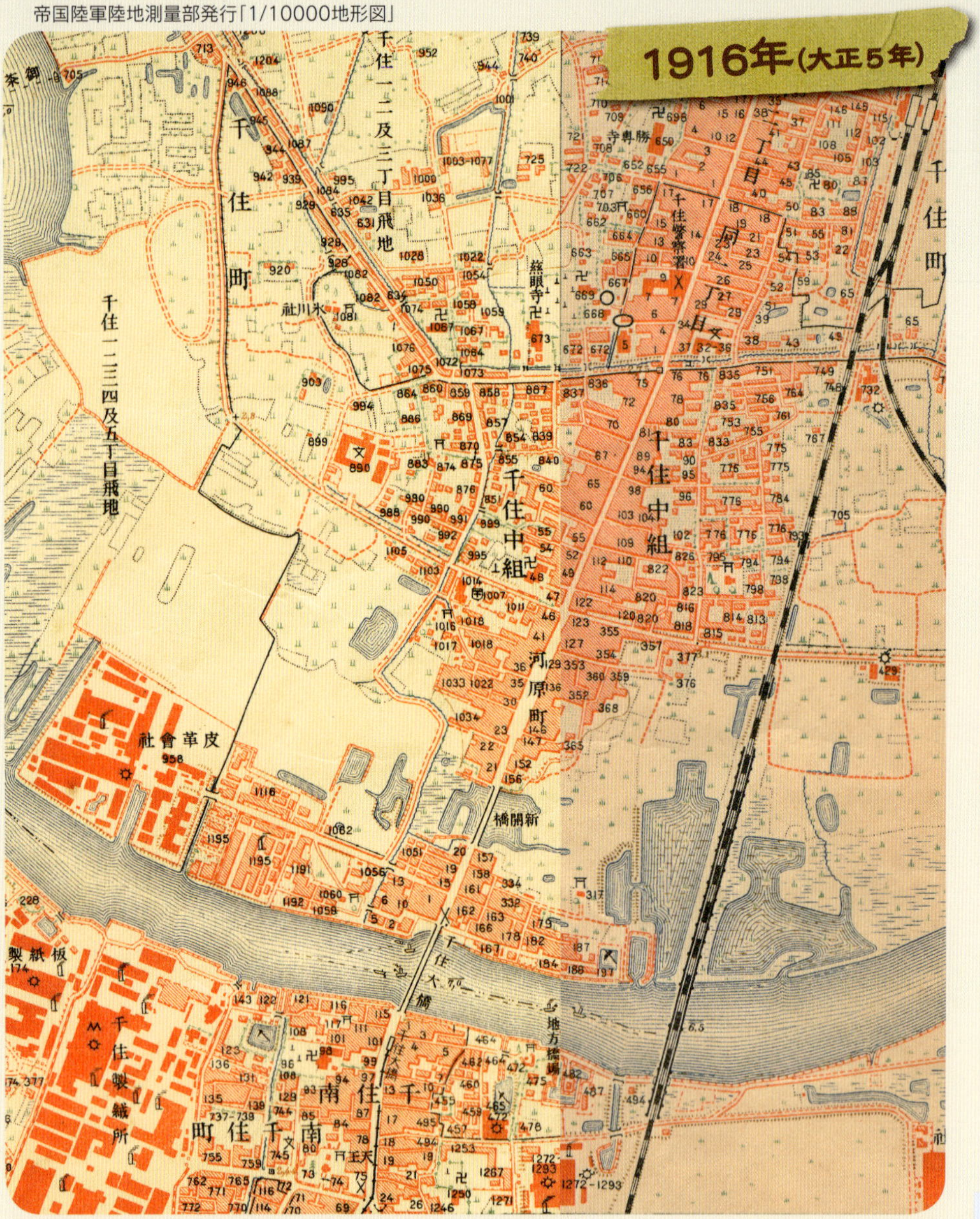

京成本線

千住大橋

日光街道・奥州街道に置かれた千住宿

地図の南側を流れる隅田川を、国鉄の常磐線と日光街道(国道4号)が並ぶように渡ってゆく。千住大橋は隅田川に架けられた最初の橋である。このあたりには水利を生かした繊維工場などが存在した。左下に見える千住製絨所は1876(明治9)年に開かれた日本最初の近代的毛織物工場で、1888(明治21)年に陸軍に移管され、軍服などを製造していた。対岸には皮革会社も見える。北側は現在の北千住で、国鉄の北千住駅が置かれ、千住町役場などがあった。京成本線はまだ開通していない。

開業年	1931(昭和6年)12月19日
所在地	足立区千住橋戸町11－1
キロ程	5.9km(京成上野起点)
駅構造	高架駅／2面4線
乗降客	15,385人(2017年度)

南に架かる千住大橋に由来

隅田川を代表する橋であった千住大橋を名称にしたのが、千住大橋駅である。このあたりの京成本線は、緩やかにカーブしながら東に進み、隅田川を渡る。京成橋梁の下流、千住大橋駅の南側に架かるのが千住大橋である。

千住大橋は隅田川で最初の橋として、1594(文禄3)年に架橋された。この橋の上には日光街道・奥州街道(国道4号)が通っており、かつては北千住に向かう都電も走っていた。現在の橋は、関東大震災後の1927(昭和2)年に架橋。1973(昭和48)年に下流側に新橋が架けられ、上りと下りの車線が分けられている。

江戸時代、この千住一帯には「江戸四宿」のひとつ、千住宿が置かれていた。1597(慶長2)年に奥州街道・日光街道の宿駅となり、千住青物市場が開設されたこともあって、大いに発展した。江戸時代の千住大橋付近の様子は、浮世絵師の歌川広重が、名作シリーズ「名所江戸百景」の「大はしあたけの夕立」として描いている。

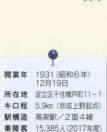

千住大橋駅の南側、隅田川沿いには、橋戸稲荷神社が鎮座している。この神社は926(延長4)年、または1490(延徳2)年の創建とされる古社で、本殿は土蔵造りで、扉内側には伊豆長八の鏝絵が施されており、現在は年3回公開されている。

千住大橋駅を出た京成本線は、間もなく常磐線の上を越えることとなる。現在は地上を走る、東京メトロ日比谷線

千住大橋

最初の架橋は1594（文禄3）年、徳川家康江戸入府後4年目に隅田川（現・荒川）に架けられた。その後、何度も改築や改修が行われ、1927（昭和2）年に鉄橋化。1973（昭和48）年には交通量の増大に対応して、下流側に新橋が架橋された。旧橋の上流側に東京都水道局の工業用水道専用橋である千住水管橋が並行している。

北岸は足立区千住橋戸町
南岸は荒川区南千住6丁目

東京都中央卸売市場足立市場

都内で唯一の水産物専門の中央卸売市場。歴史は古く、天正年間に川魚・青物・米穀を中心に始まった。その後、奥州・常陸に通じる街道の要衝の地として発達。神田・駒込と並ぶ江戸3大青物市場の一つに数えられ幕府の御用市場となる。東京都は1942（昭和17）年に現在地（千住橋戸町）に施設を整備し、3年後に中央卸売市場足立市場を発足させたが、開場後すぐ戦災に遭う。戦後は、市場整備のための用地買収を行い、1968（昭和43）年から新しい施設の建設が始まった。1979（昭和54）年9月に青果部門を足立区入谷（北足立市場）に分離・移転させ、足立市場は水産物の市場として改めて発足し、現在に至っている。

足立区千住橋戸町50

建設省地理調査所発行「1/10000地形図」

京成本線が開通し、千住大橋駅が置かれている。千住大橋の手前（南側）まで来ていた都電は、北千住方面まで延伸している。足立区が誕生し、千住町役場は足立区役所に変わっている。隅田川を渡った常磐線の西側、千住橋戸町付近には、木材市場、卸売市場が誕生している。このうち、中央卸売市場足立市場は1945（昭和20）年に総合市場として開場し、現在は青果部門を切り離し、水産物の卸売市場となっている。隅田川の南側には国鉄の隅田川貨物駅ができ、現在は東京メトロの千住検車区となっている。

千住大橋（昭和戦前期）

関東大震災からの復興橋のひとつとして、1927（昭和2）年に架橋された千住大橋。隅田川最古の橋としても有名である。

の上も越えていく。国道4号と並行して北に向かう常磐線には、北千住駅が置かれており、千代田線、日比谷線、東武伊勢崎線などとの連絡駅となっている。

南側にはJRと東京メトロの南千住駅があるが、かつて京成本線には西千住駅が存在した。この西千住駅は1935（昭和10）年に開設され、1943（昭和18）年に休止、1947（昭和22）年に廃止された。また、東武伊勢崎線には戦前戦後にかけて、牛田～北千住間に中千住（当初は千住）駅が存在した。

帝国陸軍陸地測量部発行「1/10000地形図」

京成本線

京成関屋

富嶽三十六景に描かれた関屋の里

東武伊勢崎線は見えるものの、牛田駅はまだ開業していない。この駅の開業は1932（昭和7）年である。右側ではこの当時、荒川（放水路）の開削工事が行われており、東武線の南側に荒川工事事務所が置かれていた。綾瀬川付近を走る東武線の線路は、この工事のために変更され、現在は荒川沿いをほぼ南北に走る形になっている。隅田川と綾瀬川の合流地点の付近には、汐入の渡しが存在した。現在はこの南側に水神大橋が架けられている。墨堤通りはまだ開通していない。

開業年	1931（昭和６年）12月19日
所在地	足立区千住曙町２－２
キロ程	7.3㎞（京成上野起点）
駅構造	高架駅／２面２線
乗降客	25,279人（2017年度）

東武線には牛田駅が存在

西から来た京成本線と、南から来た東武伊勢崎線が出合うのが、この京成関屋駅付近である。隅田川と荒川に挟まれたかなり狭い場所に、南側に京成関屋駅、北側に東武の牛田駅が並んで置かれている。また、東武線と並ぶ形で南から上ってきた墨堤通りは、両線の間を西に進み、さらに北に向かう。

京成関屋駅は1931（昭和6）年に開業している。駅名の由来は、古くからこのあたりが「関屋の里」と呼ばれてきたことによる。この「関屋」とは、源頼朝の命を受けた江戸太郎重長が奥州から関東（鎌倉）を守る関所を設けたことによる。この駅の南西には、足立区の千住関屋町が存在するが、駅が置かれた場所は千住曙町である。足立区が誕生するのは1932（昭和7）年で、この駅が開業したときは南足立郡の千住町であった。

江戸時代、駅付近の風景を浮世絵師、葛飾北斎が描いたのが「富嶽三十六景」の「隅田川関屋の里」である。土手（牛田提）を馬で疾走する3人の武士の姿が描かれ、松の木越しの遠くに富士山が見える、雄大な構図の作品である。

一方、東武が駅名に選んだ「牛田」は、「牛田提」とともに「牛田圦」と呼ばれた農業用水、「牛田道」と呼ばれる古道が存在したことによる。この駅の東側で、東武線と交差した京成本線は、川の手通り（都道）と並行するように進み、堀切橋の北側で荒川を渡ることとなる。ところで、東武の堀切駅の西側には

東京水辺ライン

東京水辺ラインは、東京都公園協会が運営する水上バス。東京港、隅田川、荒川で定期（一部は不定期）で運航している。また、貸切便、イベント便、宴便などでも運航されている。貸切便は、定員140名の「さくら・あじさい号」と、定員200名の「こすもす号」の2船がある。宴便は、両国を出発しレインボーブリッジへ向かい、通過後Uターンしてまた両国に戻るコース。完全貸切で2時間のクルージングが楽しめる。毎週月曜日運休（祝祭日の場合は翌日）。

足立区千住曙町（千住発着場）

水神大橋

東京都の防災拠点となっている荒川区側にある都立汐入公園と、墨田区側にある東白鬚公園をつなぐ連絡橋として、1989（平成元）年に架橋された。橋の名称は、東側に鎮座する隅田川神社（水神宮）に由来する。都道461号がこの上を通っている。

都立汐入公園

隅田川を渡った先にある都立汐入公園は、テニスコート、野外ステージなどのほか、バーベキューのできる広場があるのが特徴。隅田川沿いのテラスにつながる、2つの展望広場も存在する。

建設省地理調査所発行「1/10000地形図」

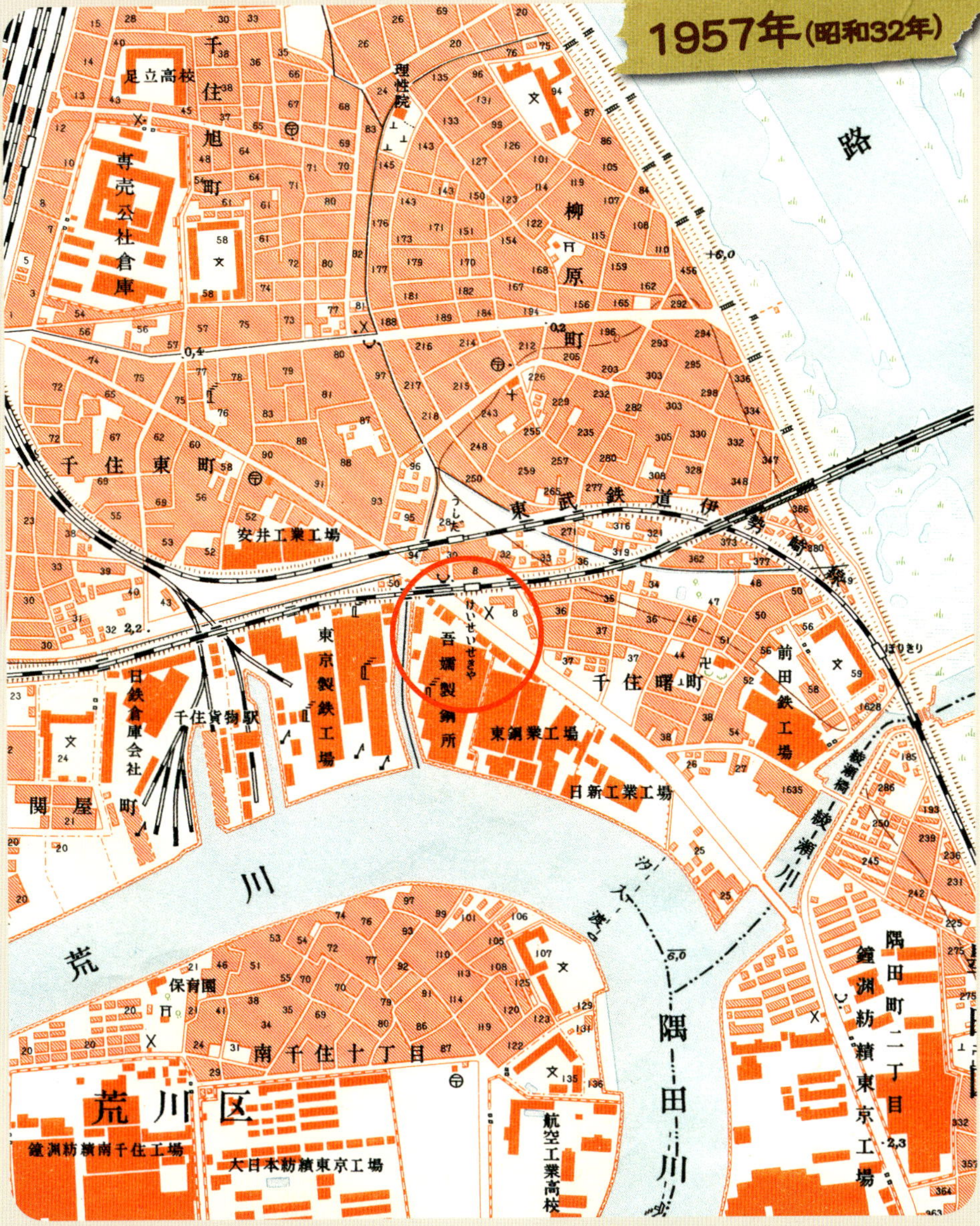

京成本線が開通し、京成関屋駅が開業している。その北側には東武伊勢崎線の牛田駅が開業し、東側には堀切駅が移転してきた。南側では隅田川沿いに、多くの工場が集っていることがわかる。古参の鐘淵紡績東京工場・南千住工場や大日本紡績東京工場、東京製鉄工場、吾嬬製鋼所、日新工業工場などである。一方、北側はすっかり住宅地となっている。北千住駅の東側は専売公社倉庫となっているが、現在は東京電機大学東京千住キャンパスなどに変わっている。

足立区立第二中学校があった。この学校は人気ドラマ「三年B組金八先生」の舞台である「桜中学校」として撮影された学校であったが、2005（平成17）年に閉校になった。その後、この校舎を利用して、2007（平成19）年に東京未来大学が開校している。

荒川改修工事（大正期）

足立・葛飾の風景を大きく変えた荒川改修（開削）工事の様子。千住新橋あたりの工事風景か。

帝国陸軍陸地測量部発行「1/10000地形図」

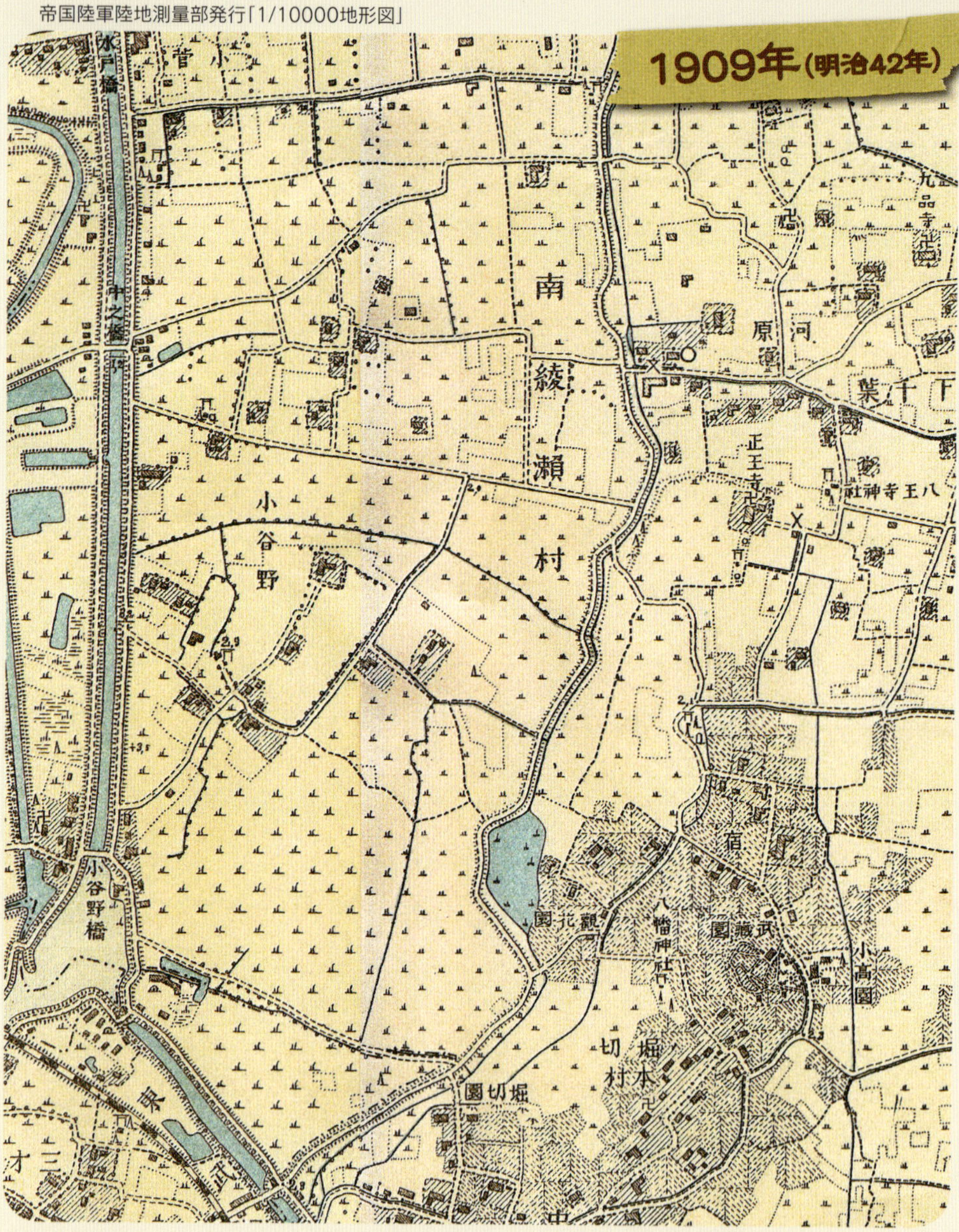

京成本線が開通する前の地図であり、左下には1902（明治35）年に開通した東武伊勢崎線がのぞいている。このあたり一帯は南綾瀬村で、左側には古綾瀬川が流れ、水戸橋、中之橋、小谷野橋などが架けられている。南側はかつての堀切村であり、八幡神社を取り囲むように菖蒲園が集っている。この頃は小高園、武蔵園、観花園などが争うように、菖蒲の花見客を呼び込んでいた。少し離れた南西にあった堀切園を戦後、東京都が購入し、公園としたのが現在の堀切菖蒲園である。

京成本線

堀切菖蒲園

花の名所の菖蒲園。かつては点在した

開業年	1931（昭和6年）12月19日
所在地	葛飾区堀切5－1－1
キロ程	8.8㎞（京成上野起点）
駅構造	高架駅／2面2線
乗降客	22,019人（2017年度）

東西に分かれた堀切村

現在は葛飾区堀切5丁目にある、堀切菖蒲園駅が開業したのは、1931（昭和6）年12月であるが、このときには南葛飾郡南綾瀬町に置かれていた。その後わずか1年足らずで、南綾瀬町が東京市に編入され、葛飾区の一部となったのである。

一方、東武伊勢崎線（東武スカイツリーライン）の堀切駅は荒川の対岸、足立区の千住曙町に存在する。これは1923（大正12）年の荒川の開削により、旧堀切村の一部が東西に分断されたからである。現在の荒川が開削されたことで、東武線のルートも変更され、現在よりも東側に存在した堀切駅は翌年、荒川の西側の新線上に移転し、再開業した。こうした経緯があり、「堀切」を冠する2線の駅が、川の東西の両区に分かれることになった。「堀切」という地名の由来は、人工的に掘削された堀（溝）の名称の一種で、江戸時代から堀切村が存在していた。

堀切菖蒲園駅の名称の由来となっている「堀切菖蒲園」は、花菖蒲の咲く花の名所として有名な、葛飾区が所管する公園である。江戸時代から花菖蒲で知られ、その昔は武蔵園、吉野園、小高園など多くの民間の菖蒲園が存在していた。そのひとつだった堀切園を、1959（昭和34）年、東京都が購入したのが、現在の「堀切菖蒲園」である。1975（昭和50）年に葛飾区に移管され、区民・都民に親しまれてきた。

堀切菖蒲園駅の東側には、平和橋通

堀切菖蒲園

歌川広重の浮世絵に描かれるなど、江戸時代から続く花菖蒲の名所。1959（昭和34）年に堀切園を東京都が購入し、都立堀切菖蒲園として公開した。1975（昭和50）年に葛飾区に移管され、現在に至る。2018（平成30）年にリニューアルされ、園路や菖蒲田の間にかかる八つ橋が広くなり、トイレや休憩所などもバリアフリー化された。菖蒲まつりの頃には約200種、6000株の花菖蒲が楽しめる。梅、藤、冬桜、牡丹など四季折々の花が見られる。

葛飾区堀切2-19-1

綾瀬川

埼玉県から東京都に流れる利根川水系中川の支流。江戸時代以前には荒川の派川で大河だったと言われる。しかし、1600年代の初めに荒川と分離され、以降農業用の排水路としての役目を担う。戦後から高度経済成長期にかけて人口が急増し、市街化に進展。これに伴い湿地が広がっていた一帯は住宅地へと変わる。綾瀬川は町の中心を流れ、川沿いに文化施設もつくられ、地域に馴染んでいる。

建設省地理調査所発行「1/10000地形図」

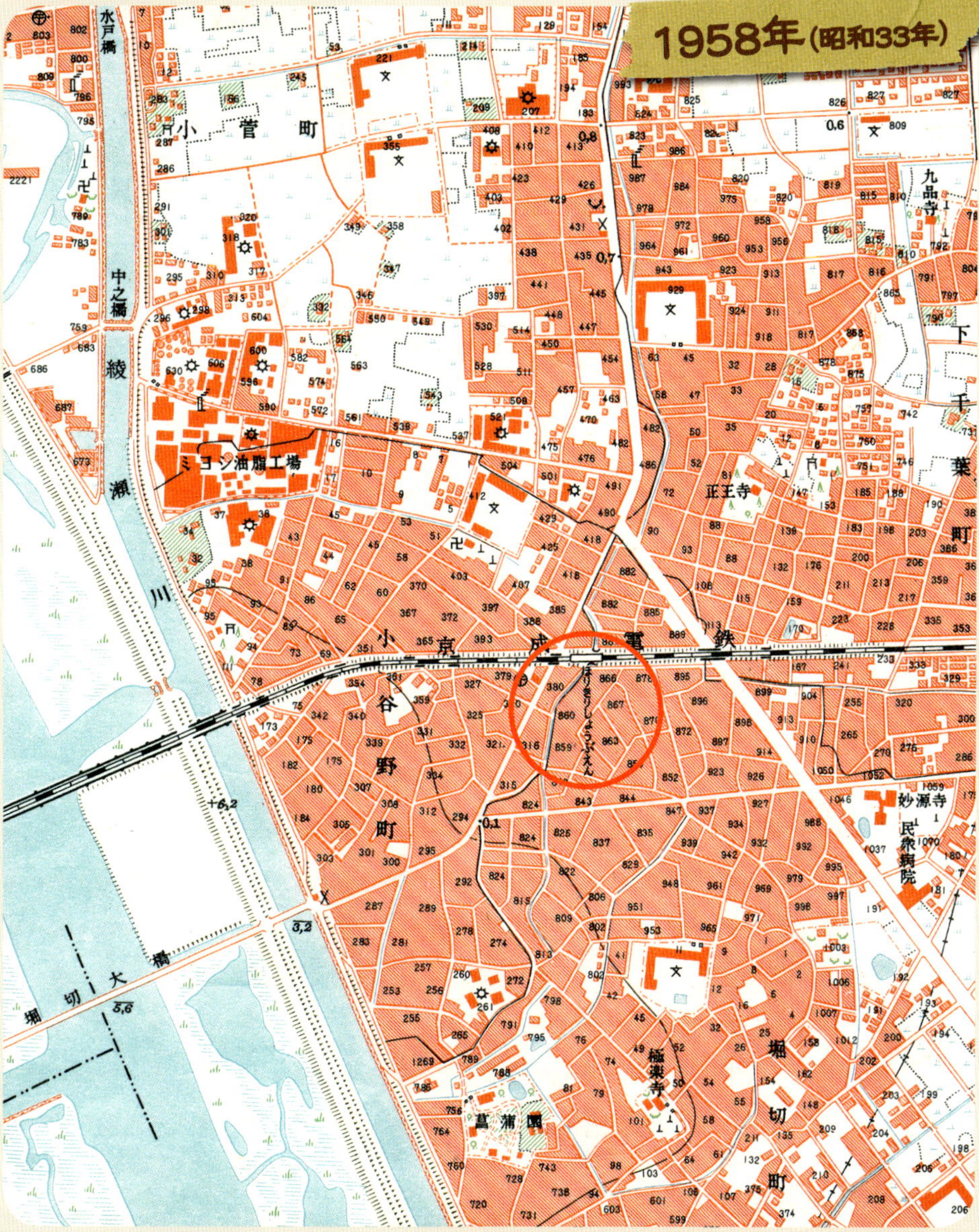

地図の左側には荒川が開削され、堀切橋が架けられている。その北側を渡ってきた京成本線には、堀切菖蒲園駅が置かれている。少し離れた南側に見えるのが、堀切園（現・堀切菖蒲園）である。その東側には真言宗豊山派の寺院、極楽寺があり、1934（昭和9）年に現在の葛飾区立堀切小学校が開校している。この時期、京成本線北側の綾瀬川沿いにはミヨシ油脂工場など多くの工場があった。現在はこの綾瀬川の上を、首都高速中央環状線が通っている。

堀切の菖蒲園（明治後期）

堀切に多数あった菖蒲園では、着物姿の女性を配した写真（絵葉書）が多数、撮影されていた。

りが通っており、駅の南東の妙源寺前交差点で、川の手通りと交差している。この付近にある堀切天祖神社は、旧堀切村の鎮守で、境内には明治時代に合祀された八幡宮（堀切八幡神社）もある。かつてはこの付近にも、菖蒲の花を見せる菖蒲園が存在していた。

京成本線

お花茶屋

将軍徳川吉宗にお茶を献じた娘がいた

帝国陸軍陸地測量部発行「1/10000地形図」

1916年（大正5年）

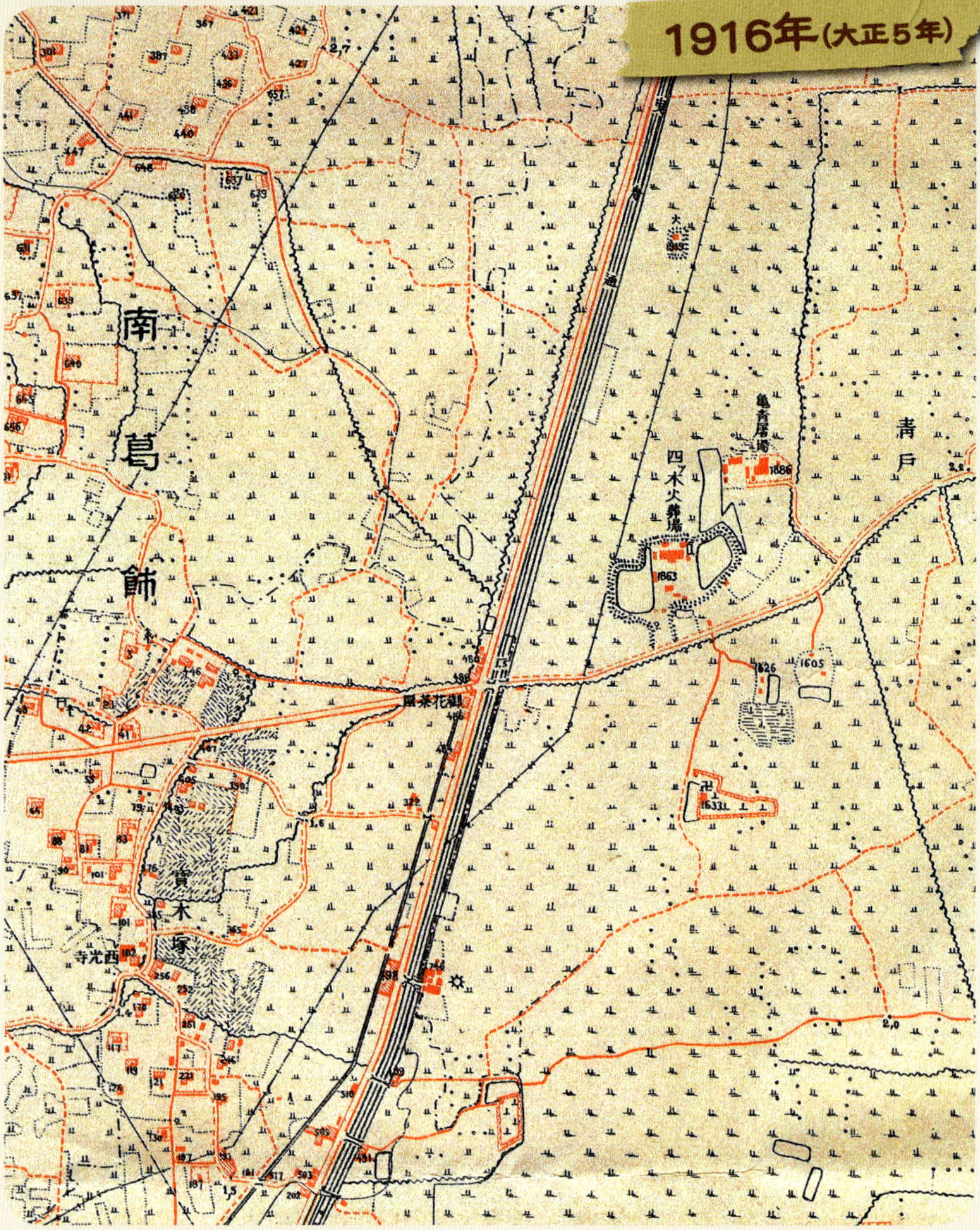

地図の真ん中をやや斜め南北に葛西用水、曳舟通りが通っている。中央を走る道路と交わる付近に「御花茶屋」の文字が見える。この東側に四ツ木火葬場が置かれている。ほぼ一帯が農地であり、西側の「（本田）宝木塚（町）」の地名があるあたりに西光寺が見える。現在、この東側には、1951（昭和26）年に葛飾区立宝木塚小学校が誕生している。また、曳舟川通りを挟んだ東側には、1947（昭和22）年に葛飾区立第十二（現・大道）中学校が開校している。

開業年	1931（昭和6年）12月19日
所在地	葛飾区宝町2－37－1
キロ程	9.9㎞（京成上野起点）
駅構造	地上駅（橋上駅）2面2線
乗降客	33,442人（2017年度）

駅の北には共栄学園

このお花茶屋駅の所在地は、葛飾区宝町であるが、現在は「東堀切」や「白鳥」といった地名に囲まれて、駅の北側に「お花茶屋」の1～3丁目が広がる。この地名は、江戸幕府の八代将軍、徳川吉宗が鷹狩りに訪れた際、腹痛を起こしたときに茶屋の店主、新左衛門が秘蔵の銀の茶釜で湯を沸かし、娘のお花が看護したところ、すぐに回復したことから、「お花茶屋」の名を賜ったとされている。駅の開業は1931（昭和6）年12月、青砥駅から日暮里駅までの延伸時である。駅の北側には、共栄学園高校、葛飾野高校があることから、各駅停車の停車駅の中では乗降客数はかなり多い方である。

お花茶屋駅が開業した当時、このあたりは東京府南葛飾郡の本田町であった。この本田町は1928（昭和3）年に本田村が町制を施行したものである。その歴史をたどれば、1889（明治22）年に立石村、原村などが合併して、立石村が誕生。翌年に「本田」と村名を改称したのである。この「本田」とは、新しく開墾された土地である「新田」に対応する地名で、葛飾にもともとあった田圃という意味である。

お花茶屋駅の南側には、葛飾区立宝木塚小学校が存在する。1951（昭和26）年に、四ツ木小学校から分離、独立して開校したこの小学校の校名は、かつてこのあたりにあった宝木塚村に由来する。国道6号を挟んだ南東に存在する梅田小学校は同様に、かつての梅田村

曳舟川親水公園

江戸時代に農業用水として開削された曳舟川。その名称は、舟に縄をかけて人や牛馬が舟を引いた川であることに由来する。1964（昭和39）年頃までは小魚などの生物が生息している川であったが、高度成長期以降の水質低下で川は埋め立てられ、自然の水路もなくなった。そこで葛飾区では人工的な水の流れをつくり、亀有から四つ木にかけて南北3kmに渡る曳舟川親水公園を整備した。水生植物やメダカ、ザリガニなども観察でき、夏場には水遊びのスポットとして多くの人で賑わう。

葛飾区亀有4丁目先～四つ木4丁目

建設省地理調査所発行「1/10000地形図」

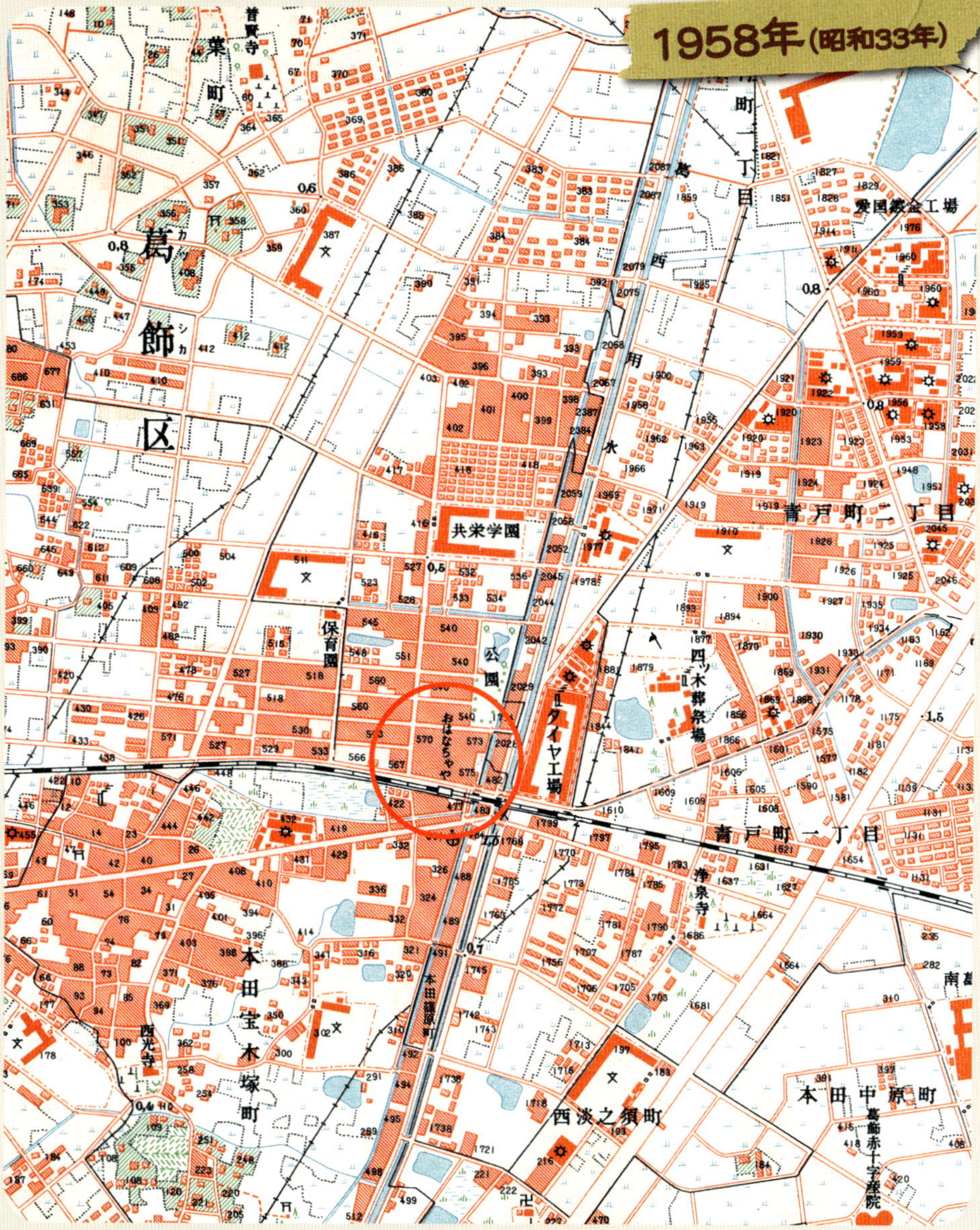

京成本線が開通し、お花茶屋駅が開業している。駅のすぐ東側にはタイヤ工場が誕生し、北側には共栄学園が開校している。その東側に見える「文」の地図記号は、葛飾区立白鳥小学校である。四ツ木葬祭場の先には国道6号が通っている。また、右上には葛飾野高校が誕生している。この学校は1940（昭和15）年に東京府立十七中学校として設置され、戦後の1949（昭和24）年に現在地に移転した。このときは葛飾高校の校名であったが、翌年（1950年）に現在の校名に改称している。

郷土と天文の博物館

郷土「葛飾」の自然と人現の歴史や、子どもたちの宇宙への夢を育む正確な科学教育を目指して建設。葛飾区が運営する「郷土と天文の博物館」は1991（平成3）年7月に開館した。歴史学、民俗学、考古学、埋蔵文化財、文化財、天文学の6部門で、専門家を招待して地域史フォーラムを主宰。郷土史に関する書籍も出版している。館内には、郷土展示室、天文展示室、プラネタリウム、天体観測室（天文台）などの施設も充実している。

葛飾区白鳥3-25-1

に由来している。

駅のすぐ東側には、江戸時代には曳舟川（亀有上水）が流れており、その後は道路として使用されてきた。昭和戦前期には葛飾区で初めてバス（乗合自動車）が通った道路でもある。現在は亀有から四つ木まで南北に約3キロ続く、曳舟川親水公園となっている。

京成本線
押上線

青砥

1928年に開業。地名は青戸である

帝国陸軍陸地測量部発行「1/10000地形図」

右側には湾曲しながら南に流れる中川が見え、西側から来た京成本線と押上線は青砥駅で1本になって中川を渡ってゆく。京成橋梁の南側には、富士見橋（高砂橋）が架かっている。青砥駅の置かれている付近には、本田中原町、本田淡之須町の地名が見え、青戸町は北側に広がっている。地図の南端、奥戸橋が架かる本田立石町には神社と寺院の地図記号が見える。これは安倍晴明ゆかりの熊野神社と、在原業平ゆかりの天台宗の寺院、南蔵院である。南蔵院の地蔵堂は、大岡政談で有名な、しばられ地蔵尊が祀られている。

開業年	1928（昭和３年） 11月１日
所在地	葛飾区青戸３－36－１
キロ程	11.5㎞（京成上野起点）
駅構造	高架駅／２面４線
乗降客	50,364人(2017年度)

伝説の武将、青砥藤綱に由来

この駅までの上野～青砥間の京成本線が昭和戦前期に開業した、比較的新しい路線であるのに対し、ここから先の京成本線は1912（大正元）年に開業した、古くからの京成本線である。もっとも青砥～日暮里間の新路線が開通する3年前までは、旧本線の高砂（現・京成高砂）～立石間には駅が設置されていなかった。この青砥駅の開設は1928（昭和3）年11月で、3年後の1931（昭和6）年12月に新本線が出来ている。

青砥駅の所在地は葛飾区青戸3丁目で、駅名の「青砥」と地名の「青戸」が異なっている。駅が誕生したときの所在地は、お花茶屋駅と同じ本田村であったが、付近はこの時期、東京府南葛飾郡の亀青村であった。亀青村は1889（明治22）年に青戸村と亀有村などが合併して誕生しており、江戸時代から「青戸」の名称をもつ村があったことがわかる。

「青戸（青砥）」の地名の歴史をさかのぼれば、鎌倉時代の武将で、『太平記』の逸話で知られる青砥藤綱の領地だったことに由来する(異説あり)。

ここには鎌倉時代に葛西城（館）が築かれ、江戸時代には徳川家康、秀忠、家光の鷹狩りの御殿である「青戸御殿」が存在した。そうした中で、京成駅が開業する際には、「青砥」の駅名が採用されたのである。

現在も2つの地名表記は続いており、青砥駅の東側を流れる中川に架かる、環七通り）の橋の名称は「青砥橋」である。また、駅の北側には葛飾区立青戸中

建設省地理調査所発行「1/10000地形図」

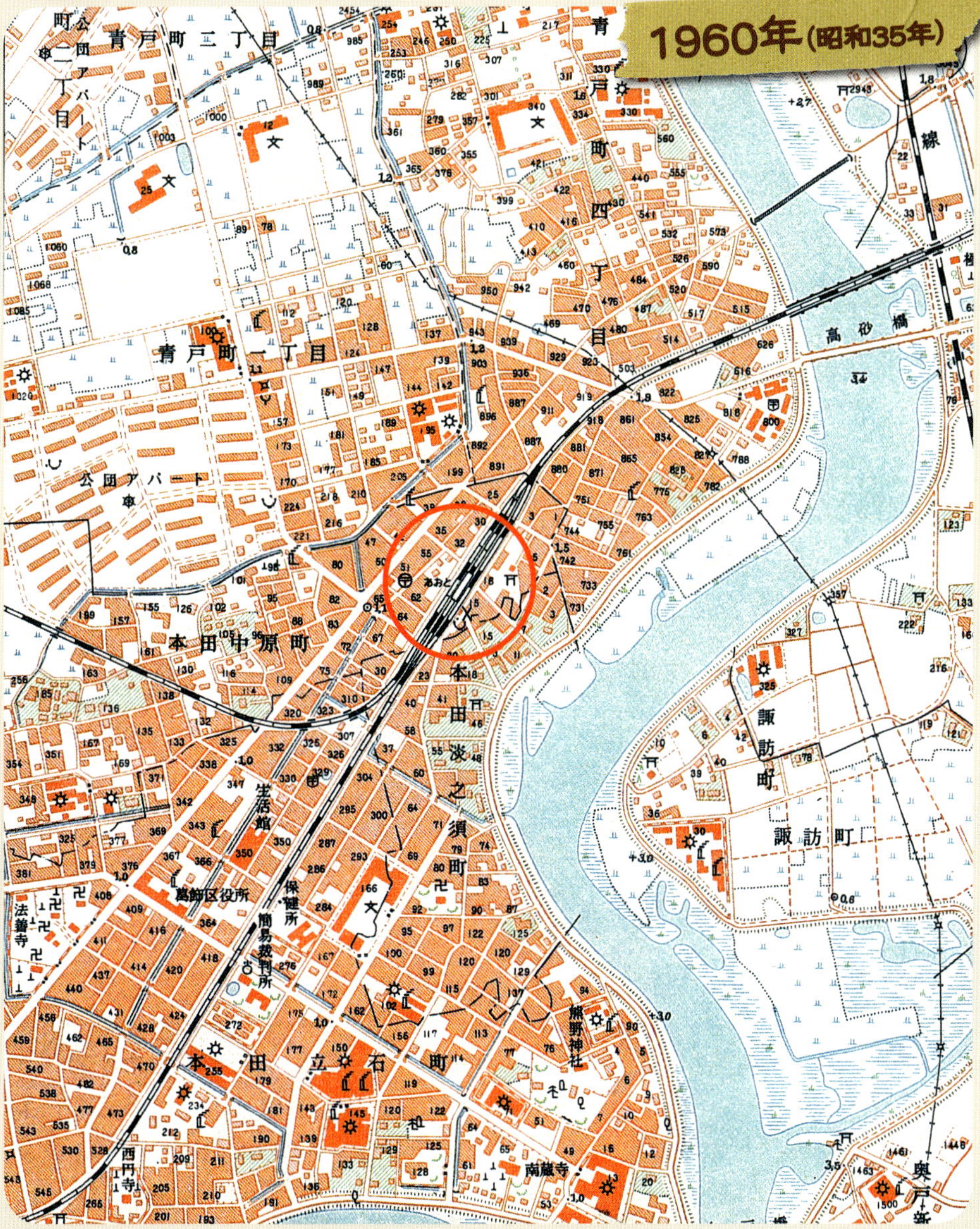

前の地図では農地が広がっていた青砥駅の西側には、日本住宅公団（現・UR都市機構）のアパート（青戸第一団地）が誕生している。また、北側には3つの「文」の地図記号が見える。東（右）から、1950（昭和25）年に開校した青戸小学校、1956（昭和31）年開校の青戸中学校、1957（昭和32）年開校の中青戸小学校であり、戦後の人口増加で、次々と学校が建てられたことがわかる。青砥駅の南側に見える学校は、地域で古い歴史のある葛飾小学校である。

青戸平和公園

葛飾区が「犬と散歩ができる公園」として認めている公園で、愛犬家グループのほか、充実した遊具エリアを目的にした家族連れも多く訪れる。園内には、非核平和のシンボルである祈念塔が建立されており、被爆した橋の縁石や焼け焦げた煉瓦の一部も保存されている。平和のシンボルでもある千羽鶴のための献架台もあり、千羽鶴がいくつも献架されている。葛飾区は、核兵器の廃絶と世界の恒久平和を求める「非核平和都市宣言」を行っており、毎年8月には「平和」を願うイベントが行われている。

葛飾区青戸4-23-1

青砥橋

中川に架かる青砥橋は、1985（昭和60）年に架橋された綱連続箱桁橋。この橋を含む区間は、環状七号線（都道318号）の中で最後に開通している。

学校がある。

さらに中川を渡った先、高砂駅との中間にある単立寺院、大光明寺（旧・極楽寺）には、青砥藤綱が奉納したといわれる弁天像と供養塔が残されている。

法問寺

1559（永禄2）年に中島種広創立、穏蓮社安誉虎覚上人が開山。1729（享保14）年、中川開削のため現在地に移った。寺に安置される呑竜上人は“子育て呑竜”として知られ、遠近からの参詣者で賑わったという。墓地には開基中島佐太郎種広の墓、門前左側には施餓鬼音楽法要の碑がある。

葛飾区青戸6-16-20

帝国陸軍陸地測量部発行「1/10000地形図」

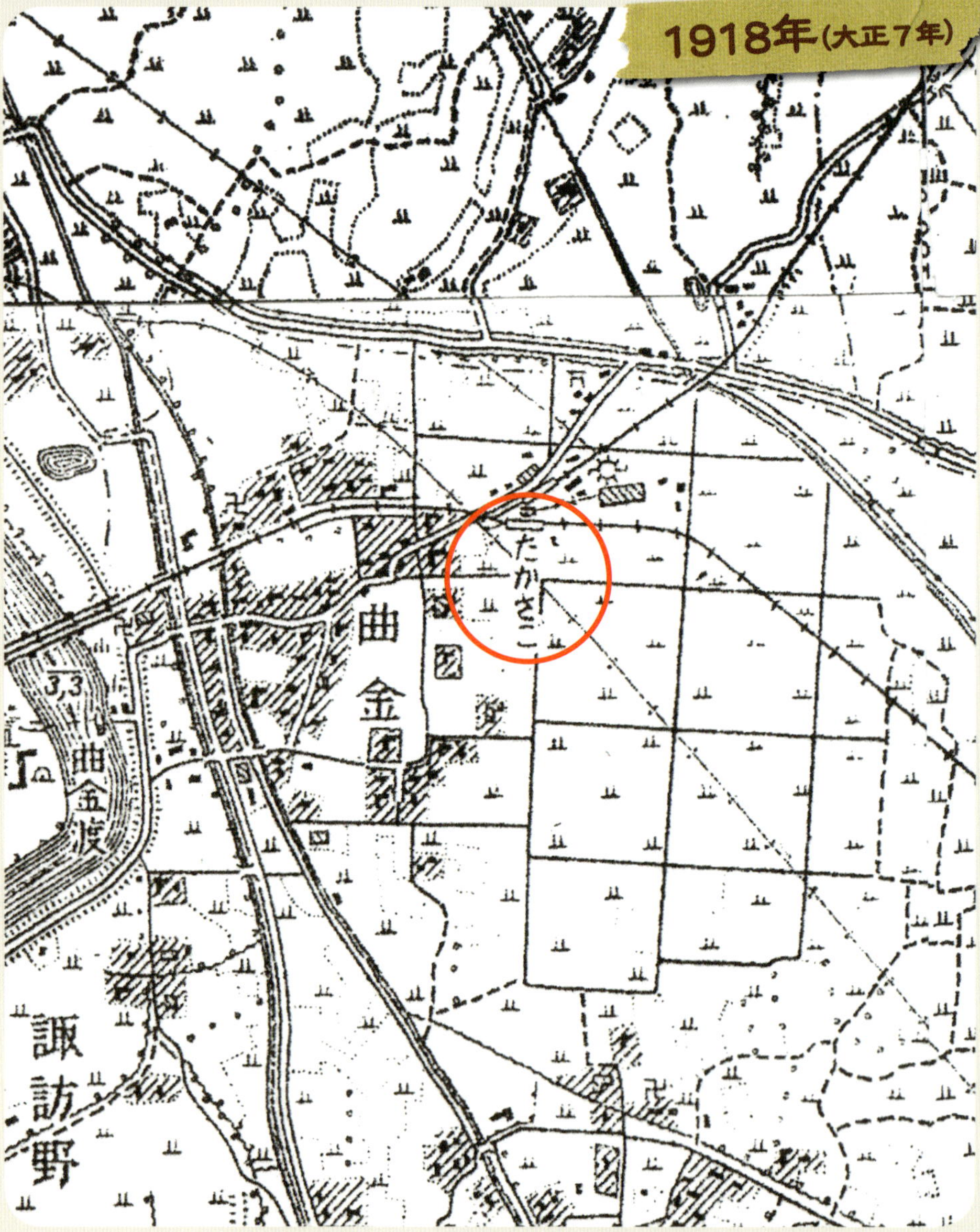

「曲金」の集落を横切るように京成線が通り、高砂（現・京成高砂）駅で本線と金町線に分れている。中間に京成の車庫が置かれ、この時期は工場も併設されていた。駅の周囲はほとんどが農地であり、北側に細い道路が東西に通っていた。西側を流れる中川には、曲金の渡しが存在した。現在はここに高砂橋が架橋されている。南側の「諏訪野」には、諏訪野の渡しが存在した。中川沿いの京成線の南側に見える「卍」の地図記号は、極楽寺（現・大光明寺）である。

京成本線
金町線
成田空港線

京成高砂

曲金の地名から、謡曲の高砂に変更

開業年	1912（大正元年）11月3日
所在地	葛飾区高砂5－28－1
キロ程	12.7㎞（京成上野起点）
駅構造	地上駅（橋上駅）・高架駅／2面4線（地上）1面1線（高架）
乗降客	101,330人（2016年度）

現在、成田スカイアクセス線も

中川が、本流と新中川の2つに分流する付近に置かれているのが、京成高砂駅である。現在は駅の所在地が高砂5丁目で、周囲に高砂1〜8丁目の地名が広がるが、かつての駅名は「曲金」で、駅も現在より東（京成小岩駅）側寄りに置かれていた。

この駅は1912（大正元）年11月、当時の京成本線であった、立石（現・京成立石）〜江戸川間に「曲金」駅として開業している。このとき同時に、現在の京成金町線が柴又駅まで開業している。その後、「曲金」の駅名は1913（大正2）年に「高砂」に改称された。さらに1931（昭和6）年に「京成高砂」と駅名が改められている。

もともと、このあたりには東京府南葛飾郡に所属する曲金村が存在した。その後、1889（明治22）年に奥戸村、上小松村、下小松村などと合併し、改めて奥戸村が成立。1930（昭和5）年に町制を施行し、奥戸町になっていた。1932（昭和7）年に東京市に編入され、葛飾区に属することになった。

その間、明治維新後の地租改正に際して、曲金村の小字名として「高砂」などの謡曲（能楽）の曲名が生まれていた。京成電鉄はそのうちのひとつ「高砂」を駅名に採用した形である。その後、語呂などが悪い「曲金」に代わり、縁起の良い「高砂」が地名として使用され、1965（昭和40）年の新住居表示実施により、広域の地名（住居表示）としても使用されるようになったのである。

中川・新中川

1938（昭和13）年7月、東京の東部で起こった浸水戸数6万戸に及ぶ被害への反省から、翌年4月に中川開削・改修計画が持ち上がった。しかし戦争のために計画は一旦中止になった。ところが1947（昭和22）年9月、カスリーン台風により東京東部が再度浸水。改めて中川改修が検討され、2年後に開削が本格化。江戸川区では多くの家屋が立ち退きを余儀なくされたが、1963（昭和38）年に中川放水路が完成する。その後、中川放水路は一級河川に指定され、河川名を「新中川」（全長7.84km、幅員143.5メートル）に改称した。

新中川通水記念公園

中川と新中川との分岐点（高砂1丁目）にある公園で、新中川の整備により開園した。園内には中川、新中川の歴史を記した石碑が建つ。

帝国陸軍陸地測量部発行「1/10000地形図」

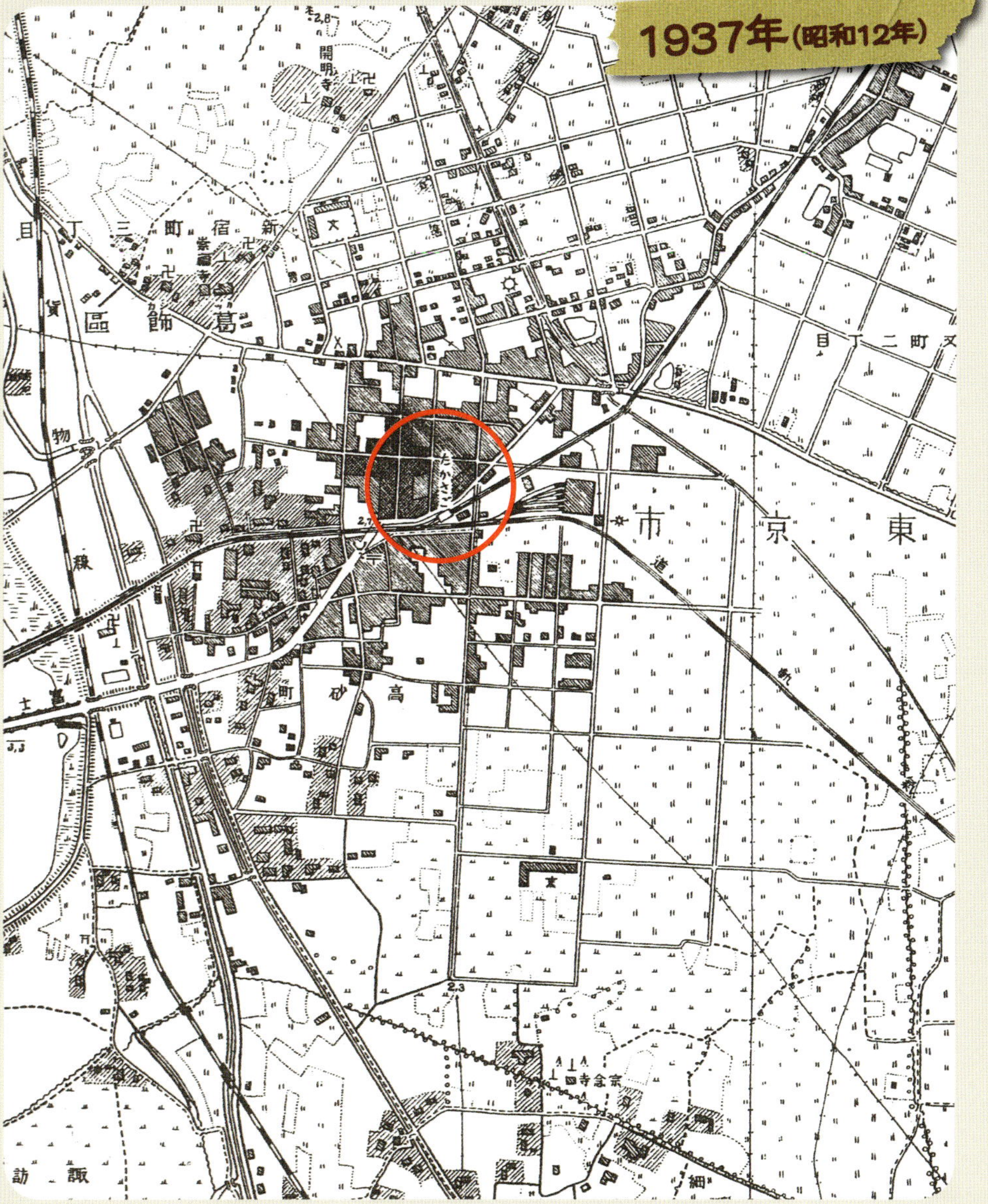

地図の中央やや上に高砂（現・京成高砂）駅が置かれており、東側には高砂車庫が存在している。南東に向かうのが京成本線、北東に行くのは金町線である。また、西側（左端）を南北に走るのは、国鉄の新金貨物線である。この地図の左下の部分には現在、この新金線に沿うように新中川が流れている。この川（放水路）は地域の水害対策のため、戦前から工事が始まり、1963（昭和38）年に完成している。新しい放水路は1966（昭和41）年、現在の名称である新中川となった。

高砂天祖神社

1874（明治7）年に社号を天祖神社と改称した。明治期に本殿と社殿を改築。社殿は1633（寛永10）年9月造営の棟札が確認されており、この棟札と江戸末期に行われた雨乞いを表わしたという絵馬は葛飾区の文化財。1906（明治39）年には神饌幣帛料供進神社に指定されている。

葛飾区高砂2-13-13

1991（平成3）年には現在の北総鉄道北総線が開通。2010（平成22）年から、北総線経由で成田空港駅に向かう成田空港線（成田スカイアクセス線）が開業している。

建設省地理調査所発行「1/10000地形図」

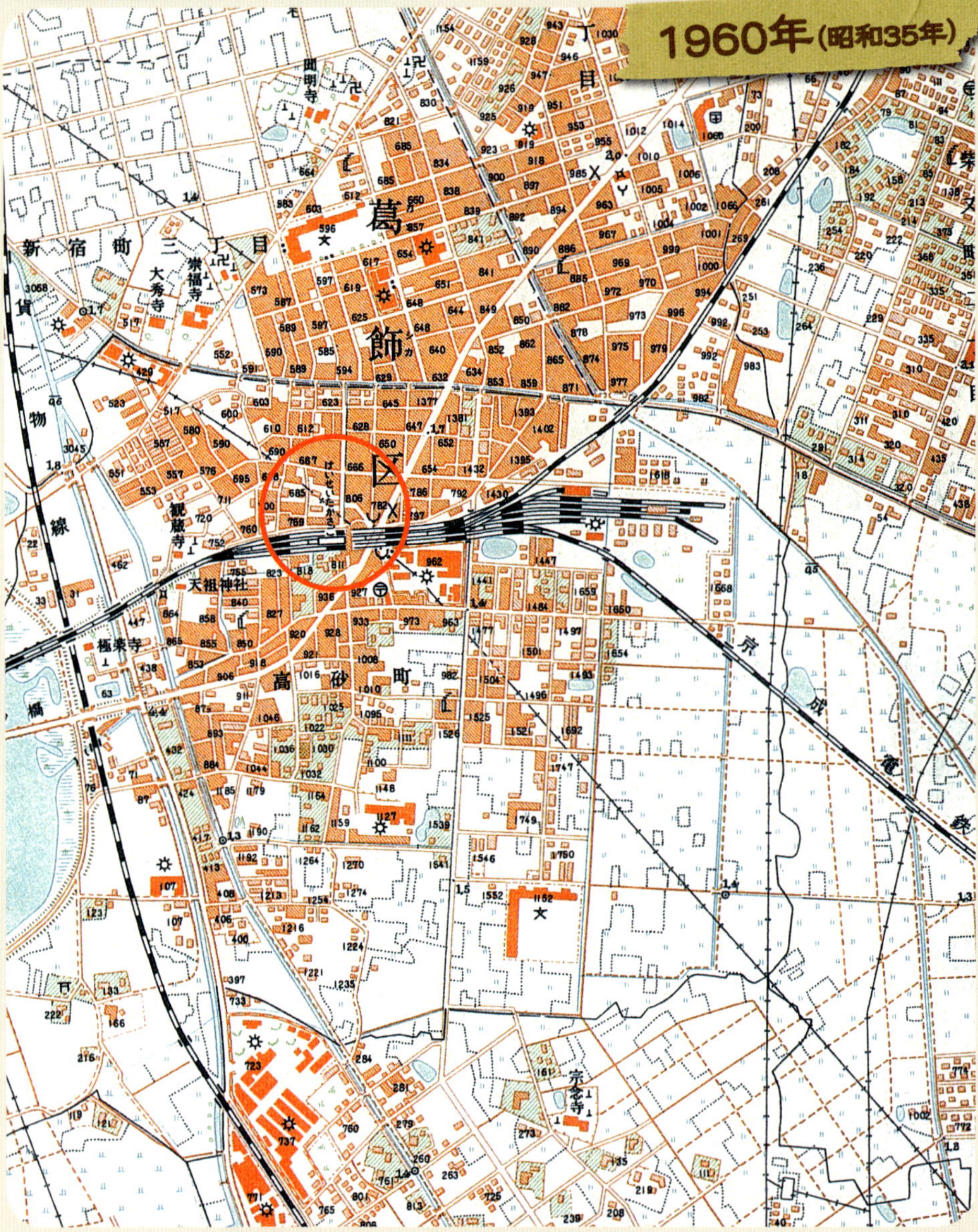

京成高砂駅付近では、立体交差化工事が行われ、1954（昭和29）年に駅が移転。現在地に新しい高架駅（地上駅も）が誕生した。西側を通っていた都道307号は、この下を通る形となり、柴又方面へと延びている。駅付近に戦前から存在していたのが、北側の住吉小学校と南側の高砂小学校である。住吉小学校は1935（昭和10）年、高砂小学校は1932（昭和7）年の創立である。住吉小学校の北に見える聞明寺の北側（新宿3丁目）には、1962（昭和37）年に都立葛飾商業高校が開校することになる。

高砂橋

中川から新中川が分流する、すぐ上流に架けられている。初代の橋は1932（昭和7）年に架橋され、現在の橋は2003（平成15）年に竣工した。橋長186.5メートルの斜張橋で、都道468号が通っている。

中川に渡し、橋の歴史

京成高砂駅の西側を流れる中川には、かつては多くの舟渡しがあり、現在は橋が架けられている。天気のいい日など、川に沿って歩きながら、中川の渡しと橋の歴史を訪ねるのもいいだろう。

上流部分の新宿2丁目と亀有2丁目の間には、中川橋が架けられている。江戸時代には「新宿の渡し」があった場所であり、この風景は浮世絵師の歌川広重が「名所江戸百景」の中、「にい宿のわたし」として描いている。

1884（明治17）年、ここに初めての橋が架けられた。明治天皇の茨城県への行幸に合わせて、新宿村と亀有村の村民が資金を出し合って建設した仮橋で、「行幸橋」と呼ばれていた。間もなく廃止された後、翌年に改造されて、新しい橋が生まれたものの、この橋は有料の橋（賃取橋）となっていた。その後、「中川橋」となる橋が1933（昭和8）年に架橋されている。この橋が老朽化した後、現在の中川橋は2008（平成20）年に架けられた。

この南側には、国道6号が通る中川大橋が存在する。この橋も1935（昭和10）年に初代の橋が開通。現在の橋は1988（昭和63）年に完成した。

京成本線の橋梁がある付近には、かつて「曲金の渡し」が置かれていた。この渡し舟は、江戸から柴又帝釈天に参詣する人々が利用していたという。1932（昭和7）年、ここに高砂橋が架橋された。その後、橋の架け替えが実施されて、2003（平成15）年に現在の

国土交通省国土地理院発行「1/10000地形図」

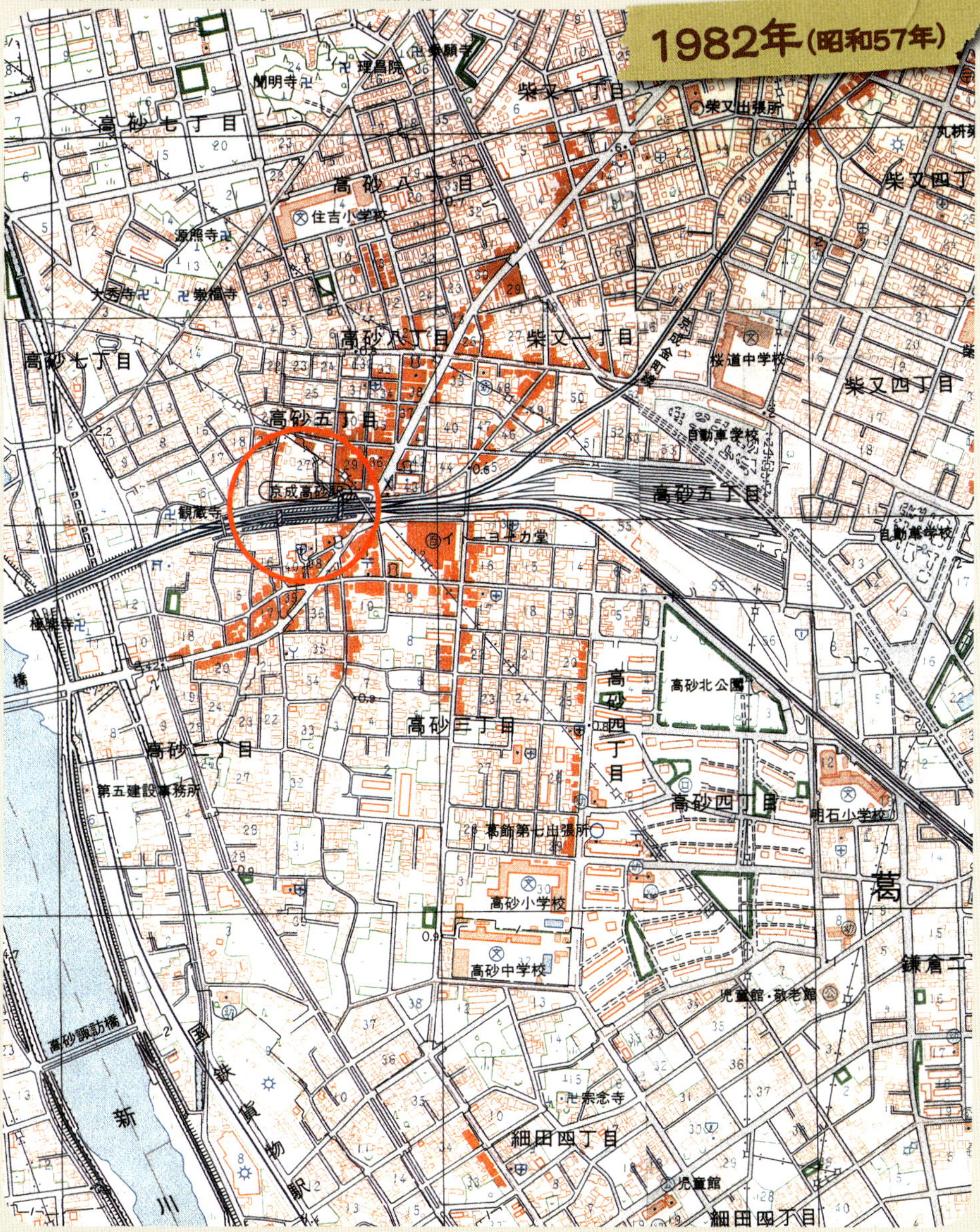

車両の増加、都営地下鉄、京急電鉄との乗り入れなどが行われ、京成高砂車庫の留置線は拡大している。車庫の北側にある自動車学校(教習所)に加えて、東側にもう1つ自動車学校が誕生している。駅の南側には、イトーヨーカドー高砂店が開店している。東側の高砂4丁目には、京成本線沿いに高砂北公園が開園した。京成高砂駅の北西には、多数の寺院が集まっている。また、駅の西側にある神宮院観蔵寺は、真言宗豊山派の寺院で、「柴又七福神」のひとつ、寿老人が祀られている。

葛飾区高砂北公園

京成高砂駅から徒歩2分の至近距離にある公園。グラウンド、遊具を備え、京成本線を通る多様な電車の往来を観察できる。

鎌倉野草園

京成本線と北総線に挟まれた鎌倉3丁目の鎌倉公園内にある。遊歩道が整備されており、約200種類の山野草を見ることが出来る。

京成高砂車庫(1919年)

京成の高砂車庫内において、電車の前に会社の技術者(技手)たちが集っている。

橋(二代目)が架橋されている。

その下流、高砂1丁目と青戸2丁目を結んでいるのが青砥橋である。この橋は現在、環状七号線が通っているが、1985(昭和60)年に完成した比較的新しい橋である。ここには渡し舟はなく、下流には「諏訪野の渡し」が存在した。この「諏訪野」とは、現在の高砂1丁目である。

さらに下流には「奥戸新田の渡し」(奥戸橋付近)や「奥戸の渡し」(本奥戸橋付近)、「上平井の渡し」(上平井橋付近)が存在した。また、東側の江戸川には、有名な「矢切の渡し」が、現在も運航されている。

帝国陸軍陸地測量部発行「1/10000地形図」

小岩の市街地から離れた農地の中に京成小岩駅が置かれている。京成小岩駅の西側を南北に走るのは柴又街道である。南側では奥戸街道と蔵前橋通りが合流し、東に向かって進んでゆく。合流地点（六軒島交差点）の南東に置かれているのが総武本線の小岩駅である。この当時の市街地は国鉄線の南側が中心で、新しく開かれた蔵前橋通り沿いにはまだ家屋は少ない。小岩駅の東側には、この地域の鎮守である、小岩神社が鎮座している。

京成本線

京成小岩

総武線小岩駅と離れた北小岩に存在

開業年	1932（昭和7年）5月15日
所在地	江戸川区北小岩2－10－9
キロ程	14.5㎞（京成上野起点）
駅構造	地上駅（橋上駅）2面4線
乗降客	18,151人（2017年度）

1932年に新駅として開業

都内から北東に上がってきた京成本線は、京成高砂駅を過ぎると、南東に下るようになる。次の駅は京成小岩駅であるが、この駅は京成本線の開業の際には置かれていなかった。この駅を含む京成高砂～江戸川間が約3キロと比較的距離が長く、1932（昭和7）年5月に新駅として開業している。

新駅開業の際に「京成」を冠したのは約1キロ離れた南側に総武本線の小岩駅が存在するからである。こちらは総武鉄道時代の1899（明治32）年の開業である。しかし、両駅は徒歩で20分ほどかかるため、乗り換えには適さない。京成駅の所在地は葛飾区との境目に近い江戸川区北小岩2丁目である一方、JR駅の所在地は南小岩7丁目である。

「小岩」の地名は、「甲和（里）」に由来する。奈良時代の「正倉院文書」には「甲和里」の記述があり、713（和同6）年に好字（よい字）の「甲和」が地名に採用され「小岩」に変化したとされる。現在、江戸川区には「東・西・南・北」を冠した「小岩」の地名があるが、江戸時代には上小岩村、下小岩村などが存在した。1889（明治22）年に南葛飾郡の上小岩村など5村が合併して、小岩村が成立。1928（昭和3）年に町制を施行し、小岩町が誕生した。1932（昭和7）年に東京市に編入されて、江戸川区の一部となった。

小岩の名所といえば、京成小岩駅からはかなり離れているが、江戸川の畔にある真言宗豊山派の古刹、善養寺が有

小岩菖蒲園

江戸川の河川敷に広がる小岩菖蒲園は、江戸川区が、地元の人に寄贈された花菖蒲をもとに回遊式の庭園にしたもの。毎年5月から6月にかけて、約4900平方メートルの菖蒲田には、100種・5万本の花菖蒲が咲き誇り、都会のオアシスとして都内名所の一つになっている。また、菖蒲田周辺ではさまざまな野草が見られることでも人気。

江戸川区北小岩4丁目先（江戸川河川敷内）

建設省地理調査所発行「1/10000地形図」

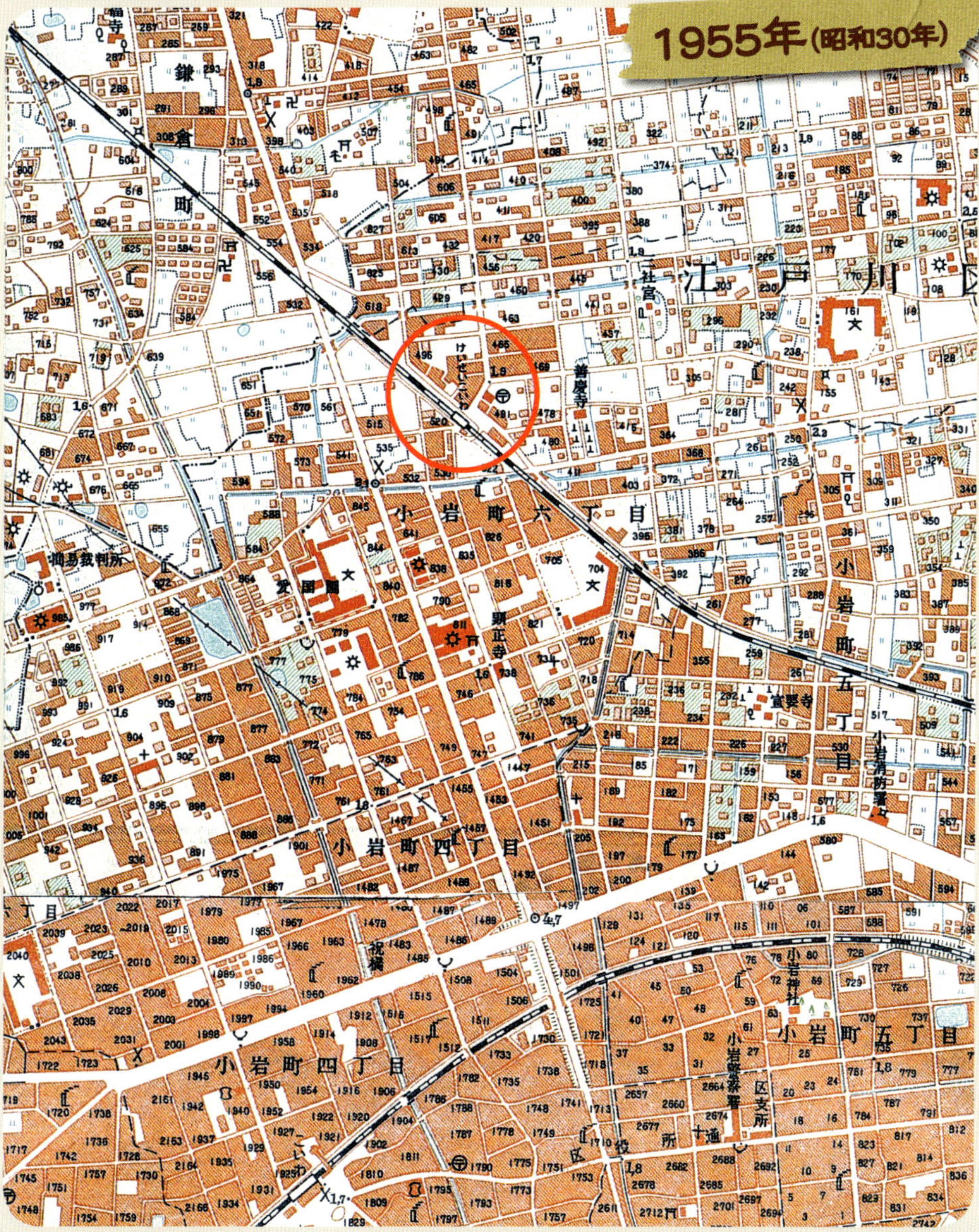

右の地図から20年弱たって、市街地は京成小岩駅の周辺まで伸びている。この頃はまだ現在のような地域表示ではなく、京成駅のある「北小岩」、JR駅のある「南小岩」といった地名は見えない。京成小岩駅の東側に見えていた寺院と神社には、善慶寺と三社宮の名称が見える。南西に見える学校（愛国園）は1938（昭和13）年に愛国女子商業学校として創立された愛国中学校・高校である。現在は隣接する形で、愛国学園短大も置かれている。

善養寺

別名「小岩不動尊」でも知られる善養寺は、1527（大永7）年の創建と伝わる、真言宗豊山派に属する由緒ある寺院。境内には国の天然記念物「影向のマツ」があり、このマツは香川県の「岡野マツ」と日本一争いで知られる。また、式守伊三郎報恩碑や横綱山という小さな山があるなど、大相撲との縁も深い。このほか、「天明3年浅間山噴火横死者供養碑」などの文化財も所有している。5月下旬には、バラ・サツキ展、10月末から11月初めにかけては、菊花展を開催。多くの人が訪れる。

江戸川区東小岩2-24-2

柴又街道

葛飾区の金町から江戸川区南小岩までの道路が「柴又街道」と呼ばれている。沿線には柴又帝釈天などがある。柴又は、古くから題経寺（柴又帝釈天）の門前町として知られるが、人気映画「男はつらいよ」の舞台になったことでさらに有名になった。

名である。この境内にある樹齢600年以上とされる天然記念物「影向の松」は、繁茂面積は日本一といわれ、多くの見物客が訪れている。

観光名所ではないが、JR小岩駅の周辺には昭和時代のノスタルジーが漂う商店街が存在している。中でも南口側のサンロード、フラワーロード、昭和通り商店街はいずれも個性的な魅力にあふれている。近年は格安の居酒屋や商店の品ぞろえに誘われて、ぶらりと散歩に訪れる人も増えている。

京成本線

江戸川、国府台

江戸川を渡って、東京都から千葉県へ

1937年(昭和12年)

帝国陸軍陸地測量部発行「1/10000地形図」

市川橋(明治後期)

「江戸川橋」と呼ばれていた頃、江戸川に架かる市川橋である。初代の木造橋は1905(明治38)年に架橋された。

地図の左側を江戸川が流れる江戸川駅、国府台(当時・市川国府台)駅付近の地図であるが、軍事施設があったことで、機密保持のため右上は欠図となっている。北側から京成本線、千葉街道(国道14号)、総武本線の橋梁が江戸川に架かっている。古い歴史をもつ場所であり、京成駅付近には安國院と春日神社、その南側には胡録神社、極楽寺、観音寺などの文字、地図記号が見える。市川駅に近い、総武本線の南側には宝酒造、市川毛織(毛布)の工場があった。

江戸川駅

開業年	1912(大正元年)11月3日
所在地	江戸川区北小岩3-24-15
キロ程	15.7㎞(京成上野起点)
駅構造	高架駅/2面2線
乗降客	5,800人(2017年度)

国府台駅

開業年	1914(大正3年)8月30日
所在地	市川市市川3-30-1
キロ程	16.4㎞(京成上野起点)
駅構造	高架駅/2面2線
乗降客	12,317人(2016年度)

鴻之台に下総国府があった

京成本線の都内最後の駅で、江戸川を挟んで、千葉県側の国府台と向き合うのが江戸川駅である。両駅の駅間は0・7キロで、ほとんどが江戸川に架かる橋梁である。

この江戸川駅は1912(大正元)年11月、押上~江戸川間が開業した際に「伊予田」の駅名で誕生している。当時は終着駅であった。その後、「市川」を名乗ったことがあり、1914(大正3)年に現在の駅名「江戸川」となった。

駅の東側を流れる江戸川は、東京都と千葉県の境界である。利根川の水流であり、古くは「太日川」とも呼ばれていた。現在、この駅付近の江戸川河川敷は緑地化され、江戸川区の「小岩菖蒲園」が開園している。面積は約4900平方メートルで、5、6月に約5万本の花菖蒲が咲き誇る。毎年6月には「小岩菖蒲園まつり」が開催されて、多くの花見客で賑う場所である。

江戸川橋梁を渡った先の駅は、千葉県市川市の国府台駅である。ここには古代、下総(現・千葉県)の国府が置かれていた。京成本線の国府台駅は1914(大正3)年8月に開業、当初の駅名は「市川鴻の台」であった。すぐ12月には「市川」の駅名に改称され、1921(大正10)年に「市川国府台」と変わっている。現在の駅名である「国府台」となったのは、戦後の1948(昭和23)年で、駅の所在地は市川市市川3丁目である。

国府台駅の北側、松戸市との境界付近には、国府台1~6丁目の地名が見

市川関所跡

江戸に幕府が置かれると、関東の主な川には、舟の渡し場で旅人を調べる「定船場」が設けられた。古くから賑わっていた市川も例外ではなく、これが後に関所となった。「市川関所」は、小岩と市川の対岸二村が一対で一つの関所として定められていたという。明治2(1869)に関所廃止令が出され、その後1905(明治38)年に江戸川橋が架けられるまで渡船の運行は続けられたが、度重なる江戸川の護岸工事で、関所の建物や渡船場の正確な位置は、今日不明となっている。

市川市市川3丁目
江戸川堤防上

里美公園(国府城址)

下総台地の西端、江戸川に面した台地上は「国府台」と呼ばれ、かつて下総国府が置かれ、下総国の政治や文化の中心だった。また国府台は、里見氏一族が国府台城を築いて北条軍と戦い、二度も敗れた古戦場としても知られている。1958(昭和33)年、市川市はこの由緒ある地を記念し、人々の憩いの場としても楽しめる「里見公園」を開設した。園内には、国府台城跡・紫烟草舎・羅漢の井・里見群亡の碑・明戸古墳石棺・夜泣き石などの碑があちこちに点在。サクラやバラ園など四季折々の花が楽しめる広場もある。

市川市国府台3-9

建設省地理調査所発行「1/10000地形図」

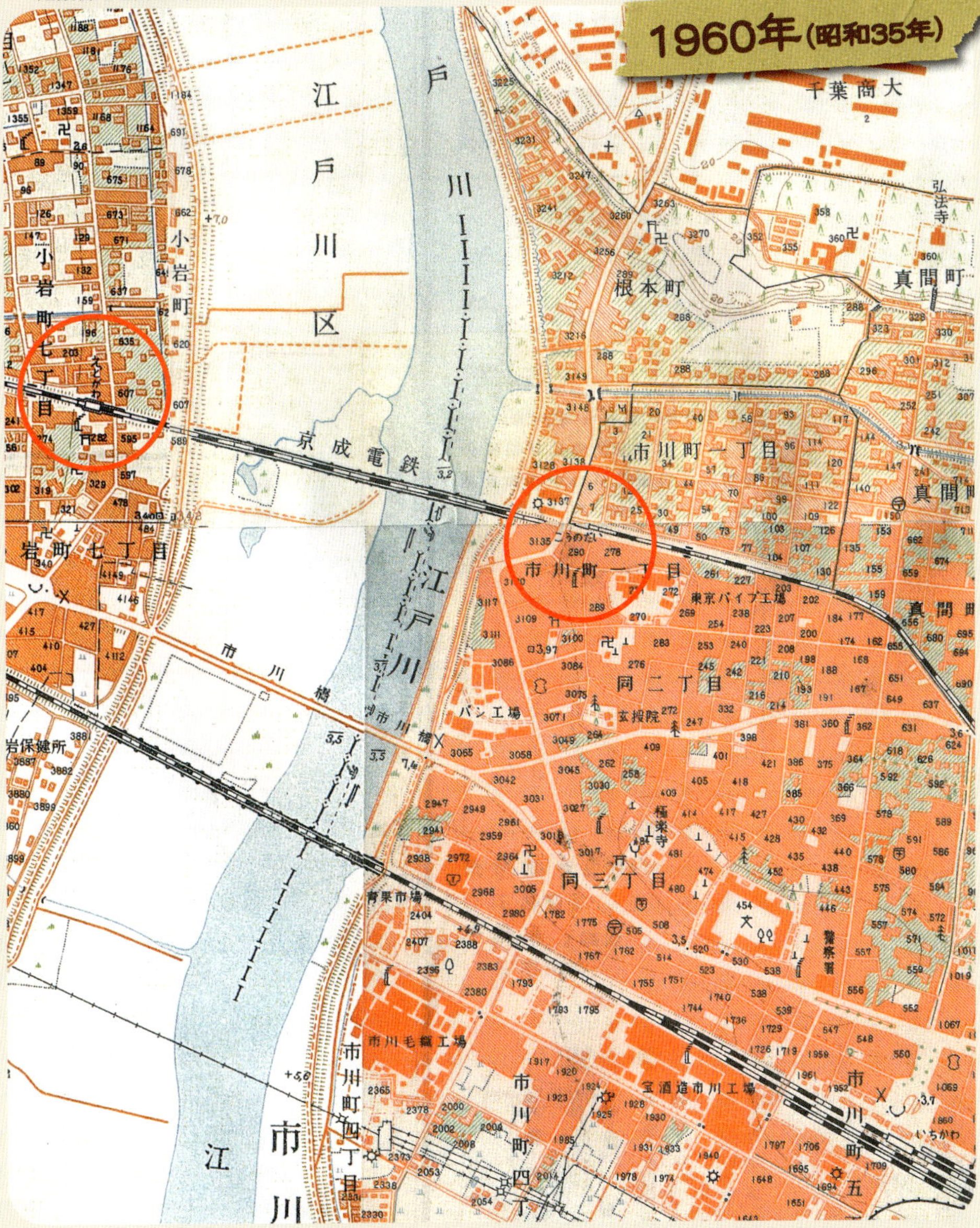

この時期、総武本線の南側にはまだ、宝酒造、市川毛織の工場が存在するが、現在は市川パークハウス、パークシティ市川といったマンションとなり、住宅地に様変わりしている。また、江戸川沿いには青果市場も置かれていた。総武本線北側の川べりには、パン工場が存在する。ここは現在、山崎製パン総合クリエーションセンターとして残っている。すぐ北側には現在、江戸時代の渡し場と関所の所在を示す「市川関所跡」の碑が建てられている。回復された地図北側には、千葉商科大学のキャンパスが見える。

鴻之台(国府台)(明治後期)

鴻之台(国府台)付近の江戸川の風景。手漕ぎの小舟とともに帆掛け船の姿もある。

える。このあたりは、古代に下総国府が置かれた場所で、中世には国府台城があり、後北条氏や千葉氏、里見氏、上杉氏などによる攻防が繰り返された。その後、江戸時代には曹洞宗の總寧寺が移され、明治維新後の1885(明治18)年には陸軍教導団(下士官養成機関)が置かれ、後に野戦重砲兵第三旅団司令部なども設置された。戦後は市川市立里見公園が開設され、散策路「市川水と緑の回廊」が整備された。現在は周辺に和洋女子大学の本部・キャンパスも存在する。

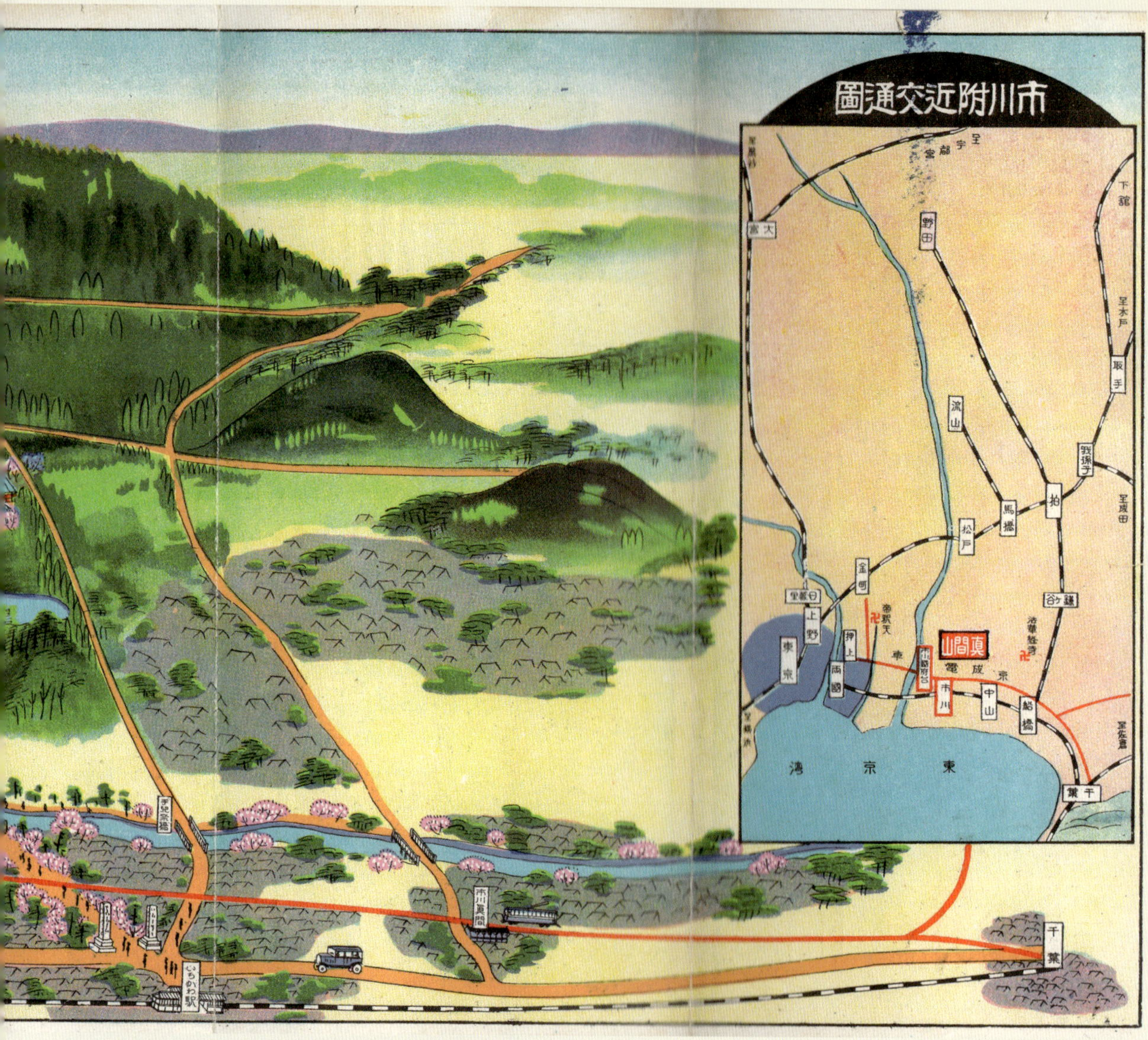

下総名勝真間山案内（大正後期～昭和戦前期）

真間山弘法寺の境内を描く鳥瞰図で、下を京成（電車）が通り、市川国府台（現・国府台）駅と市川真間駅が置かれている。また、右側には「市川附近交通図」が付いている。この地図では、総武本線の市川駅から参道が延び、入江橋を渡って、仁王門、祖師堂に至る。参道の右側には、真間の手児奈を祀る手児奈霊堂が見える。この当時、バス、自動車などの交通手段はなく、「人力車の便あり」と記されている。

真間山弘法寺の山門（仁王門）と祖師堂

弘法寺は当初、求法寺と呼ばれており、鎌倉時代までは天台宗の寺院であった。その後、日蓮宗の寺院となり、日蓮を祀る祖師堂が参道の奥に置かれている。1888（明治21）年の火災で諸堂が焼失し、1890（明治23）年に再建されている。

手児奈霊神堂

万葉秀歌に歌われた伝説の美女手児奈を祀る霊堂。その昔、真間の里に住んでいた手児奈が、自分を巡って男たちが争うのを悩み、真間の入江に身を投げた、という伝説が残されている。1501（文亀元）年、手児奈の霊を感じて日与上人がお堂を建てたのが、現在の手児奈霊堂と言われる。

市川市真間4-5-21

京成本線

市川真間、菅野

市川に残る、真間の手児奈の伝説

帝国陸軍陸地測量部発行「1/10000地形図」

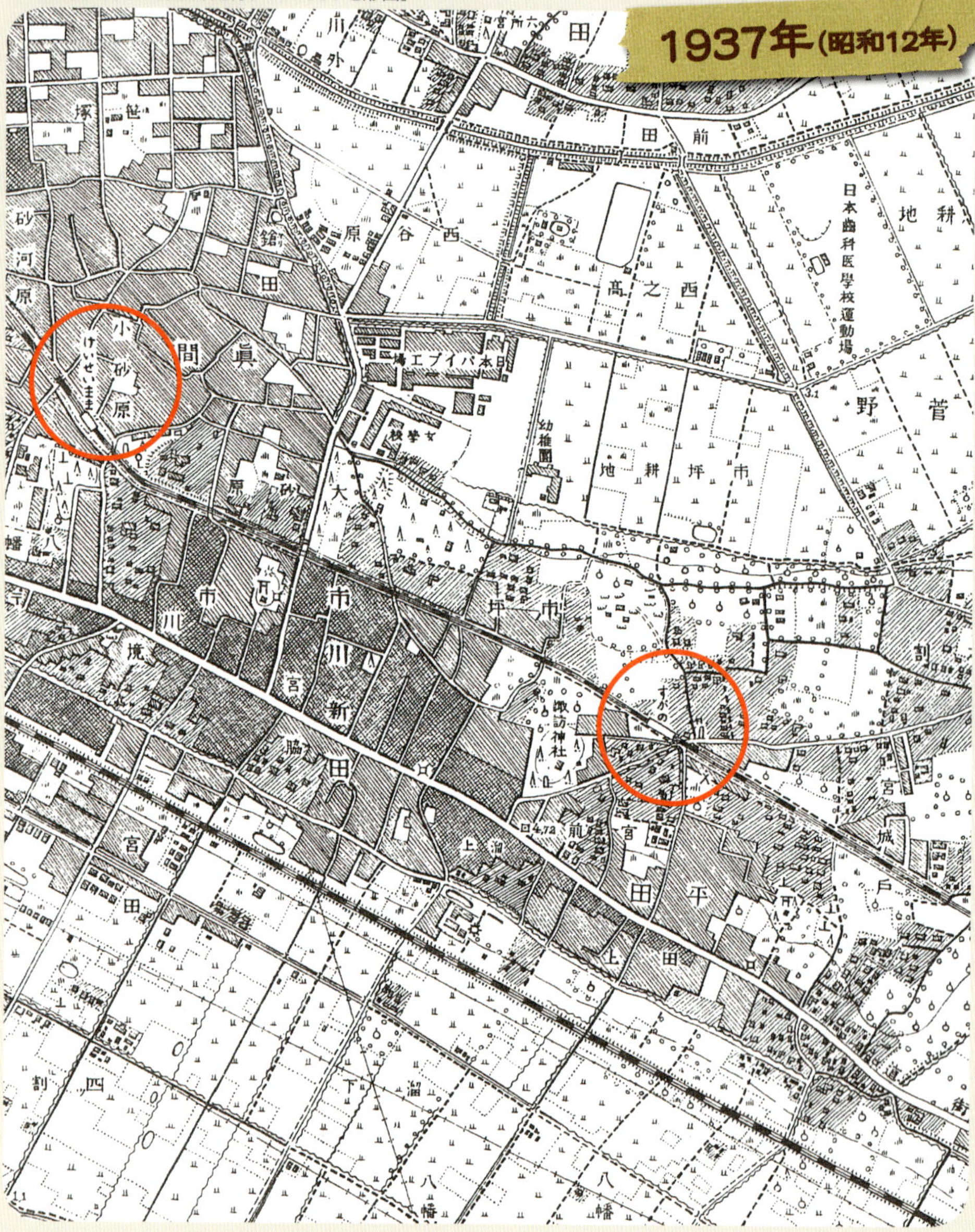

この地域には、左上に京成本線の京成真間（現・市川真間）駅があるが、対応する市川駅は西側にあるために地図外となっている。また、菅野駅に対応する総武本線の駅は存在しない。千葉街道（国道14号）の両側に鉄道線が開通しているため、市街地もほぼその間に集中して発達している。また、西側の京成真間駅周辺には、早くから市街地が開発されてきた。駅の東側にある女学校は現在の国府台女子学院である。一方、国鉄線の南側には農地が広がっている。

市川真間駅

開業年	1914（大正３年） 8月30日
所在地	市川市真間1－11－1
キロ程	17.3㎞（京成上野起点）
駅構造	地上駅（橋上駅） ２面４線
乗降客	7,525人（2016年度）

菅野駅

開業年	1916（大正５年） 2月9日
所在地	市川市菅野2－7－1
キロ程	18.2㎞（京成上野起点）
駅構造	地上駅（橋上駅） 1面2線
乗降客	4,167人（2016年度）

千葉の高級住宅地・菅野

千葉県内に入った京成本線は、しばらく総武本線、千葉街道（国道14号）に沿った北側を進むこととなる。この先、JR市川駅と相対するような形で置かれているのが京成本線の市川真間駅。

この市川真間駅は1914（大正3）年8月の開業で当初の駅名は「市川新田」であった。このときに江戸川～市川新田の延伸が実現しており、しばらくの間は終着駅となっていた。1915（大正4）年、京成中山駅まで延伸して途中駅となった。現在の駅名である「市川真間」に改称したのは1916（大正5）年である。

一目でわかるように、この駅名は「市川」と「真間」を合わせたものである。江戸時代には市川村、国府台村などとともに真間村が存在した。1889（明治22）年に東葛飾郡の市川村、市川新田などが合併し、市川町が成立した。

1934（昭和9）年に市川町が八幡町、中山町、国分村と合併して、市川市が誕生している。当初の駅名である「市川新田」は旧地名に由来し、現在も「新田」の地名（市川1～5丁目）が駅の南西側に存在する。

このあたりには、歌人の高橋虫麻呂、山部赤人が『万葉集』で和歌を詠んだ「（真間の）手児奈」の伝説が残っている。市川真間駅の北西には、行基が彼女の霊を慰めるため、ゆかりの地に開いた弘法寺、手児奈霊神堂や真間の井（亀井堂）が存在する。「真間」の地名は、駅の北西に広がっており。真間1～5丁目が

建設省地理調査所発行「1/10000地形図」

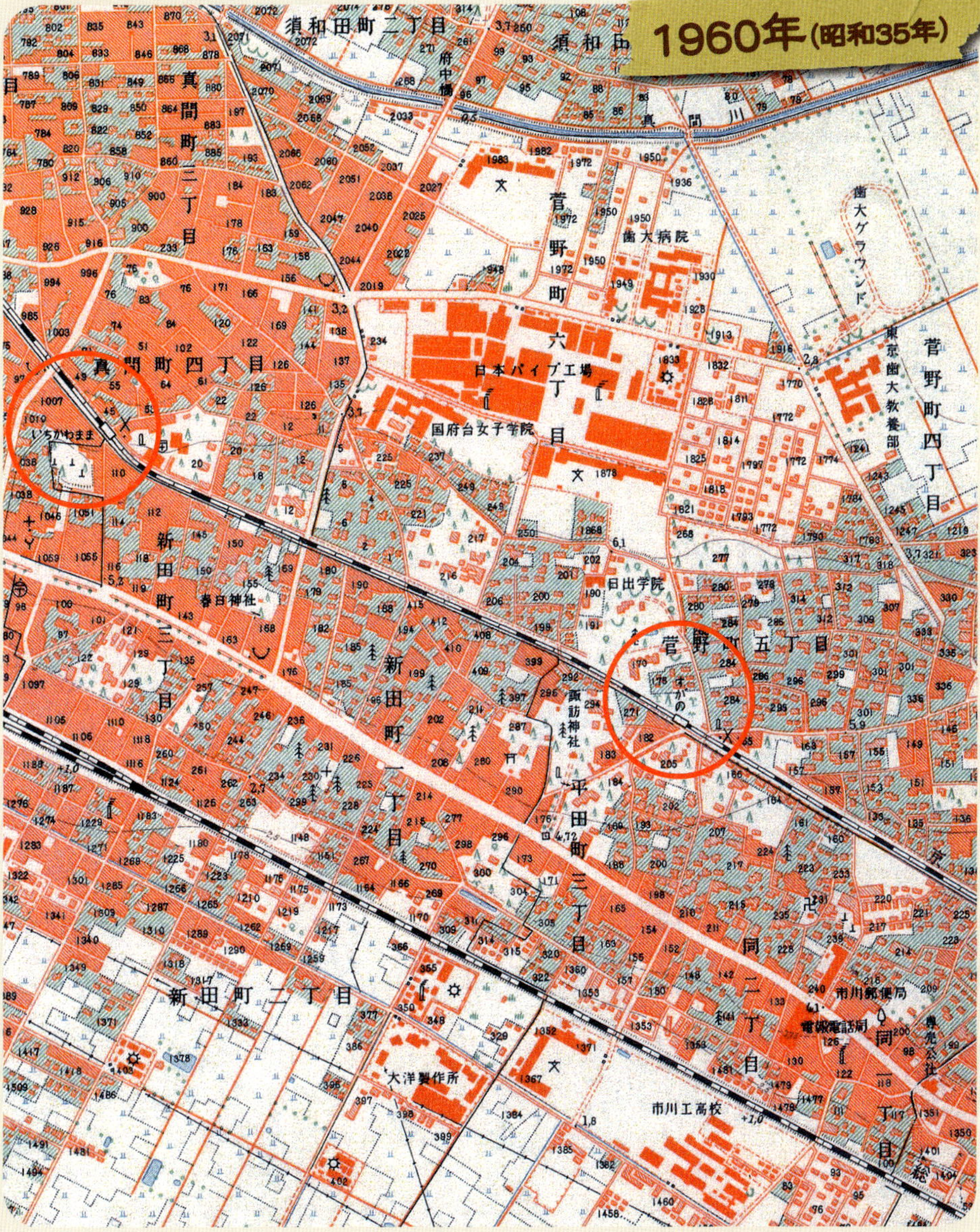

北側に市街地が広がる中、戦前に日本歯科医学校運動場だった場所は、(東京)歯大グラウンドとして残されている。その西側は(東京)歯大病院となっているが、現在は東側のグラウンド跡地に移転し、東京歯科大学市川総合病院に変わっている。病院の南側には日本パイプ工場の敷地が見えるが、現在は工場が移転し、日出学園高校・小学校と国府台女子学院高等部となっている。総武本線の南側には、大洋製作所などの工場が建ち始め、県立市川工業高校、市川市立平田小学校が開校している。

真間山弘法寺

日蓮宗の本山(由緒寺院)で山号は真間山。奈良時代に行基が真間の手児名の霊を供養するために建立した求法寺が始まりと伝わる。そして平安時代、空海が伽藍を構えて「弘法寺」と改称したという。境内には、日蓮の真刻という大黒天を祀る大黒堂、鐘楼、仁王門、伏姫桜と呼ばれるしだれ桜があり、水原秋桜子、富安風生、小林一茶などの句碑も見どころになっている。

市川市真間4-9-1

本多貞次郎頌徳碑

市川真間駅の北側に、京成電気軌道の創立者で初代社長の本多貞次郎の頌徳碑(徳富蘇峰揮毫)が建っている。銅像として建立されたが、第2次世界大戦中の金属供出で銅像部分は存在せず、いわれを記載した銘板だけが残っている。周辺にはかつて京成の遊園地や本多の自宅もあった。

市川市真間1-11-1

亀井院

手児奈霊堂の向かいにある、日蓮宗の寺院である亀井院(旧本山は真間弘法寺)。境内にある「真間の井」は、手児奈が水を汲んだ井戸だと伝えられている。亀井とは、井戸に霊亀が出現する、という伝説が由来。堂の西側には、昔の沼沢地に板橋を架け渡した"継ぎ橋"の遺跡もある。

市川市真間4-4-9

存在している。

次の菅野駅は1916(大正5)年2月の開業である。市川新田(現・市川真間)〜中山(現・京成船橋)間は1915(大正4)年11月に開業しているから、3カ月遅れで駅が開設された形である。現在は橋上駅舎となり、ホームの下を国道298号と東京外環自動車道が通っている。この駅に相対するJR駅は置かれていない。

ここには江戸時代から菅野村が存在しており、1889(明治22)年に八幡町、宮久保村と合併して、新しい八幡町の一部となった。1934(昭和9)年、市川町などと合併し、市川市の一部に変わった。

その中で、菅野駅周辺は早くから高級住宅地として有名で、現在でも千葉県内で最も地価が高い場所といわれる。戦後の一時期には、作家の永井荷風や幸田露伴らが住んだことでも知られる。荷風が著した『断腸亭日乗』『葛飾土産』などには「菅野」の地名がしばしば登場する。

帝国陸軍陸地測量部発行「1/10000地形図」

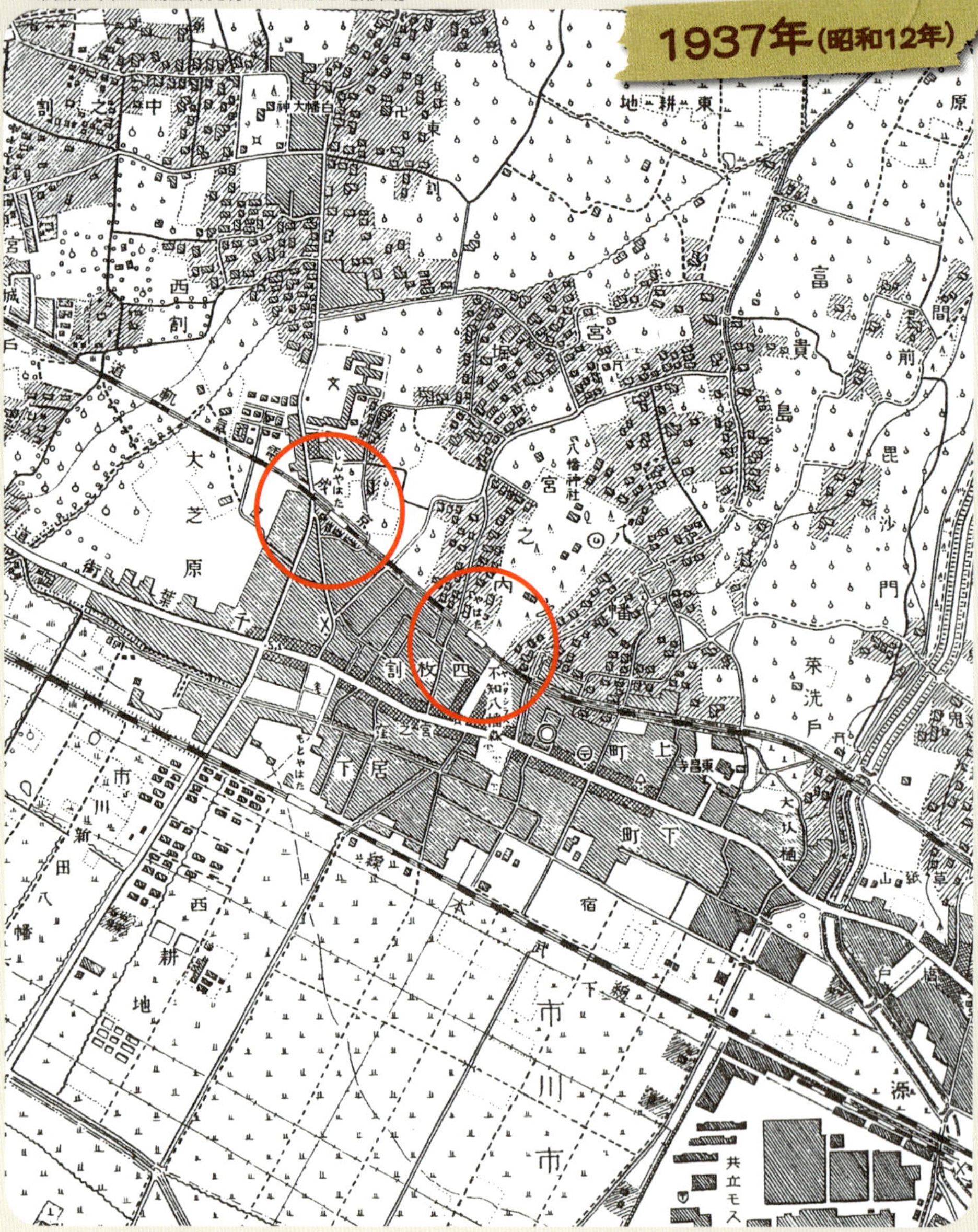

京成本線

京成八幡

総武本線に本八幡駅。市川市の中心地

南側には、地図外であるが、東京都(江戸川区)との境である江戸川が流れ、その東側は行徳町であった(現在は市川市)。この地図では既に市川市が誕生しているものの、京成本線の北側には農地が多く残っていた。この時期、京成本線には新八幡駅と八幡駅が置かれていた。2つの駅は1942(昭和17)年8月に新八幡駅に統合され、同年11月に京成八幡駅と駅名を改称した。八幡駅付近の千葉街道(国道14号)の南側には、「不知八幡森」の存在がくっきりと記されている。

開業年	1915(大正4年) 11月3日
所在地	市川市八幡3−2−1
キロ程	19.1㎞(京成上野起点)
駅構造	橋上駅/1面2線
乗降客	34,587人(2016年度)

都営地下鉄新宿線とも接続

1915(大正4)年に開業した京成本線のうち、東葛飾郡八幡町だったエリアには、菅野駅とともに八幡駅、新八幡駅が存在した。このうちの新八幡駅が、1942(昭和17)年に八幡駅と統合されて誕生したのが、現在の京成八幡駅である。廃止された八幡駅は、鬼越駅側の葛飾八幡宮付近に置かれていた。

一方、千葉街道(国道14号)を挟んで南側に存在する、JR本八幡駅は1935(昭和10)年に開業している。その後、1989(平成元)年、都営地下鉄新宿線が延伸して、この線にも本八幡駅が開業。南北に延びる地下鉄駅が、京成とJRの地上駅を結ぶ形になった。

この駅の北側から北に延びる千葉県道51号は「市川柏線」と呼ばれる幹線道路である。途中、武蔵野線・北総線の東松戸駅、武蔵野線・新京成線の新八柱駅、東武野田線の増尾駅付近を経由して、常磐線・東武野田線の柏駅付近(旭町)に至る。

「八幡」の地名は「葛飾八幡宮」に由来する。平安時代の寛平年間(889〜898年)に宇多天皇の勅命で、京都の石清水八幡宮を勧請したとされ、関東武士の平将門、源頼朝、太田道灌、徳川家康らが崇拝した古社である。

また、駅の東側にある「八幡の藪知らず(不知八幡森)」は、神隠しの言い伝え残る深い森である。一説には日本武尊の陣屋、また、平将門・義将の墓所とされるが、詳細は不明で、江戸時代に徳川光圀(水戸黄門)が迷い込んだという伝説

葛飾八幡宮

地名の由来にもなった「葛飾八幡宮」。創建は平安時代の初期で、下総の国総鎮守八幡宮として鎮座したのが始まり。以来、代々の国司や関東武士の信仰を集めてきた。境内には、国指定天然記念物の銀杏「千本公孫樹（樹齢1200年）」がある。農具市（ぼろ市）や三十三周年式年大祭も有名。

市川市八幡4-2-1

八幡の薮知らず

市川市役所の向かいに不知森神社（しらずもり）の鳥居と祠に護られた小さな竹藪があるが、これが神隠しの伝承が残る「八幡の薮知らず」だ。古くから"禁足地"とされており、「足を踏み入れると二度と出て来られなくなる」と伝えられている。

市川市八幡2-8

建設省地理調査所発行「1/10000地形図」

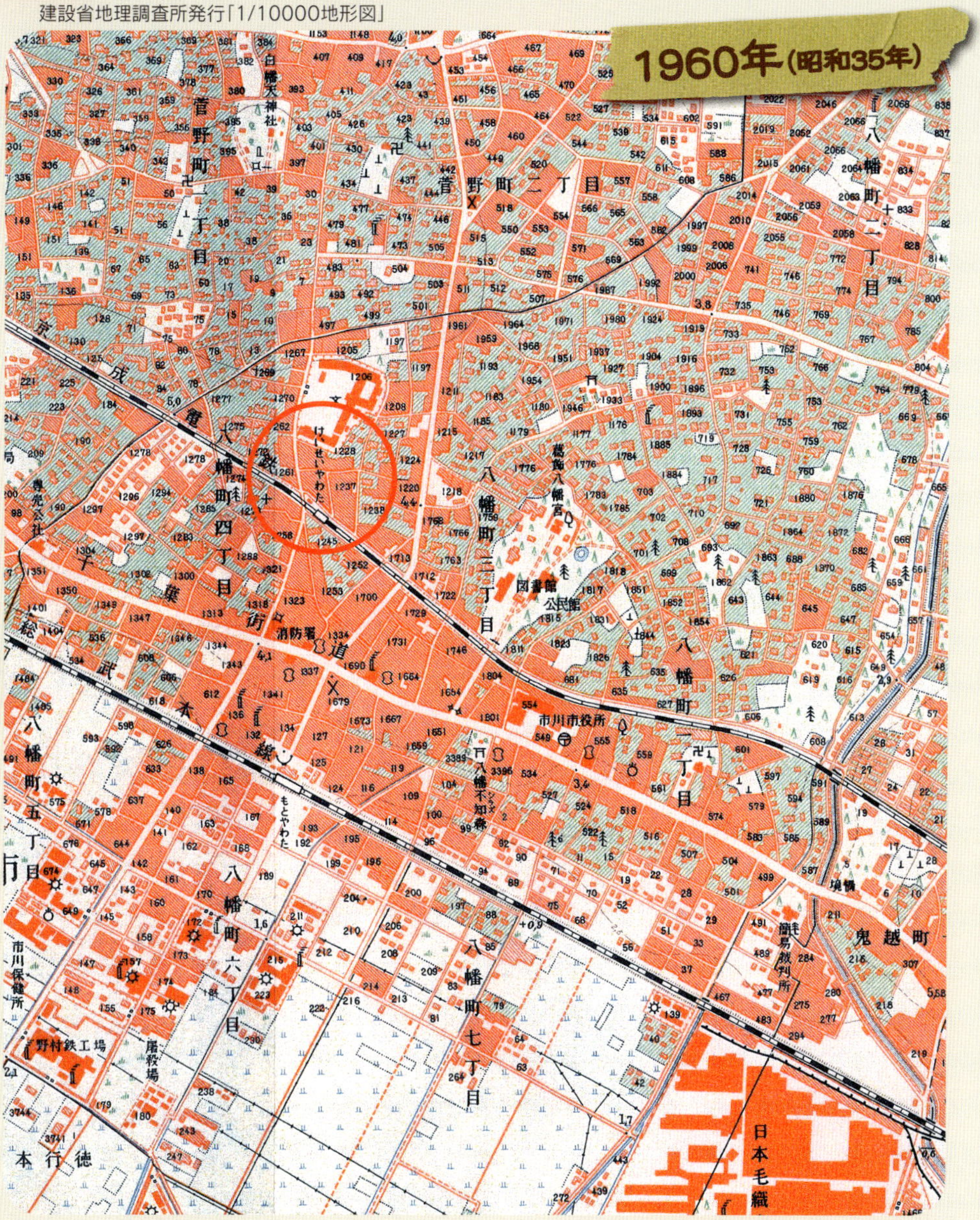

戦前の地図で総武本線の南側にあった共立モスリンの工場は、1941（昭和16）年に日本毛織（ニッケ）の中山工場となっていた。1988（昭和63）年にショッピングセンター「ニッケコルトンプラザ」に変わっている。総武本線の本八幡駅は1935（昭和10）年の開業であり、右ページの地図においては、まだ南側は開発されていなかった。この地図では、駅前が整備され、家屋や工場が建ち並んでいる。葛飾八幡宮の境内には図書館、公民館が誕生している。

もある。

じつは千葉県にはもうひとつ「八幡」と呼ばれる場所が存在する。それは、現在の市原市の八幡地区で、江戸時代ここには上総八幡藩が存在したことがある。現在はJR内房線が通り、八幡宿駅が置かれている。こちらは、上総国の八幡であり、古くは都から東国に至るルートが、このあたりでは陸路ではなく、伊豆半島からの海路を利用していたことから、江戸に遠い房総半島側が「上総」となっていた。

一方、下総国における八幡は、京成本線の京成八幡駅がある、現在の市川市の八幡である。ここには、平安時代の寛平年間、京都の石清水八幡宮を勧請して建立とされる葛飾八幡宮が鎮座している。また、石清水八幡宮の荘園が置かれたこともあって、「八幡」の地名が定着した。その後、この八幡荘の領主となった千葉氏から、法華経寺に寄進され、現在の市川市北部一帯は、法華経寺の寺領となっていた。

また、江戸時代に入ると成田山新勝寺に至る成田街道（佐倉街道）が開かれ、三番目の宿場として、八幡宿が置かれた。当時の八幡宿は、主要街道を支配する道中奉行の支配下に置かれていた。

京成本線

鬼越、京成中山

中山には法華経寺。鬼越は伝説の地

帝国陸軍陸地測量部発行「1/10000地形図」

京成本線には鬼越駅と京成中山駅が置かれている。鬼越駅の東側には高石神社が鎮座しているが、ここは江戸名所図会に描かれている古社で「高石明神社」とも呼ばれていた。この東側、千葉街道（国道14号）から分かれて北東に向かうのが木下（きおろし）街道（千葉県道59号）で、印西市に至っている。一方、京成中山駅の北東には、（中山）法華経寺の境内が広がっている。北からきた真間川は、京成本線を越えたあたりで流路を変えて南東に流れてゆく。

鬼越駅	
開業年	1935（昭和10年）8月3日
所在地	市川市鬼越1－4－5
キロ程	20.1㎞（京成上野起点）
駅構造	地上駅／1面2線
乗降客	5,309人（2016年度）

京成中山駅	
開業年	1915（大正4年）11月3日
所在地	船橋市本中山1－9－1
キロ程	20.8㎞（京成上野起点）
駅構造	地上駅／2面2線
乗降客	3,780人（2016年度）

京成中山駅は船橋市に

1915（大正4）年、京成本線が市川新田（現・市川真間）～中山（現・京成中山）間で延伸。このときに現在の京成中山駅が開業している。一方、鬼越駅はそれから20年遅れた、1935（昭和10）年に中山鬼越駅として開業している。中山鬼越駅は1943（昭和18）年に現駅名の「鬼越」に改称した。

千葉県葛飾郡（後に東葛飾郡）にあった鬼越村は1889（明治22）年、中山村、若宮村などと合併して、新しい中山村の一部となった。1924（大正13）年に中山村が町制を施行して中山町となり、1934（昭和9）年に市川町などと合併して成立した、現在の市川市の一部となった。

「鬼越」の地名は、この地に鬼がいた「鬼子居（おにごい）」が変化したという説、小栗判官の愛馬「鬼鹿毛」の足跡によるという説が存在する。

一方、「中山」という地名で思い浮かべるのが、駅の北東にある日蓮宗の大本山「正中山法華経寺」であろう。「中山」を冠して「中山法華経寺」と呼ばれることも多いこの寺院は、1260（文応元）年、日蓮を保護した日常（富木常忍）の創建された。

当初は法花寺、本妙寺という2つの寺院が存在し、1545（天文14）年に両者を合わせた法華経寺となっている。五重塔、祖師堂、法華堂などは国の重要文化財に指定されており、所蔵する日蓮筆「立正安国論」「観心本尊抄」は国宝である。

真間川

手児名の伝説にも登場する「真間の入り江」の跡とされている。市街地の中を流れる典型的な都市河川で、全長8.5km、流域面積65.6km。利根川水系の一級河川で、千葉県の西部で江戸川から東京湾に注いでいる。川べりの土手は桜並木で花見の名所。

中山法華経寺

総門と両扇額ともに市川市の指定文化財。境内を入ると重要文化財の祖師堂や法華堂、五重塔が建ち並ぶ。五重塔は千葉県で唯一、江戸時代の初期に建てられたもの。周囲に鐘楼、四足門、絵馬道、荒行堂、聖教殿が配され、まさに文化財の宝庫と言っても過言ではない。

市川市中山2-10-1

建設省地理調査所発行「1/10000地形図」

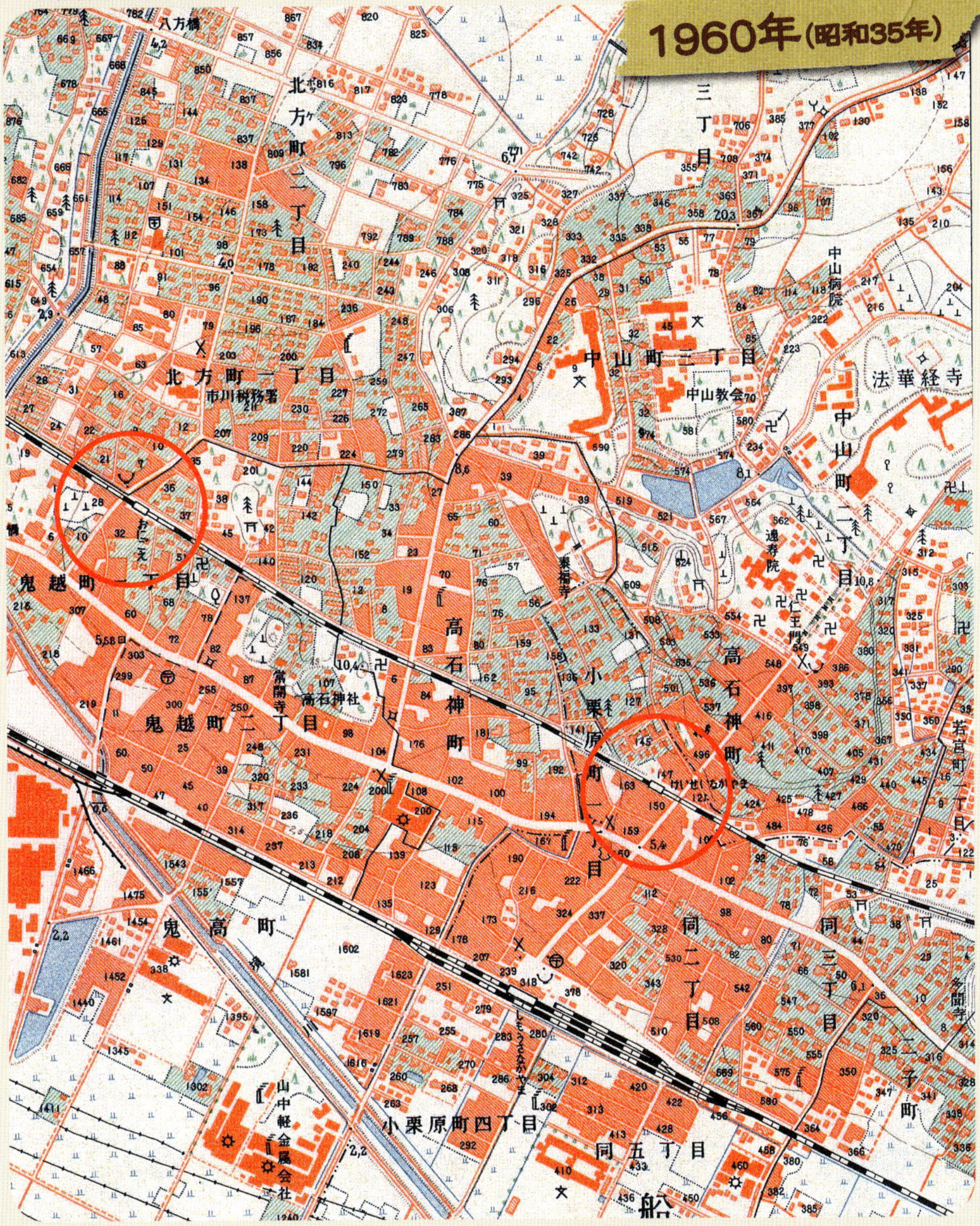

農地が広がっていた総武本線の南側にも、山中軽金属会社などの工場が進出してきた。一方、法華経寺の西側には中山小学校とともに1950（昭和25）年に移転してきた市川市立第四中学校が見える。2005（平成17）年、この北側の木下街道沿いに日本画家、東山魁夷の旧居の跡を利用した市川市東山魁夷記念館がオープンしている。この南の船橋市小栗原町（現・本中山）を挟んだ東側にも、高石神町が存在したが、現在は「中山」となり、「中山」の地名が広がっている。

法華経寺五重塔（昭和戦前期）

法華経寺の五重塔は、徳川幕府に仕えた刀剣の目利きである、本阿弥光室が1622（元和8）年に父と母を供養するため、加賀藩主・前田利光の援助を受けて建立した。高さは31.6メートル。関東では珍しい江戸時代初期の五重塔であり、国の重要文化財に指定されている。

さて、旧中山町に存在し現在は市川市にある鬼越駅、法華経寺に対して、船橋市に存在するのが京成中山駅である。この京成中山駅に対応するＪＲの駅、総武本線の下総中山駅も船橋市内にある。こちらは1895（明治28）年、総武鉄道時代に「中山」駅として開業。1915（大正4）年に下総中山駅と改称している。

帝国陸軍陸地測量部発行「1/10000地形図」

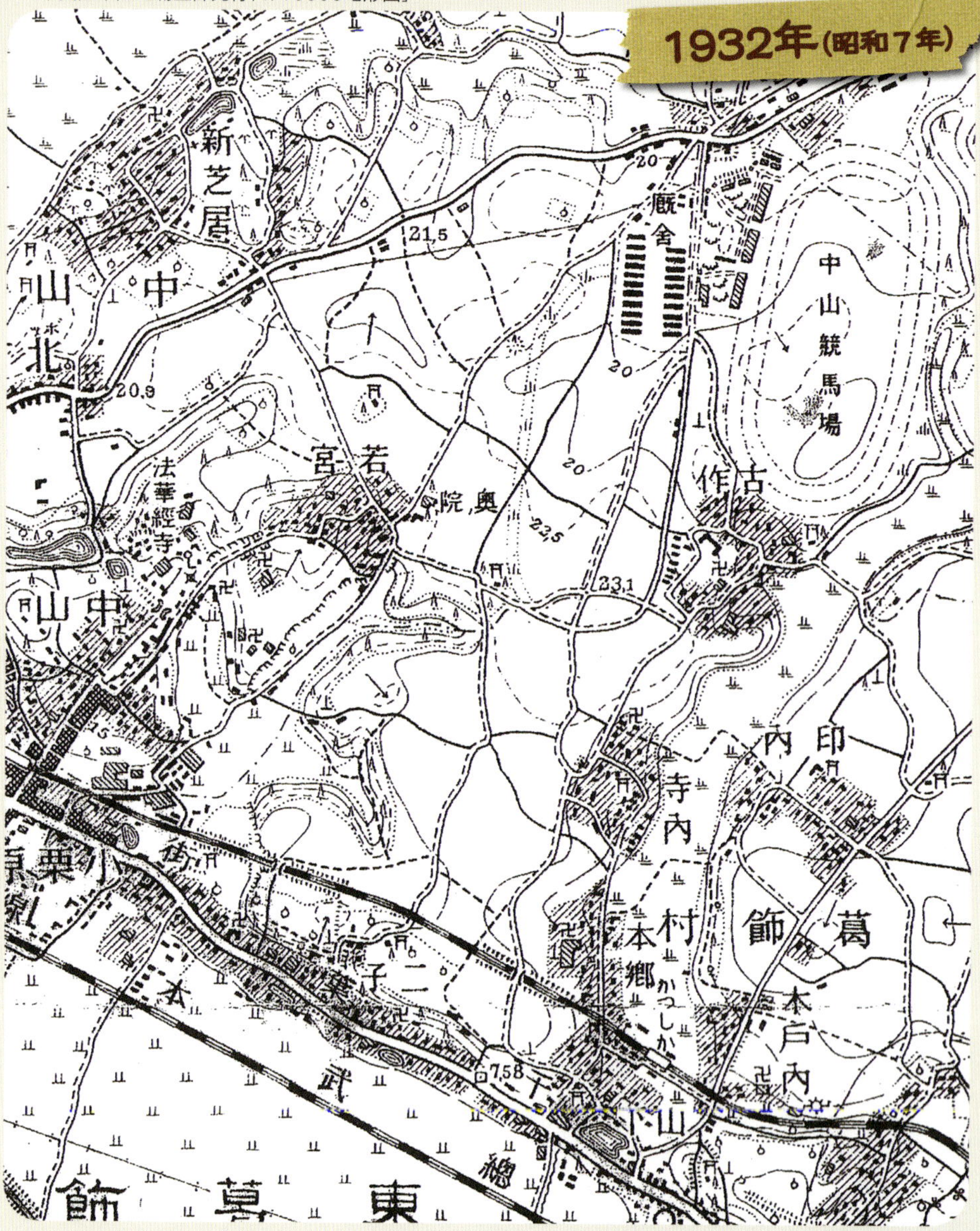

下には京成本線、千葉街道（国道14号）、総武本線が並行するように東に延びている。総武本線は直線なのに対し、千葉街道は真っすぐではなく、京成本線も葛飾駅の先でカーブしている。京成本線の東中山駅は開業前であり、隣駅の葛飾（現・京成西船）駅だけが見える。この頃、東側は葛飾村、西側は中山町であった。西側には中山法華経寺が見え、安房神社の存在を示す鳥居の地図記号もある。北側の中山競馬場にはこの時期、西側には美浦トレーニングセンターに移転する前の厩舎群が存在した。

京成本線

東中山

駅の歴史は中山競馬場前の臨時駅から

開業年	1953（昭和28年）9月1日
所在地	船橋市東中山2−2−22
キロ程	21.6km（京成上野起点）
駅構造	地上駅（橋上駅）2面4線
乗降客	6,812人（2016年度）

原木インターチェンジも近い

船橋市内を進む京成本線には、もうひとつ「中山」を含む駅が存在する。それがJRA（日本中央競馬会）の中山競馬場の最寄り駅のひとつである東中山駅である。

この駅は戦前、中山競馬場が移転してきた後、1935（昭和10）年10月に臨時駅の中山競馬場前駅として設置された歴史をもつ。1953（昭和28）年に常設駅となり、現在の駅名である「東中山」に改称された。

そのため、隣の京成西船駅とはわずか0・6キロしか離れていない。駅の南西にある千葉街道（国道14号）の中山競馬場入口からは、競馬場付近（北方十字路）を経由して、松戸市内の国道6号に至る、千葉県道180号が延びている。

現在、中山競馬場には東側を通るJR武蔵野線が開通し、最寄り駅としての船橋法典駅が置かれている。この駅の誕生で、以前ほど多くの競馬ファンが利用することはなくなったが、競馬開催時にはこの東中山駅から競馬場に向かう道路（県道180号）を多くの人々が行き来する。

一方、県道180号を南に進むと京葉道路（バイパス）の原木インターチェンジに至る。この原木インターチェンジの西側には、市川方面からやってきた真間川が流れている。この付近には、枝垂れ桜で有名な日蓮宗系単立法人の寺院、原木山妙行寺が存在する。

この「原木」の地名は、荒地（ばらち）に由来するとされている。現在は市川

東明寺

浄土宗の仏教寺院で創建は室町末期と古い。誓寧上人が開基となり創建したと伝わる。本尊阿弥陀如来、脇座円光大師(法然上人)、薬師如来の尊像を奉安している。特に薬師如来は古佛で行基菩薩の御作と伝えられる。古くから里人たちの信仰を集めてきた。

船橋市東中山1-1-8

中山競馬場

JRA(日本競馬界)が運営する中央競馬競走の開催地のひとつ。千葉県にはもともと松戸競馬場が存在し、船橋、中山に移転した歴史がある。戦後は一時、進駐軍に接収され、1947(昭和22)年に再開された。かつては西側に厩舎があり、現在は美浦トレーニングセンターに移っている。毎年、春には「皐月賞」、暮れには「有馬記念」「ホープフルステークス」などのGⅠレースが開催される。

建設省地理調査所発行「1/10000地形図」

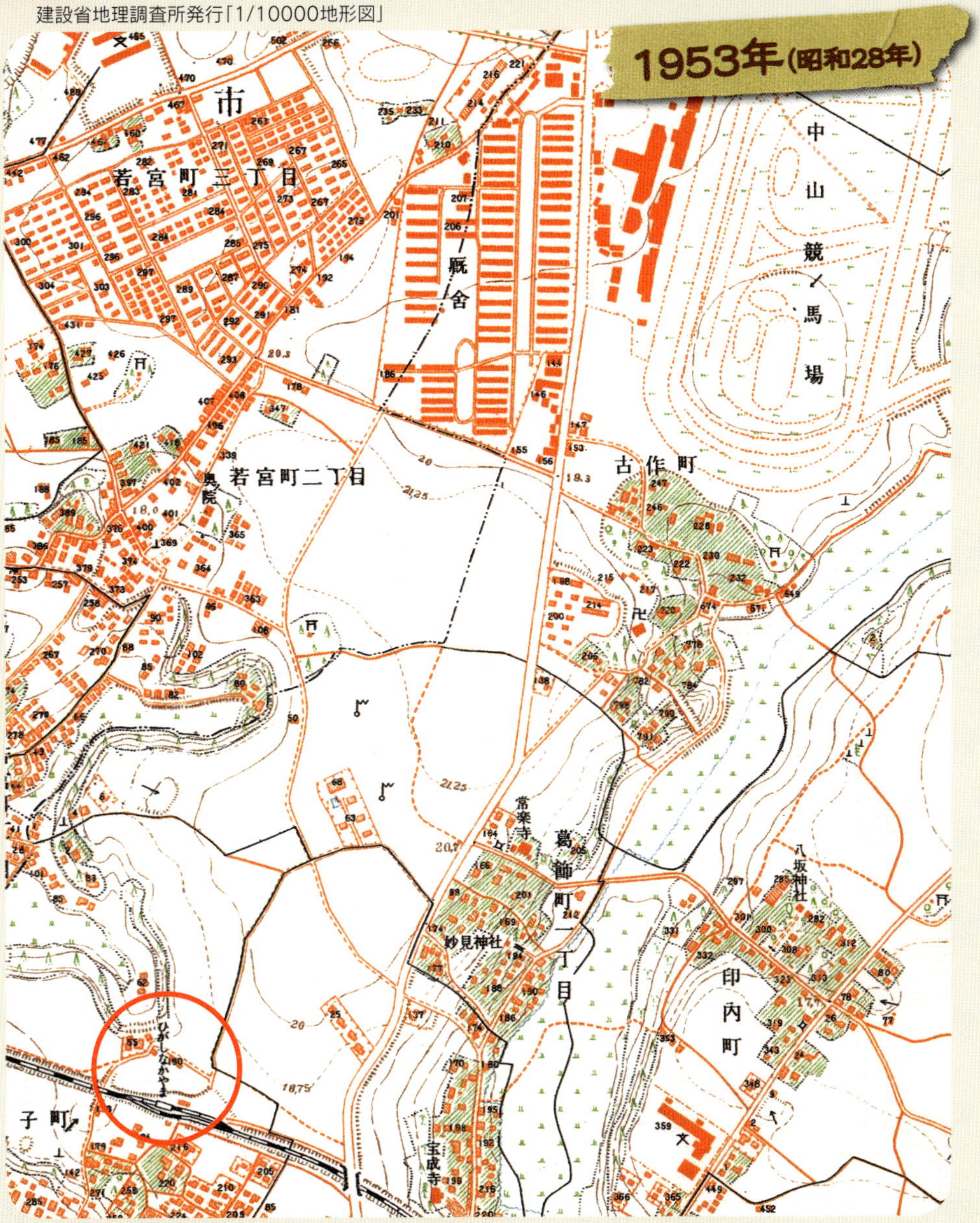

1953(昭和28)年に常設駅となった東中山駅の東側には、市川松戸道路(千葉県道180号)が南北に通っている。この道路は中山競馬場のコースと厩舎の間を通っていた。この道路の東側、葛飾町1丁目付近には、妙見神社と常楽寺、宝成寺が見える。また、その東側の印内町付近には、八坂神社が鎮座している。左上をかすめるように走る木下街道(県道59号)沿いの若宮町3丁目には、住宅地が開発されている。その北に見える学校は、市川市立若宮小学校である。

市の一部で、かつては東葛飾郡の行徳町であった。

中山競馬場(昭和戦前期)

美しい緑の芝生が広がる中山競馬場。この時期には、競走馬の育成・調教も行われており、競馬場に付随する厩舎(手前)が存在した。

帝国陸軍陸地測量部発行「1/10000地形図」

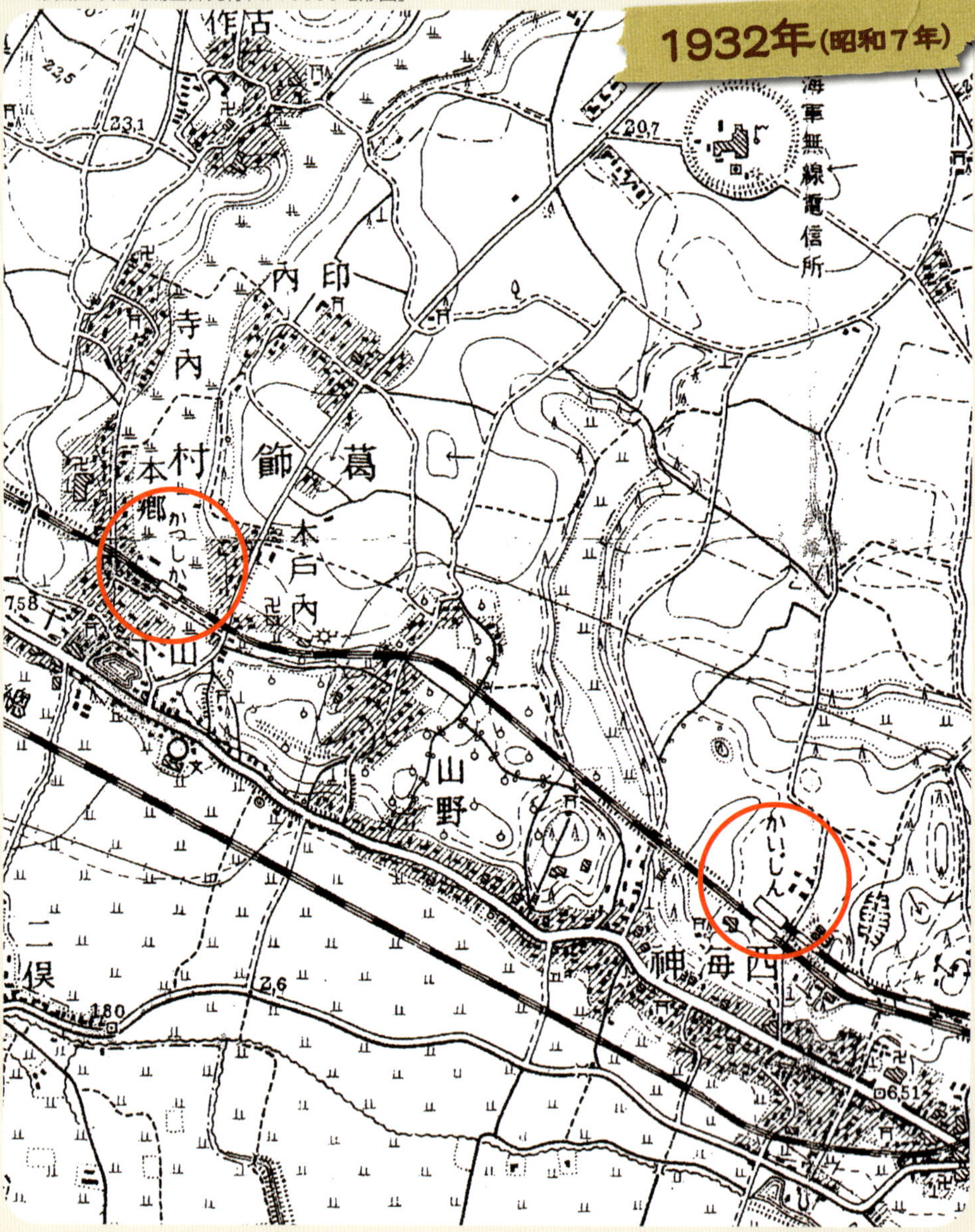

西側は船橋市になる前の葛飾村で、葛飾（現・京成西船）駅の南側、千葉街道（国道14号）沿いに葛飾町役場が置かれている。葛飾駅の東側から北東に延びる道路の先には、海軍無線電信所船橋送信所が存在した。現在、ここは行田公園に変わり、中央を南北に県道9号が貫いている。この時期、京成本線の海神駅の北側には、総武鉄道（現・東武野田線）の海神駅が存在した。しかし、間もなく営業不振で船橋～海神間は休止となり、1934（昭和9）年に廃止された。

京成本線

京成西船、海神

大きく発展した西船橋、駅名も改称

京成西船駅

開業年	1916（大正5年）12月30日
所在地	船橋市西船4－15－27
キロ程	22.2km（京成上野起点）
駅構造	地上駅／2面2線
乗降客	10,315人（2016年度）

海神駅

開業年	1919（大正8年）10月25日
所在地	船橋市海神5－1－22
キロ程	23.6km（京成上野起点）
駅構造	地上駅／2面2線
乗降客	5,176人（2016年度）

海神を祀る神社が存在

現在の京成西船駅は1916（大正5）年12月に葛飾駅として開業している。現在のような規模の大きい船橋市となる前、このあたりは東葛飾郡の葛飾町であった。

「葛飾」の地名は千葉県、東京都にまたがる広い地域で使用されているが、この駅周辺には葛飾小学校、葛飾中学校が存在する"本場"で、駅の南側には「葛飾町」の地名（住居表示）も広がっている。

京成本線の葛飾駅は、1987（昭和62）年に現在の駅名である「京成西船」と変わった。一方、総武本線に駅が置かれていなかった国鉄では、1958（昭和33）年に新駅・西船橋駅を開業した。それから8年後の1966（昭和41）年に駅付近の住居表示が変わり、西船1～3丁目が誕生した。さらに翌年には、西船4～7丁目が誕生する。こうした流れから、「西船（橋）」の地名が定着し、京成電鉄でも駅名を変更したのである。

次の海神駅は、船橋市海神5丁目に置かれている。時代をさかのぼれば、このあたりには（船橋）海神村、西海神村が存在し、前者は船橋町、後者は葛飾町（村）になった歴史がある。

「海神」の地名の由来は、この地で海の神様を祀っていたことによる。海神駅の南側には、入日神社（海神）と竜神社（西海神）の2つの神社が存在し、海側からの参道が設けられていた。また、日本武尊の東征にまつわる伝説も残されている。

勝間田公園

JR西船橋駅北口前の国道14号線を北西に300メートルほど行くと、「勝間田公園」がある。かつては万葉集にも載る「勝間田の池」という有名な池があったが、現在はこの公園に整備された。すぐ西側には葛飾郡の総社「葛飾神社」が鎮座している。

船橋市西船5-2

船橋高架水槽（給水塔）

1961（昭和36）年に船橋市印内3丁目に建設された船橋高架水槽は、ユニークな円形の巨大タンク（高塔）で、この地域のランドマークとなっている。西側には、印内八幡神社が鎮座している。この東北には現在、行田公園がある。

建設省地理調査所発行「1/10000地形図」

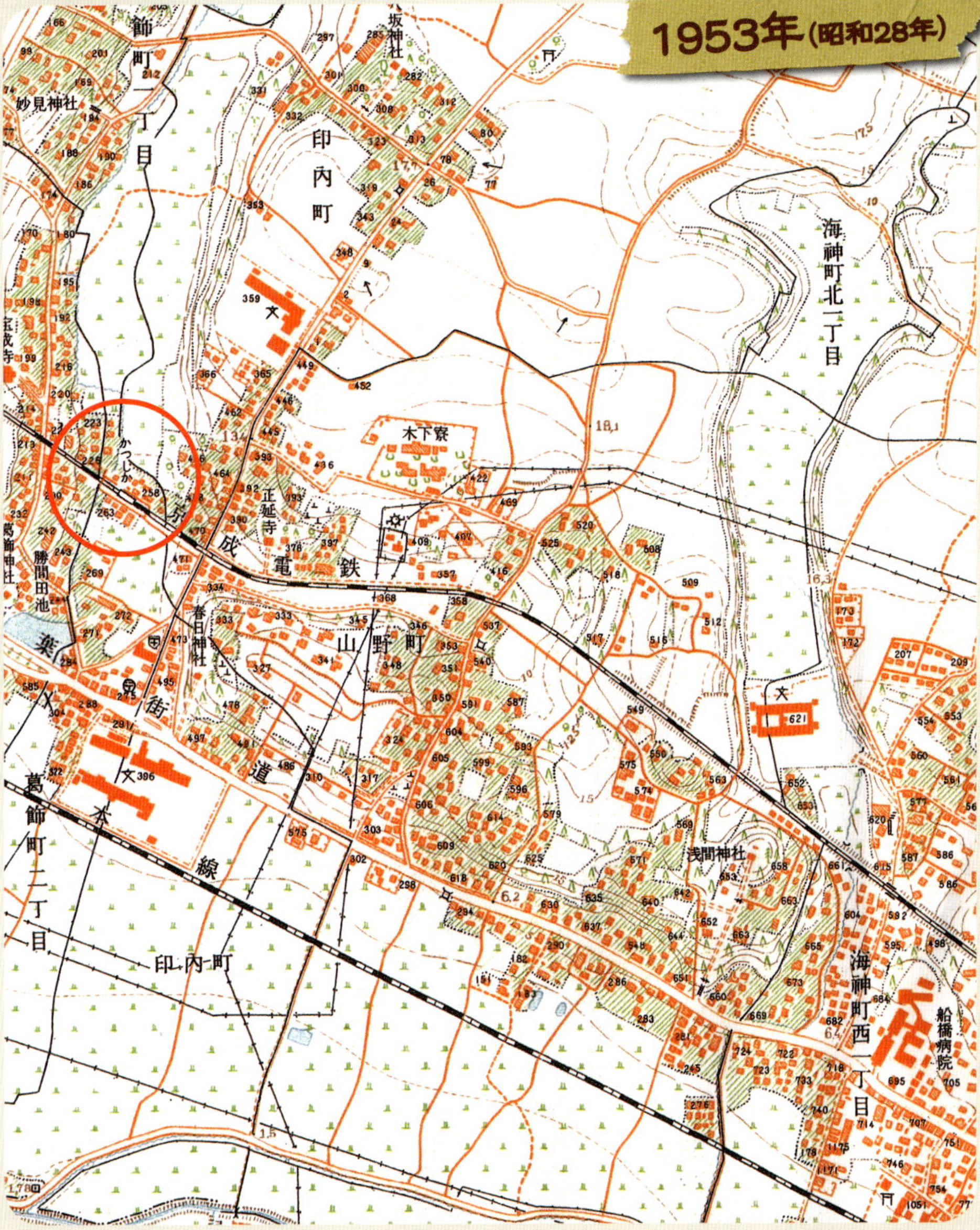

京成本線の葛飾駅は、まだ現在の駅名である京成西船駅に改称されていない。海神駅は地図外であるが、この時期、海神西1丁目付近は高級住宅地に変わっていた。京成線の北側に見える「文」の地図記号は、1953（昭和28）年に開校した西海神小学校である。線路を挟んだ南側の（山野）浅間神社は、木花咲耶姫命を祀る古社である。南側を走る総武本線には、1958（昭和33）年に西船橋駅が開業する。さらに南北に走る現在のJR武蔵野線が開通して、この地域の風景は大きく変化する。

行田公園（船橋送信所跡）

船橋高架水槽の東北に広がる行田公園は、戦前にあった海軍無線電信所船橋送信所の跡地の一部である。米軍の接収をへて、1966（昭和41）年に日本へ返還された後、1971（昭和46）年に開園した。円形道路に囲まれた船橋送信所の跡地には行田中学校、行田西小学校が建ち、多くは住宅地となっている。

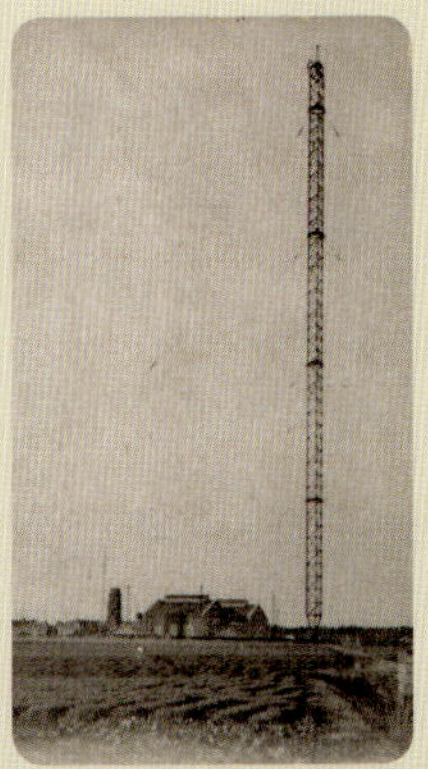

海軍無線電信所
船橋送信所
（昭和戦前期）

海神駅は1919（大正8）年10月の開業である。その後、総武鉄道（現・東武野田線）との接続駅となっていた時期もあったが、この路線はすぐに廃止されて、京成単独の駅に戻った。

この2つの駅から少し離れた北側には、円形を示す珍しい行田公園が見える。この公園は、中央を縦断する県道9号により東西に分かれ、2つの地区は歩道橋で結ばれている。ここは戦前には、海軍無線電信所船橋送信所があり、戦後はアメリカ軍に接収された後、1966（昭和41）年に返還されている。1971（昭和46）年に行田公園が開園した。

帝国陸軍陸地測量部発行「1/10000地形図」

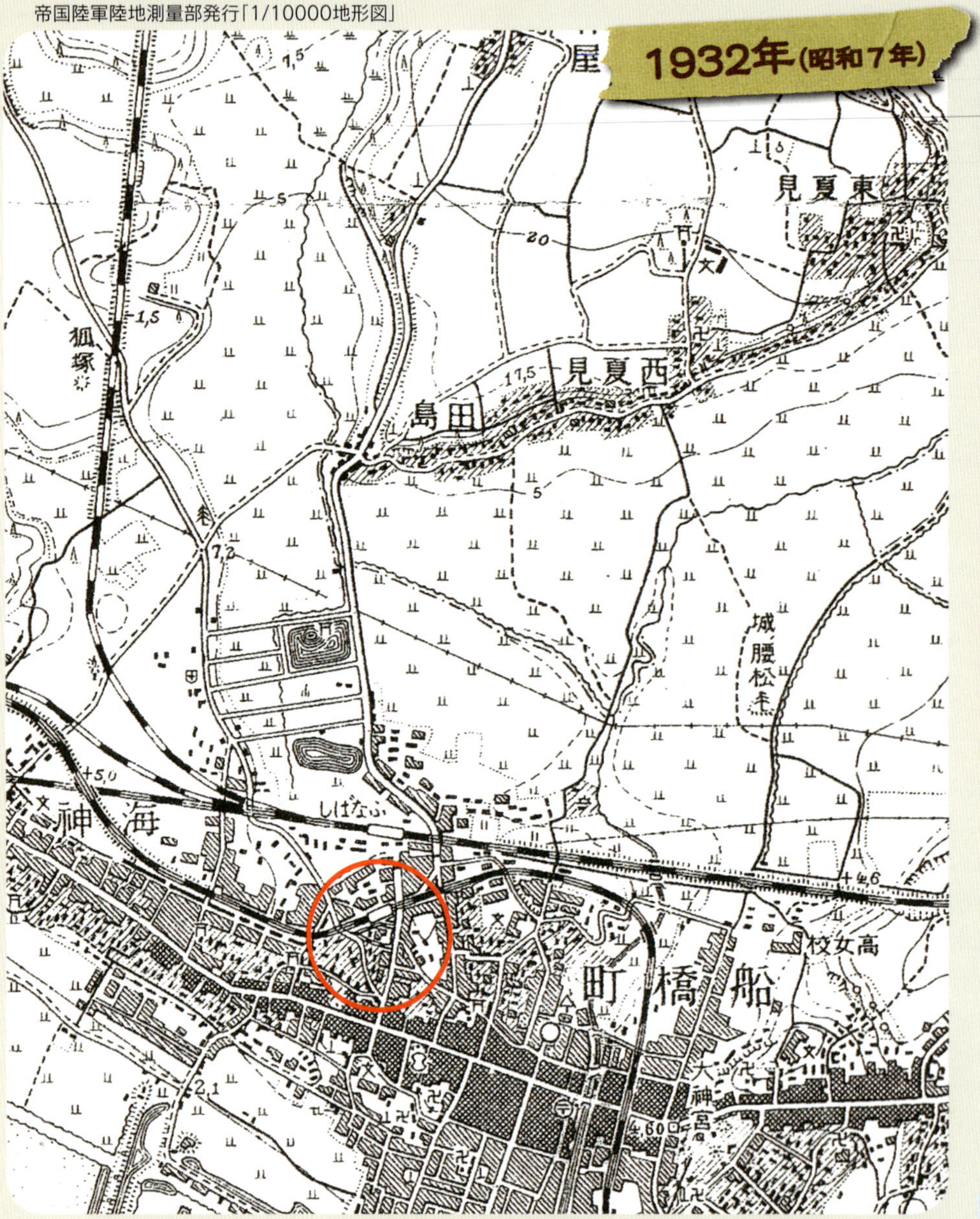

京成本線

京成船橋

総武線・東武野田線に連絡する主要駅

船橋市になる前の船橋町の時代ではあるが、総武本線に加え、京成本線、総武鉄道(現・東武野田線)が既に開通している。また、短期間であるが、船橋駅から海神駅まで延びる野田線の路線(非電化)も存在した。京成本線の船橋駅から津田沼側に進んだ先、総武本線の南側に見える高女校は、1925(大正14)年に開校した船橋実科高等学校で、現在は飯山満町に移転して、共学の東葉高校になっている。この頃、総武本線の北側はほとんどが農地であった。

開業年	1916(大正5年)12月30日
所在地	船橋市本町1-5-1
キロ程	25.1㎞(京成上野起点)
駅構造	高架駅/2面2線
乗降客	94,507人(2017年度)

船橋の地名は、川の仮橋から

ほぼ真っすぐに走る総武本線に対して、京成本線はカーブしながら東に進んでゆく。次なる駅は、船橋市の中心部に位置する京成船橋駅である。この駅を過ぎるとさらに大きくカーブして、大神宮下駅に向かうことになる。

千葉県では、千葉市に次ぐ人口約63万人を数える船橋市。その中心部の本町1丁目に置かれているのが京成船橋駅である。一方、JR総武本線の船橋駅は本町7丁目にある。京成の駅は当初、国鉄(JR)駅の北側に設置される予定であったが、中心部から離れすぎるため、現在地になったという。また、路線予定地の住民の反対で、現在のような急曲線となった。

京成本線は1916(大正5)年12月、京成中山~京成船橋間が延伸した。当初の駅名は「船橋」で、終着駅であった。4年後の1921(大正10)年に本線と千葉線を合わせて、千葉駅まで延伸し、途中駅になっている。1931(昭和6)年、現在の駅名である「京成船橋」と改称した。

京成船橋駅が開業した頃、海岸線は駅に近い南側にあった。南東には海老川の河口があり、大神宮下駅付近で東京湾に注いでいた。また、西側の海神方面の海岸には塩田が広がっていた。この塩田は明治初期に「三田浜塩田」として開拓されたもので、1929(昭和4)年に塩田は廃止され、「三田浜楽園」という遊園地に変わった。

ここには割烹旅館のほか、動物園、野

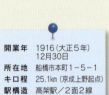

船橋漁港

毎月第3土曜日（12・1月は休み）に朝市が開催されることで知られる船橋漁港。市が運営する水産物直売所「三番瀬みなとや」が2013（平成25）年にオープンし、船橋ブランドの海苔やアツアツに焼いたホンビノス貝を味わうことができる。

ふなばし三番瀬海浜公園

「関東富士見百景」に選ばれている船橋市立の海浜公園。富士山を眺める展望デッキがあり、季節によっては潮干狩り、バーベキューも楽しめる。テニスコート、野球場、ストレッチパークなどの施設がある。

建設省地理調査所発行「1/10000地形図」

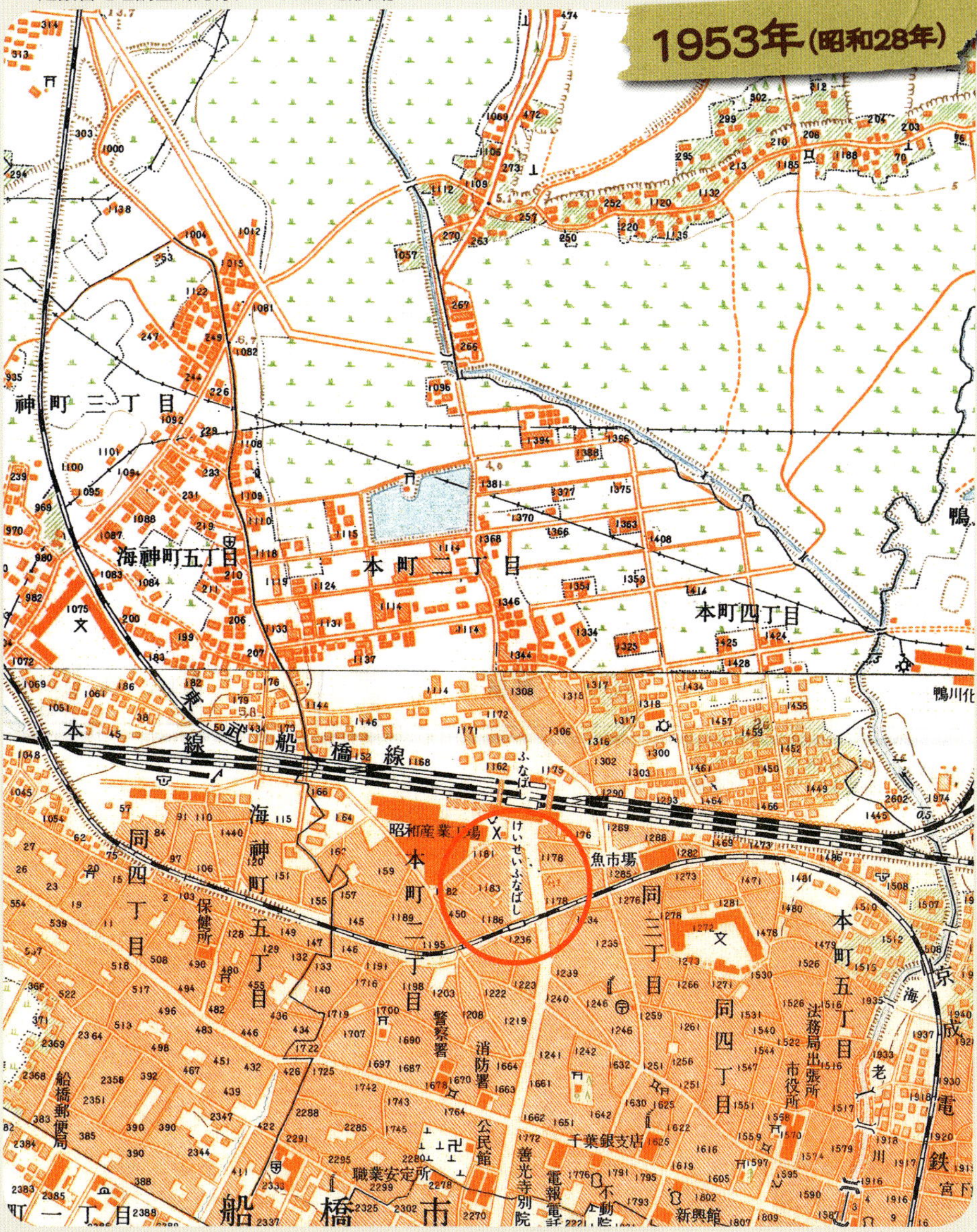

総武本線の船橋駅の南側には、昭和産業工場となっている。京成船橋駅の東側に見える「文」の地図記号は、船橋市立船橋小学校である。船橋駅の駅前から南に延びる千葉県道39号が整備されている一方、北側に延びる県道9号はまだ整備されていない。船橋駅の少し北に見える青色に塗られた一角には、鳥居の地図記号が見える。ここは現在、天沼弁天池公園となり、親水広場などが整備されている。この東側には海老川最大の支流、長津川が流れ、下流で海老川と合流していた。

球場、プールなどがあり、割烹旅館2006（平成18）年まで営業していた。現在、船橋市役所前の湊町2丁目公園には、「三田浜塩田発祥の地」の碑とともに、ここで執筆した川端康成の文学碑が建てられている。

その後、埋め立てにより、栄町、日の出などの地名が誕生し、海岸線は南側に移っている。ここには東関東自動車道・東京湾岸道路とともにJR京葉線が通っているが、JRの駅は置かれていない。京葉線の駅は、手前の二俣新町駅と東側の南船橋駅で、駅の間は3・4キロとかなり離れている。

ところで「船橋」という地名の由来は、かつては川幅の広かった海老川に小舟を浮かべて繋ぎ、船橋を作ったことによる。江戸時代には宿場町、集積場として栄えた。

明治維新後の1889（明治22）年に海神村、五日市村、九日市村が合併して、船橋町が成立。1937（昭和12）年に船橋町が葛飾町、法典村、八栄村、塚田村と合併して市制を施行し、船橋市が誕生している。

船橋市立夏見総合運動公園

1965（昭和40）年、船橋市夏見台に開設された公園で、野球場、サッカー場、陸上競技場、テニス場などの施設があり、野外プールは冬期にはスケート場として使用される。

船橋海水浴場

現在の船橋競馬場駅が、センター競馬場前駅と呼ばれていた頃、夏休みの時期などに開かれていた船橋海水浴場の風景である。船橋ヘルスセンターの南側の海岸はゴールデンビーチと呼ばれ、この写真に見られるような、まさに芋の子を洗う状態で人々が海水浴を楽しんでいた。海岸には巨大なテントが張られて、ビーチハウスが出現し、海側に突き出た桟橋の脇には、塔のような施設が見えている。しかし、こうした風景も埋め立てや水質汚染が進み、見られなくなったのである。（提供：朝日新聞社）

温水シャワー

帝国陸軍陸地測量部発行「1/10000地形図」

1932年（昭和7年）

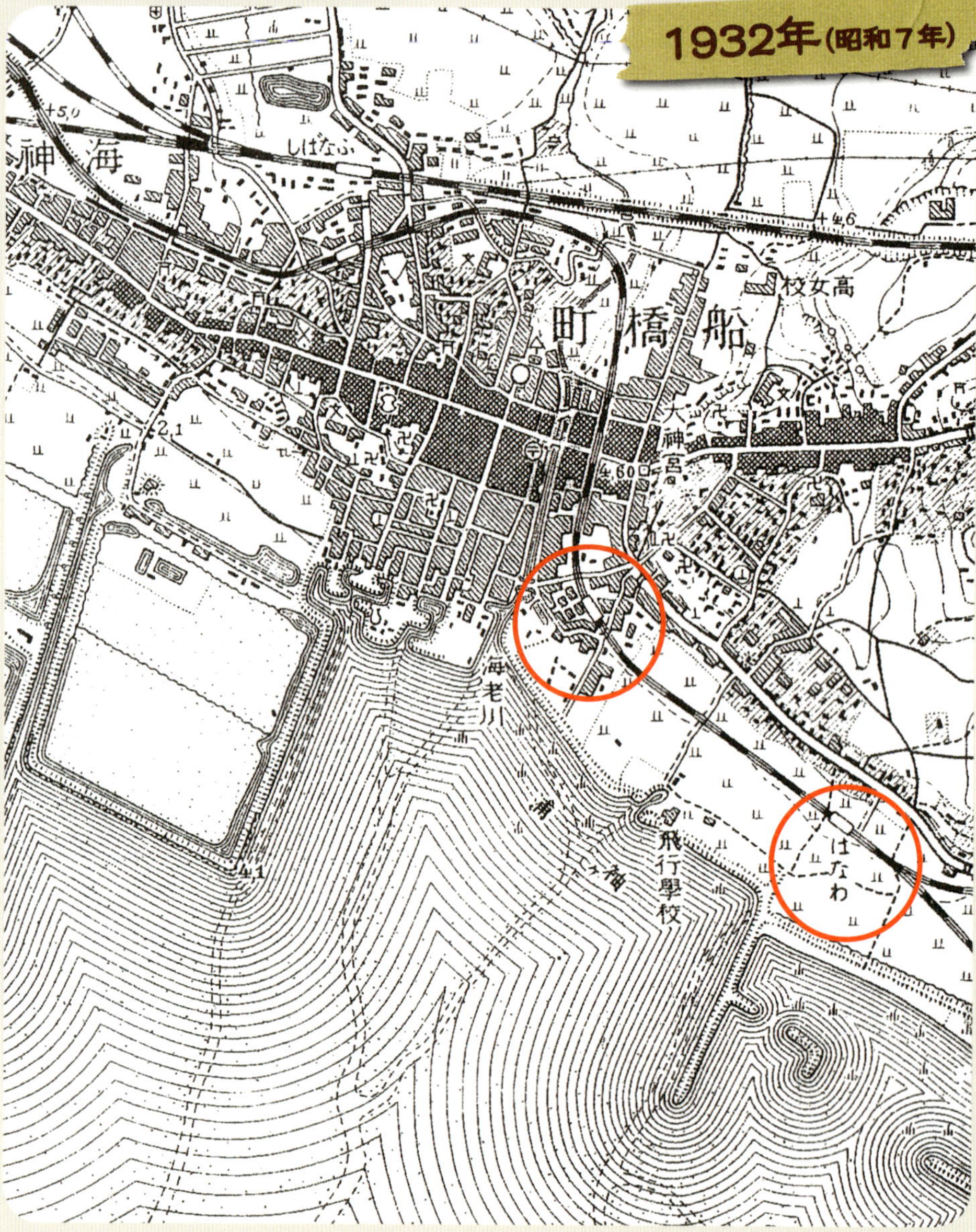

地図の中央下を海老川が流れ、東京湾に注いでいる。この東側を大きくカーブしながら、京成本線が通り、大神宮下駅が置かれている。この駅名の由来となる、船橋大神宮は駅の北東に鎮座している。さらに南東に向かう京成本線は、この当時は袖ヶ浦の海岸線近くを走り、花輪駅が置かれている。この駅は現在、船橋競馬場駅となっている。この付近には戦前、伊藤飛行学校が存在した。現在は船橋競馬場などがある埋立地はまだ誕生していない。花輪駅から右下に延びる路線が谷津支線である。

京成本線

大神宮下、船橋競馬場

船橋大神宮が鎮座。競馬場の最寄り駅

大神宮下駅

開業年	1921（大正10年）7月17日
所在地	船橋市宮本2－9－9
キロ程	26.4㎞（京成上野起点）
駅構造	高架駅／2面2線
乗降客	4,310人（2014年度）

船橋競馬場駅

開業年	1927（昭和2年）8月21日
所在地	船橋市宮本8－42－1
キロ程	27.2㎞（京成上野起点）
駅構造	地上駅（橋上駅）2面4線
乗降客	20,176人（2016年度）

昔はヘルスセンターもあった

京成船橋駅を過ぎて海老川を渡り、左岸沿いに南下してきた京成本線には、大神宮下駅が置かれている。この大神宮下駅の駅名の由来となっている「大神宮」とは、船橋大神宮と呼ばれる意富比（おおひ）神社である。この神社は天照皇大神を主祭神とし、110（景行天皇40）年に創建されたと伝わる古社で、「夕日の宮」として崇敬され、平将門、源頼朝らの関東の武士たちが寄進を行ってきた。大神宮下駅の開業は、この区間が延伸した1921（大正10）年7月である。

次の船橋競馬場駅は1927（昭和2）年、谷津支線の分岐点の駅として開業した。当時の駅名は「花輪」で、1931（昭和6）年に「京成花輪」と駅名を改称している。

戦前、ここには「西の海神、東の花輪台」といわれる高級住宅地が存在した。その場所は現在の宮本6丁目付近で、駅の北側の高台にあたる。当初は実業家の別荘ができ、昭和初期に「花輪台」の別荘地として分譲された。現在も県立船橋高校、宮本中学校の周辺には閑静な住宅地が広がっている。

この駅は戦後の1950（昭和25）年に「船橋競馬場前」と駅名が改められた。これは同年に船橋競馬場が開場したからである。千葉県内には戦前、柏競馬場が存在したが、船橋に移転してきた形である。この競馬場には、オートレース場も併設されていたが、1968（昭和43）年に船橋サーキット跡地に移転している。

船橋大神宮(意富比神社)

伊勢神宮から天照皇大神を分祀し、海を見下ろす台上に祀ったのが、現在の大神宮の元になった。伊勢神宮の"朝日の宮"に対して、この神社は"夕日の宮"と呼ばれ、宝物の神鏡一枚がある。境内には、木造3階建て六角形の洋風灯明台があり、県の有形民俗文化財として保存されている。

船橋市宮本5-2-1

船橋競馬場

1950(昭和25)年創設されて以来、地方競馬屈指の名馬を何頭も輩出し、2015年から開始した、冬季を除き開催されるナイター競馬「ハートビートナイター」も有名。馬場と客席の距離が近いので、臨場感のあるレースが観戦できる。騎手たちからは「非常に乗りやすいコース」と評価されている。

船橋市若松1-2-1

建設省地理調査所発行「1/10000地形図」

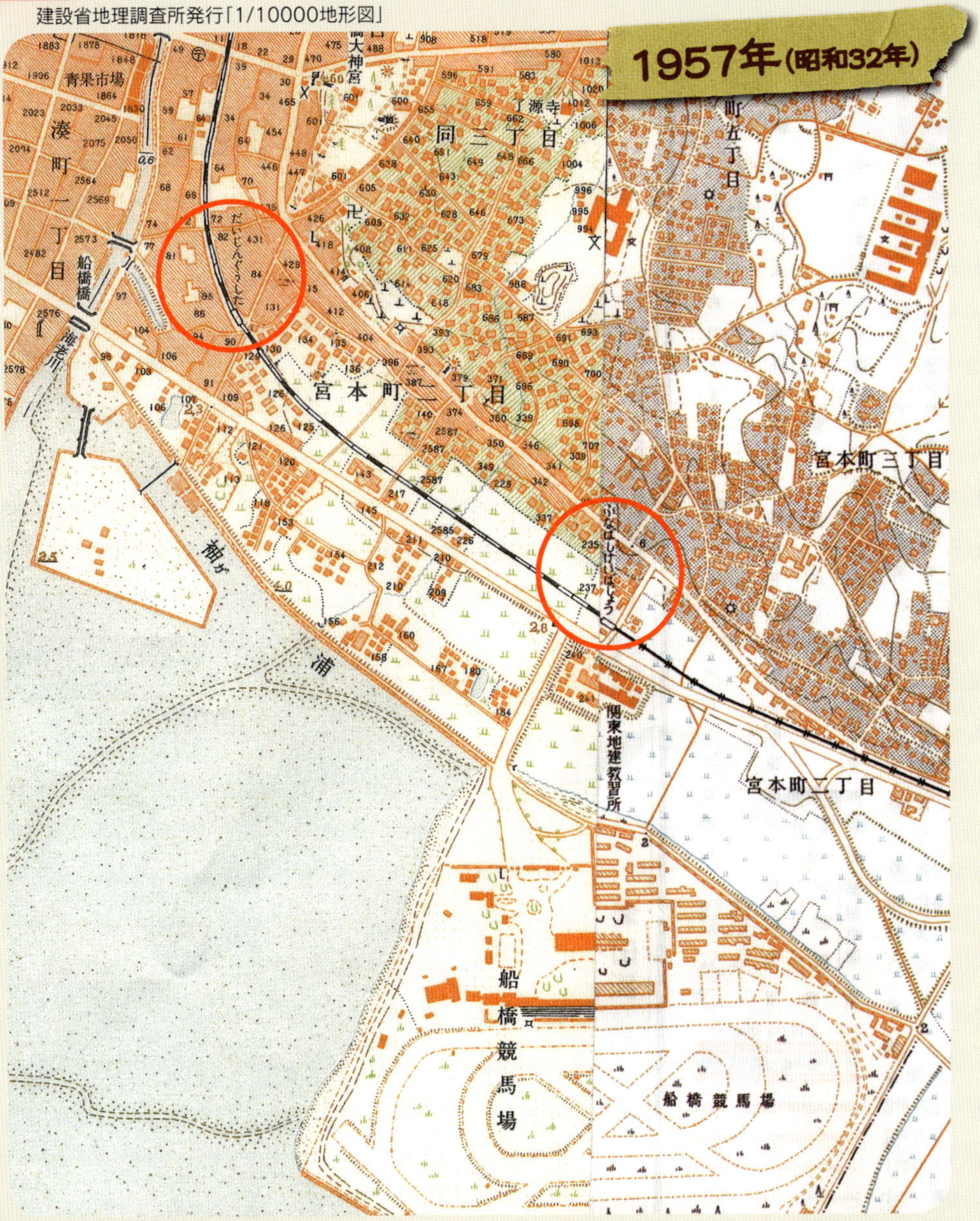

戦前、(京成)花輪駅であった京成本線の駅は、1950(昭和25)年に船橋競馬場前駅に変わっている。付近の沖合は埋め立てられ、船橋競馬場が誕生している。北側の宮本町3丁目付近に見える「文」の地図記号は、古い歴史のある船橋市立宮本小学校である。また、東側には、1947(昭和22)年に宮本中学校が開校している。こうした地名、校名は。どれも船橋大神宮(意富比神社)に由来している。また、宮本中学校の東側には、「県船」と呼ばれる、県立船橋高校が存在する。

船橋大神宮(大正期)

その後、1963(昭和38)年には駅名が「センター競馬場前」に変更されている。これはもうひとつ、有名なレジャー施設、船橋ヘルスセンターが存在したからである。この船橋ヘルスセンターは1955(昭和30)年、海岸の埋立地に造られた大型のレジャー施設で、関東一円から多くのレジャー客を集めた。人口温泉を中心に屋外プールや遊園地、野球場、演芸場なども備え、大人も子供も楽しめる場所だった。1977(昭和52)年に閉鎖されるまで、多くの来場者がこの駅を利用したのである。

1987(昭和62)年、船橋ヘルスセンターが消えたことで、再び駅名が変更され、今度は「船橋競馬場」の駅名となった。船橋ヘルスセンターの跡地は現在、「ららぽーとTOKYO-BAY」となっている。

間の運賃と院線両国橋・千葉間は平行線で距離もほとんど変わらないので、むしろ運賃は「無益ナル運賃競争ノ防止上同一額」に設定されるものと思われるからである。ただ、船橋・千葉間においては社線は市街地に沿い、海水浴場にも近接しているという地理上の優位があるので、あるいは院線よりも運賃を引き上げることがあるかもしれない。しかし、運賃の設定に関しては「社線当事者ノ自由裁量ニ一任スヘキ性質ノモノ」であるから、その運賃額が「利用者ニ対シテ負担ノ当ヲ失セサル限リ監督官庁ノ干渉スヘカラサルモノ」と認識されていた。

「運転回数ノ多寡」では社線と院線の運行回数が比較されている。すなわち、社線押上・船橋間は現在15分間隔で１時間に４回の運転をし、１日の運転回数は午前５時30分の始発から午後11時の終発まで約70回である。これに対して、院線両国橋・千葉間は30分ないし１時間30分の間隔で、１日に23回の運転をしているが、「此関係ハ社線新線延長ノ暁ニ於テモ大ナル変化ヲ来スコトナカルヘシ」と考えられる。しかし、もともと「軌道ハ運転回数ノ多キヲ以テ其ノ特徴トシ鉄道ハ高速度及設備ノ完全ヲ以テ其ノ長所トスル」ので、社線と院線が平行する区間では「短区間乗客ハ多ク軌道ニ移リ比較的長距離乗客ハ鉄道列車ヲ利用スルヲ通例トス」るものと思われる。

以上のような検討を踏まえて、運輸局は「総合観察」として京成電気軌道千葉線は地の利を占めているが、運転時間の遅速や運賃関係では優劣はなく、短距離客に対しては京成電気軌道線が優位を占めているが、長距離客に対しては総武線の方がまさっているとし、以下のように結論するのであった。

（京成電気軌道の……引用者）延長線ト併行スル院線船橋千葉間各駅相互間ノ乗客ハ大体ニ於テ略其ノ大部分ヲ社線ニ吸収サルモノト推定セサルヘカラス、然レトモ特ニ対立区間中ノ最長距離ニシテ且ツ同区間中ノ主要部分ヲ占ムル東京ト千葉間ノ交通客ニ至テハ依然院線ヲ利用スル者ト見タル通則的観察ニ基クノミナラス更ニ他ノ有力ナル推定根拠アリ、蓋シ千葉町ト東京間ノ旅客ハ大部分商取引ノ目的ヲ有スル者ナルヲ以テ東京市ノ片隅ニ位置スル社線ノ終点押上ニ乗降センヨリハ市ノ経済中心ニ接近スル両国橋駅又ハ錦糸町駅ニ出入スルヲ便利トスヘキハ恐ラク何人モ否定セサル所ナルヘキヲ以テナリ

すなわち、京成電気軌道千葉線と平行している総武線船橋・千葉間の各駅相互間の乗客は大部分が京成線に吸収される。しかし、東京・千葉間の最長距離の乗客は依然総武線を利用するものが多いと推測される。なぜなら、東京・千葉間の乗客の大部分は商取引を目的とするものであるから、東京の片隅に位置する押上よりも東京の経済的中心に近接する両国橋や錦糸町で乗降するほうが便利であるからである。

（中略）

ところで、千葉線は大正９年(1920) ７月に開通した。京成電気軌道は当然ながらそれによる増収を見込んでいた。しかし、ちょうど第１次世界大戦後の不況に重なりさほど増収を実現できなかった。同社の『事業報告書』（第26期、大正10年５月）は、この点について「昨年七月千葉線ノ開通以来収入ノ激増ヲ予想セルモ一般財界ノ沈衰ハ乗客ノ増加率ヲ牽制シ春季ノ遊覧季節ニ於テモ著シキ雑踏ヲ見サリシカ、之レ独リ当社ノミノ事ニアラス郊外鉄道孰レモ同一ノ状態ニアルモノノ如シ」と述べていた。

谷津遊園と谷津支線

大正14年（1926）６月、京成電気軌道は谷津海岸に約25万8000坪（85万3000平方メートル）の土地を買収して谷津遊園の造成に着手した。大正６年９月30日夜半の台風で谷津海岸の塩田や養魚場が大きな被害を受け、壊滅状態となったまま放置されていたので、京成電気軌道が買収して京成遊園地株式会社を設立（大正14年11月）し、そのうちの約30万平方メートルを利用して谷津海岸遊園（のちの谷津遊園）を開設したのであった。京成電気軌道は谷津遊園の経営に積極的で、同遊園を「庶民の庭」として育てるために日本勧業銀行の旧本館の建物を移築して「楽天府」と名付けて谷津遊園の名所とし、園内には演芸館や当時日本最大といわれた海水プールを作ったりした。

こうして、谷津遊園は潮干狩や海水浴が楽しめる遊園地として人気を集め、近隣や東京から多くの人々が来園するようになった。

京成電気軌道は、昭和２年(1927) ８月22日、谷津遊園への来遊客の便宜を図るために、大神宮下・谷津海岸間に花輪駅を新設し、花輪駅（現船橋競馬場前駅）から分岐して谷津遊園正門前までの谷津支線(1.2キロメートル）を開通させた。なお、この谷津支線は、谷津海岸停留場から谷津遊園までの道路が新設されたため、昭和９年(1934) ３月22日に京成電軌から撤去認可申請が出され撤去されることになった。

しかし、谷津遊園の経営は必ずしも良好とはいえなかった。『ダイヤモンド』（昭和３年６月１日）は、谷津遊園の経営について次のように指摘していた。

尚ほ理解し難きは谷津遊園地費である。当社（京成電気軌道……引用者）が昨年下期末迄に此処へ投下した資本は、75万４千円となって居る。外に引込線の建設費として18万円を投下して居るから、結局谷津遊園地の為に93万円からの資金を投じた訳になる。果たして真実これだけの資本をかけて居るかどうか、可成り疑問の余地があるのである。例へば0.6哩足らずの引込線建設費が18万円などは、どう見ても高過ぎる。併し乍ら、かゝる　疑ひは暫らく措くとしても、斯様な泥海を埋め立てた砂原へ、100万円近くの資金を固定させるに至っては、その経営の拙なるに驚かざるを得えない。これを裏書するものは、その収益状態である。今、これだけの投資額に対して、昨年どの程度の収益を挙げたかを見るに、純益金は僅々１万5800円であるから其収益率は１分７厘に過ぎないのである。電車会社の経営する遊園地なるものは、無論、それに依って直接利益を挙げるが目的でない。その主たる目的は旅客を誘致し、沿線の開発を図るにある。併し、当社の遊園地設備が果たして如上の目的を達して居るであろうか。達して居るものとしては、その収益が余りに過少である。

習志野市史

京成電気軌道の創立

東京と成田を結ぶ京成電気軌道の敷設計画が日程にのぼったのは、明治30年代の後半になってからであった。すなわちこの頃、東京市本所区押上町を起点に向島から中川に沿って柴又に向い、江戸川沿いに下って現国道市川橋を渡り、八幡・中山・船橋・津田沼・大和田・佐倉を経て成田に至る路線に軌道を敷設しようという計画が現れたのである。この軌道敷設計画は、(1)本田貞次郎、利光鶴松、野中万助、井上敬次郎、(2)郷誠之助、飯村丈三郎、川崎八右衛門、本多弘、(3)松平正直、内藤義雄、鈴木峯吉らの3グループによる競願となったが、本多貞次郎の斡旋で合同し、彼らが発起人となって創立請願がなされ、明治40年(1907)5月28日に特許を得た。

こうして、京成電気軌道は日露戦争後の不況のなかで設立の特許を得て、株式募集に着手することになった。そのため発起人のなかからは脱落するものもあり、株式募集は必ずしも順調には進まなかった。当初300万円の資本金を見込んでいたが、とても300万円の資本金を募集することはできなかった。そのため、資本金を150万円とし、残りは借入金あるいは社債などで賄うことに定款を変更し、主務省の再認可を得ることにした。すなわち、同社の「定款」には、「当社ノ資本金ハ一五〇万円トス　但事業ノ進捗ニ従ヒ更ニ一五〇万円ヲ限リ取締役会ノ決議ヲ以テ社債又ハ借入金ヲ為ス」と記載されていたのである。

こうして若干の経緯はあったが、京成電気軌道は明治42年(1909)6月30日に創立総会を開いた。創立総会には総株主数142人のうち130人の株主が出席し、松平正直が議長となって創立事務報告ほか6件の議案を審議し役員を選出した。選出された役員は取締役が本多貞次郎、桂二郎、関博直、土井貞次、板橋信の5名、監査役が渡辺勘十郎、皆川文明の2名で、松平正直は相談役に就任した。そして、社長は置かずに専務取締役に本多貞次郎が就任した。本社は東京市麹町区八重州町1の1に置かれた。

千葉線の延長請願

京成電気軌道の電車営業は、明治45年(1912)4月に金町の二葉喜太郎が経営する帝釈人車鉄道(明治33年5月設立)の施設・営業権を1万7000円で買収して始められた。京成電気軌道はその後第1期線(押上・市川間)を大正1年11月3日に開業し、大正5年(1916)12月には船橋までの延長線を開業した。こうして京成電気軌道の路線が伸長していくなかで、沿線住民は大正6年12月、船橋から千葉までの路線延長を内閣総理大臣及び内務大臣に嘆願した。沿線住民の「嘆願書」によれば、千葉線の延長を必要とする理由は次のように述べられていた。

由来房総ノ地ハ大都市トシテ目スヘキモノ無シト雖モ土地概ネ平坦ニシテ耕地広ク従テ人口ノ稠密ナル数字ノ示ス所ニテ瞭ナリ、殊ニ江戸川以東千葉町ニ至ル地域ハ帝京ニ隣接シテ市邑相連リ人口繁多物資豊饒実ニ本県ニ於ケル咽喉部タルノ観アリ、加之此区間ニハ市川ノ砲兵三個連隊、習志野ノ騎兵四個連隊、千葉及津田沼ノ鉄道連隊ヲ初メトシ陸軍騎兵並歩兵学校等ノ兵舎学校存在シ、就中千葉町ハ頃年人口ノ増進ヲ示シ今ヤ近ク市制実施ノ期ニ入ラントシツ、アリ、而カモ翻テ同地方ニ於ケル交通機関ヲ見ルニ唯僅カニ一条ノ院線鉄道ニ依ルノミニテ貨客ノ輸送ニ敏活ヲ欠キ、我等沿道住民ハ交通機関ノ不足不備ヲ訴ヘ居レルハ昨今ノ事ニ無之候、回顧スレハ去ル明治四十年一月京総電気鉄道会社ナルモノ東京木更津間ノ電気鉄道敷設特許ヲ得タルコトアリ、当時我等沿道住民ハ該電気鉄道ハ一日モ早ク開通セラレン事ヲ望シ居タルモ、如何ナル事由ノ存セルニヤ該電気鉄道会社ハ事業開始ヲ見ルニ至ラス権利消滅ノ悲運ニ際会シタルヲ以テ一時大ニ失望シタル事アリシカ、来同地方ノ開発ト人口ノ増進トハ実ニ著シキモノアリ益々交通機関増設ノ必要ニ迫ラレ居リ候

このように船橋以東は、明治末期から大正初年にかけて人口の著しい増加が見られ、交通機関の充実が大きな問題となっていた。すでに鉄道院線(現JR総武線)が開通しているので、これ以上の平行線は必要ないという意見もあったが、沿線住民はそうした意見に対して、院線は蒸気鉄道であり、電気鉄道とは自らその役割を異にすると主張した。すなわち、蒸気鉄道は長距離の旅客・貨物の輸送を目的とするのに対して、電気鉄道は短距離の旅客輸送に重点を置くものであった。こうして、沿道住民は京成電気軌道の特許請願が速やかに特許されることを熱望していたのである。

千葉線の総武線への影響

京成電気軌道千葉線の開通は、院線総武線に大きな影響を及ぼすものと考えられるが、この点については鉄道院運輸局の興味深い調査報告がある。運輸局は、大正7年(1918)に京成電気軌道船橋・千葉間の延長線が総武線にどのような影響を及ぼすかについて一定の調査を試み、「京成電気鉄道線船橋千葉間延長ニ伴フ影響予想」を作成した。運輸局によるこの「影響予想」は「推論的観察」と「数字的観察」からなり、「推論的観察」では、「地理上ノ関係」「運転時間の遅速」「運賃の高下」「運転回数の多寡」などにわたって詳細な検討が試みられている。そこには、非常に興味深いものがあるのでやや詳しく紹介することにしよう。

まず「地理上ノ関係」では、社線(京成電気軌道線)の方が院線(総武線)よりもはるかにまさっている。というのは、社線は院線よりも沿線各町(検見川・幕張・津田沼・千葉)及び稲毛海岸海水浴場などに接近しているからである。「運転時間の遅速」では、社線の押上・船橋間(12哩)の所要時間は40分、院線の両国・船橋間の所要時間は32分ないし40分でいずれも遜色はない。また、社線の船橋以北千葉までの延長線(10哩)の所要時間も30分前後と予想されるので、社線押上・千葉間の所要時間は院線両国・千葉間の所要時間57分ないし1時間10分と「殆ント同一」であった。

次いで、「運賃ノ高下」においても社線と院線との間にはほとんど優劣が認められない。というのは、社線押上・千葉

帝国陸軍陸地測量部発行「1/10000地形図」

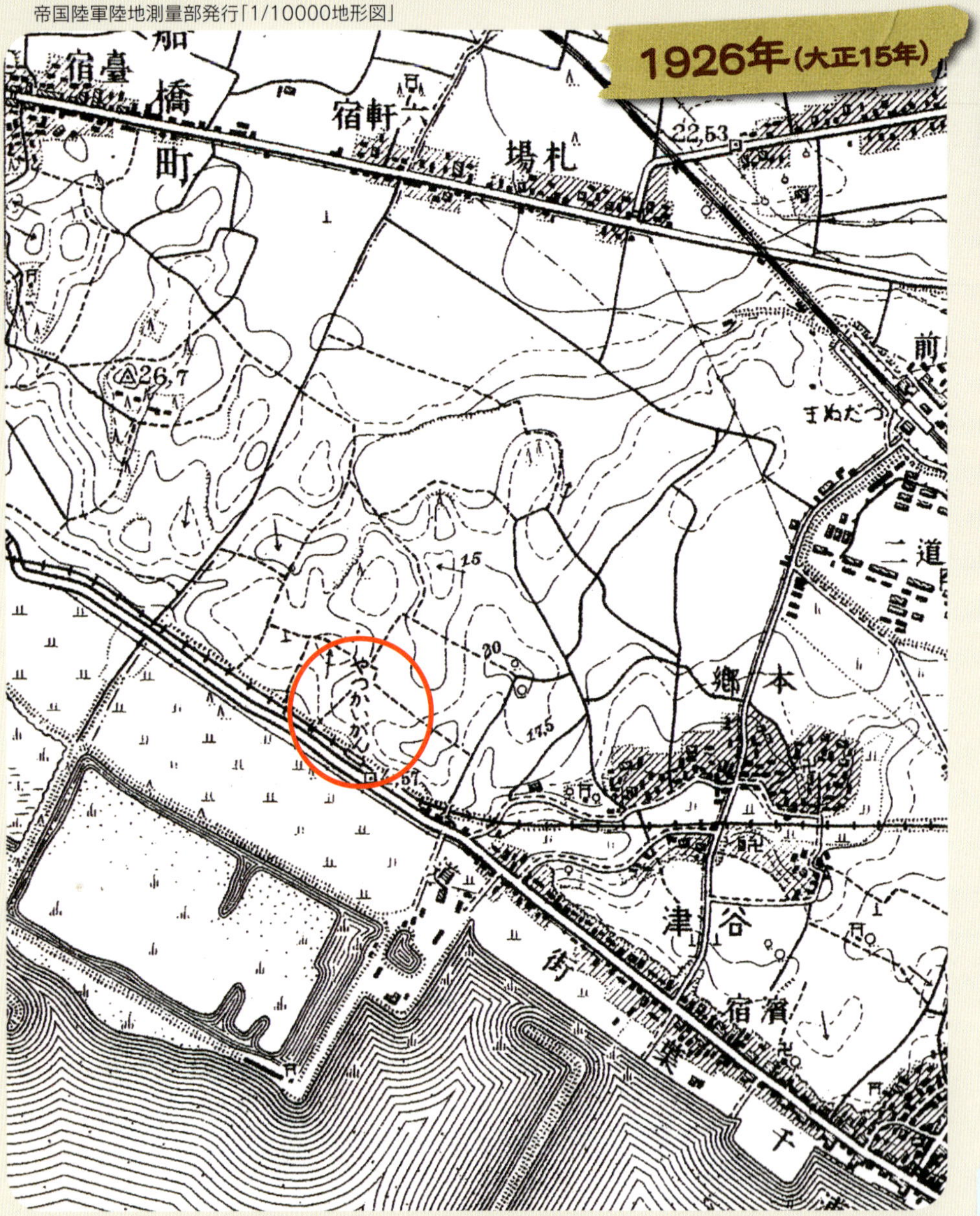

千葉街道(国道14号)と並んで走ってきた京成本線は、谷津海岸(現・谷津)駅を過ぎると、街道から離れて北寄りを進むこことになる。このあたりの海岸が埋め立てられ、1925(大正14)年に谷津遊園が誕生する。京成本線沿いに見える神社は紀伊国(和歌山県)の丹生郡から勧請された丹生神社、寺院は真言宗豊山派の東福寺である。現在はこの南側に、1975(昭和50)年に開校した向山小学校が存在する。右上には総武本線と津田沼駅、鉄道第二連隊の営舎が見える。

京成本線

谷津

谷津海岸駅で開業し、駅名は変遷した

開業年	1921(大正10年) 7月17日
所在地	習志野市谷津5−4−5
キロ程	28.2㎞(京成上野起点)
駅構造	地上駅(橋上駅) 1面2線
乗降客	10,824人(2016年度)

谷津遊園は、バラ園として残る

現在は習志野市となっている谷津駅周辺は、1889(明治22)年の合併により津田沼村が出来る前は谷津村であった。このときに合併した5村のうちの主要な3つの村のひとつであり、久々田村の「田」、鷺沼村の「沼」と、この谷津村の「津」を1字ずつ合わせて、「津田沼」の地名(村名)が生まれた。1903(明治36)年には町制を施行して津田沼町となっている。

谷津駅は、1921(大正10)年7月に「谷津海岸」の駅名で開業している。このことは当時、海岸線の近くに置かれていたことを示している。その後、京成電鉄が「京成遊園地(谷津遊園)」を開園し、本線から分かれた支線を設けて、支線の終着駅である「谷津遊園地」駅が誕生した。しかし、この支線の存在期間は短く、1927(昭和2)年から1934(昭和9)年の約7年間であったため、支線・駅廃止後の1936(昭和11)年から、本線上のこの駅が「谷津遊園」の駅名を名乗ることになった。

さらに日中戦争の戦時下において、「谷津海岸」と駅名を改称。1948(昭和23)年に再び谷津遊園駅に戻っている。そして、1982(昭和57)年に谷津遊園が閉鎖され、2年後の1984(昭和59)年に現在の駅名である「谷津」となった。

千葉県民に長く親しまれた谷津遊園は、京成電鉄が1925(大正14)年に開設した直営の施設である。もとは東京湾の塩田地を埋め立てて遊園地にし

谷津バラ園

京成本線谷津駅から南へ500メートルほど行くと、谷津干潟に面した谷津公園があるが、その公園内にあるのが「谷津バラ園」だ。前身は「谷津遊園」（1982年閉園）で、当時から人気があったバラ園だけは「谷津バラ園」として残された。入口脇に「読売巨人軍発祥の地」という石碑がある。

習志野市谷津3-1-14

谷津干潟

谷津干潟は、東京湾の最奥部に残された約40ヘクタールの干潟だ。1993（平成5）年にラムサール条約登録の湿地に認定された。干潟には、貝やカニ、魚などが生息しており、また、シベリア、東南アジア、オーストラリアなど、国境を越えて行き来する渡り鳥にとっては大切な中継地となっている。

習志野市秋津5-1-1

建設省地理調査所発行「1/10000地形図」

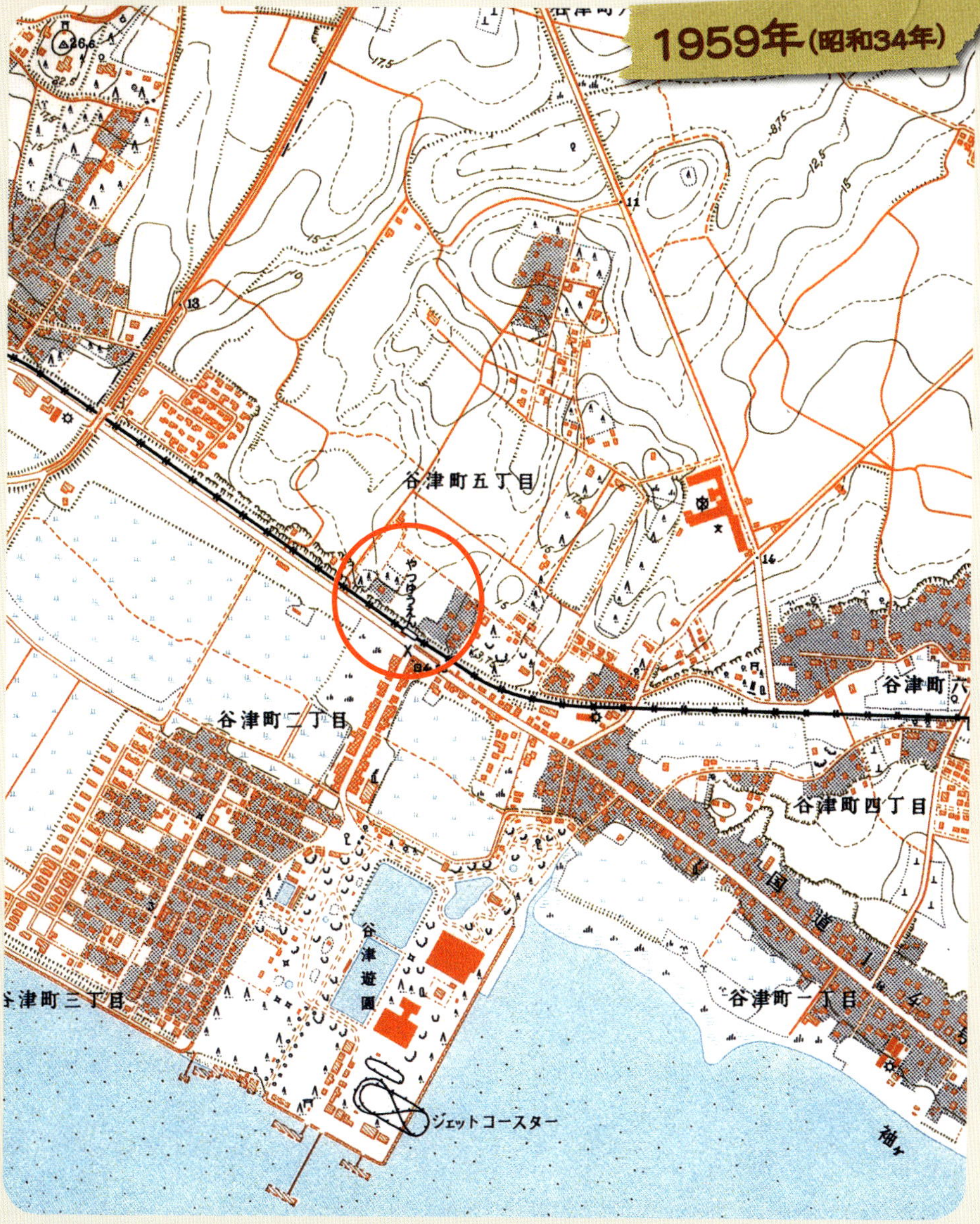

谷津遊園が賑わいを見せていた時期の地図であり、海に突き出した名物の海上ジェットコースターが見える。その北側は農地であったが、西側では住宅地が開発されている。左上を走る国道296号（成田街道）が整備され、北側の中野木交差点で県道8号と分岐している。国道14（千葉街道）沿いでは、東側に続いて西側でも多くの住宅が誕生している。海岸線はこの後、さらに埋め立てが進んで、京葉道路、京葉線などが整備され、JRには南船橋駅が開業することとなる。

たもので、当初は「京成遊園地」と呼ばれていた。昭和戦前期には、名優・阪東妻三郎による撮影所なども開設された。コークスクリューや豆汽車、海上ジェットコースターなど、大小さまざまな娯楽施設を備えた千葉の一大レジャー施設として、家族連れやカップルにも人気があった。また、この園内では1934（昭和9）年に開催される、日米野球のために結成された全日本チームが練習を行った。このチームが後の読売ジャイアンツ（東京巨人軍）となったため、現在も「巨人軍発祥の地」の碑が残されている。

この谷津遊園が1982（昭和57）年、黒字営業だった状態で閉園したのは東京ディズニーランドの開園があったからである。京成電鉄は「株式会社オリエンタルランド」を通じて、同園の経営に参加することとなり、従業員の多くは翌年（1983年）に開園する東京ディズニーランドに移ったといわれている。

遊園地の跡地はほとんどが住宅地に転用されたが、名物だったバラ園は閉鎖を惜しむ声があり、現在も健在である。この谷津バラ園は1957（昭和32）年に開園し、当時は東洋一の規模を誇った。1965（昭和40）年に京葉道路の開通で場所が移転、最盛期には1200種以上のバラが栽培されていた。その後、都市公園「習志野市谷津バラ園」として通年で公開されている。また、その南には東京湾に残る数少ない干潟である「谷津干潟」が広がっている。ここは多くの野鳥が訪れる場所で、ラムサール条約登録地となっている。

谷津遊園

海上に突き出ている、海上ジェットコースターが人気を集めていた、在りし日の谷津遊園の空撮写真である。広い園内には、観覧車やローラーコースター、ゴーカート、バラ園、大劇場、プールなどがあり、季節を問わず家族連れやカップルらで賑わっていた。左上に見えるのは、プロペラ機のL-1649スターライナーで、新潟県のレストランから1979（昭和54）年にここに移されてきた。また、谷津遊園は右上に見えるヘリポートから飛び立つ、東京湾の遊覧飛行が楽しめる場所でもあった。（提供：朝日新聞社）

帝国陸軍陸地測量部発行「1/10000地形図」

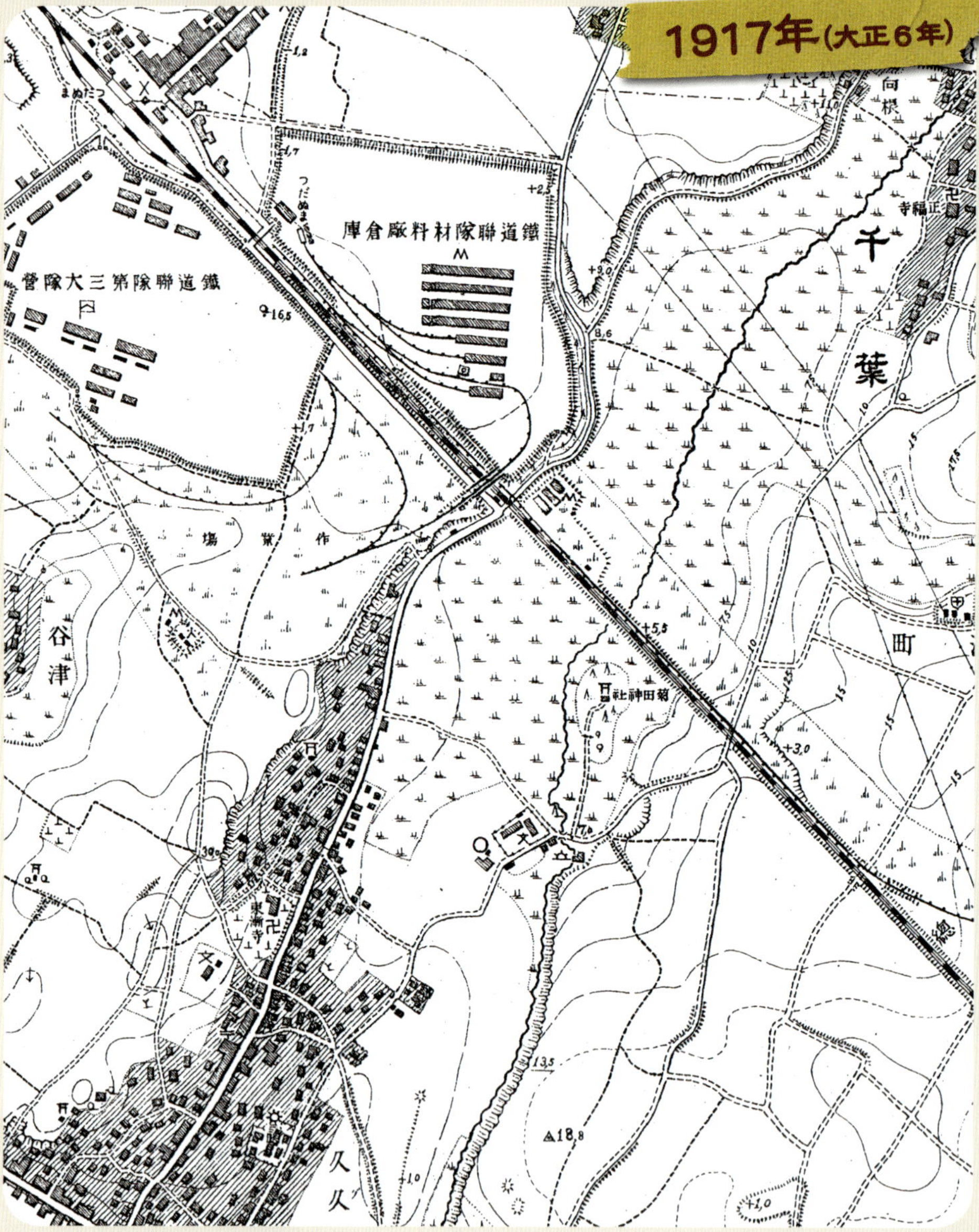

総武本線と津田沼駅は見えるものの、京成本線・千葉線はまだ開業しておらず、京成津田沼駅も存在しない。津田沼駅付近、総武本線の南北には、鉄道連隊第三大隊の旅営、材料廠倉庫があった。京成津田沼駅ができる付近には、千葉街道との交差点から延びる、現在の県道204号沿いに家屋が建ち並んでいる。この付近には真言宗豊山派の寺院、東漸寺があり、1873(明治6)年には境内に菊田学校が開校。後に菊田小学校となり、現在の津田沼小学校につながっている。地図上には「谷津」「久久田」といった地域の古い地名が残っている。

京成本線
千葉線

京成津田沼

谷津・久々田・鷺沼の各1字で津田沼

開業年	1921(大正10年)7月17日
所在地	習志野市津田沼3−1−1
キロ程	29.7㎞(京成上野起点)
駅構造	地上駅/2面4線
乗降客	58,518人(2016年度)

習志野市役所の最寄り駅

現在は人口約17万人を誇る習志野市。その市役所の玄関口となっているのが、この京成津田沼駅である。現在は京成本線のほか、京成千葉線、新京成線が乗り入れる沿線の主要駅でもある。

京成津田沼駅の開業は1921(大正10)年7月で、このときに現在の京成千葉線である、千葉(現・千葉中央)駅までの区間が開通している。このときの駅名は「津田沼」であった。

現在の京成本線は1926(大正15)年、酒々井(現・京成酒々井)駅まで延伸した。1931(昭和6)年には「京成津田沼」と駅名を改称。戦後の1952(昭和28)年には新京成線が開業している。

地図を見れば明らかなように、京成千葉線は、JR総武本線と寄り添うように東に向かってゆくのに対して、京成本線はこの京成津田沼駅の先で総武本線の下をくぐり、北東に走っていく。さらに新京成線は逆S字形にカーブしながら北に向かい、こちらは総武本線の上を越えてゆく。次の駅は新津田沼駅であり、この駅のすぐ西側にJR津田沼駅が存在する。

JRの津田沼駅の歴史は古く、総武鉄道時代の1895(明治28)年に開業している。その後、この駅周辺に日本陸軍の鉄道連隊が転営してきたことは有名である。

現在、津田沼駅の東側に存在し、国の登録有形文化財に指定されている「千葉工業大学通用門」は、かつての「鉄道第二連隊表門」である。また、この鉄道連

菊田神社

鎌倉初期に創建されたもので、古くは「久々田明神」と称された。社名は宝暦年間に「菊田大明神」と改称。代々地域の守護神として厄難除け・縁結び・安産・商売繁盛の神として崇敬され信仰を集めている。近隣区内の6社を境内社として合祀。千葉県神社庁より「顕彰規範神社」に指定されている。

習志野市津田沼3-2

東漸寺

津田沼にある真言宗豊山派寺院で、船橋村西福寺の末寺。創建年代などは不詳だが、近世初期にはすでに創建されていたという。習志野七福神のうち福禄寿が祀られている。1873（明治6）年、この寺で菊田小学校が開校している。

習志野市津田沼4-1

建設省地理調査所発行「1/10000地形図」

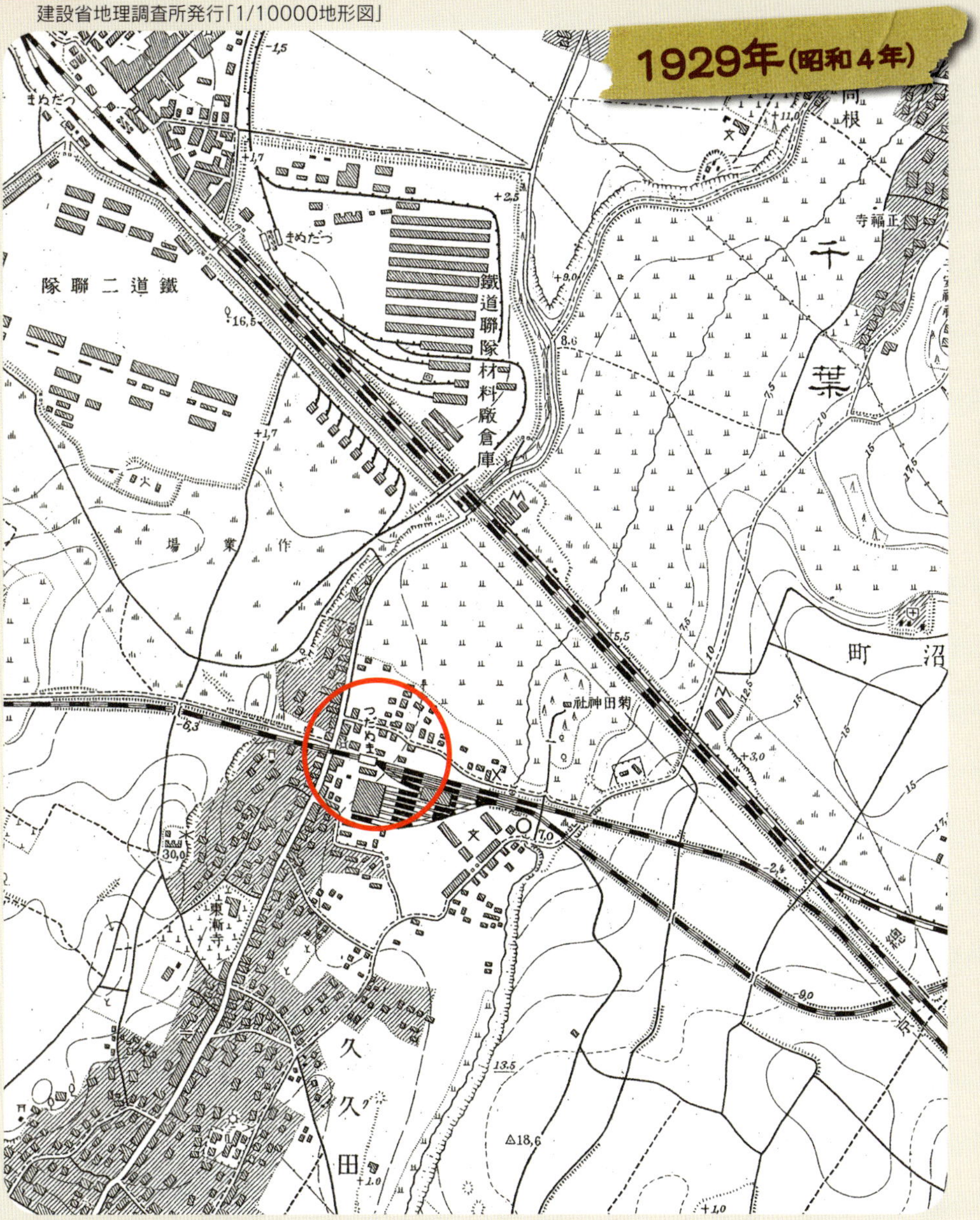

1921（大正10）年に津田沼（現・京成津田沼）駅が開業し、1926（大正15）年には駅の南側に津田沼車庫が誕生していた。この変化で、津田沼町役場は位置が変わっている。一方、国鉄津田沼駅の南側にあった鉄道連隊第三大隊は、組織変更で鉄道第二連隊に変わっている。鉄道連隊の演習線なども変化していることがわかる。2つの鉄道路線に挟まれる形で、菊田神社が鎮座している。この付近は現在、菊田水鳥公園として整備されている。津田沼小学校もこの付近に移転している。

鉄道第二連隊（昭和戦前期）

鉄道第二連隊の兵隊たちが、普通鉄道を敷設する作業の実習を行っていた。

隊の演習線を利用して、戦後に開業したのが新京成線である。

建設省地理調査所発行「1/10000地形図」

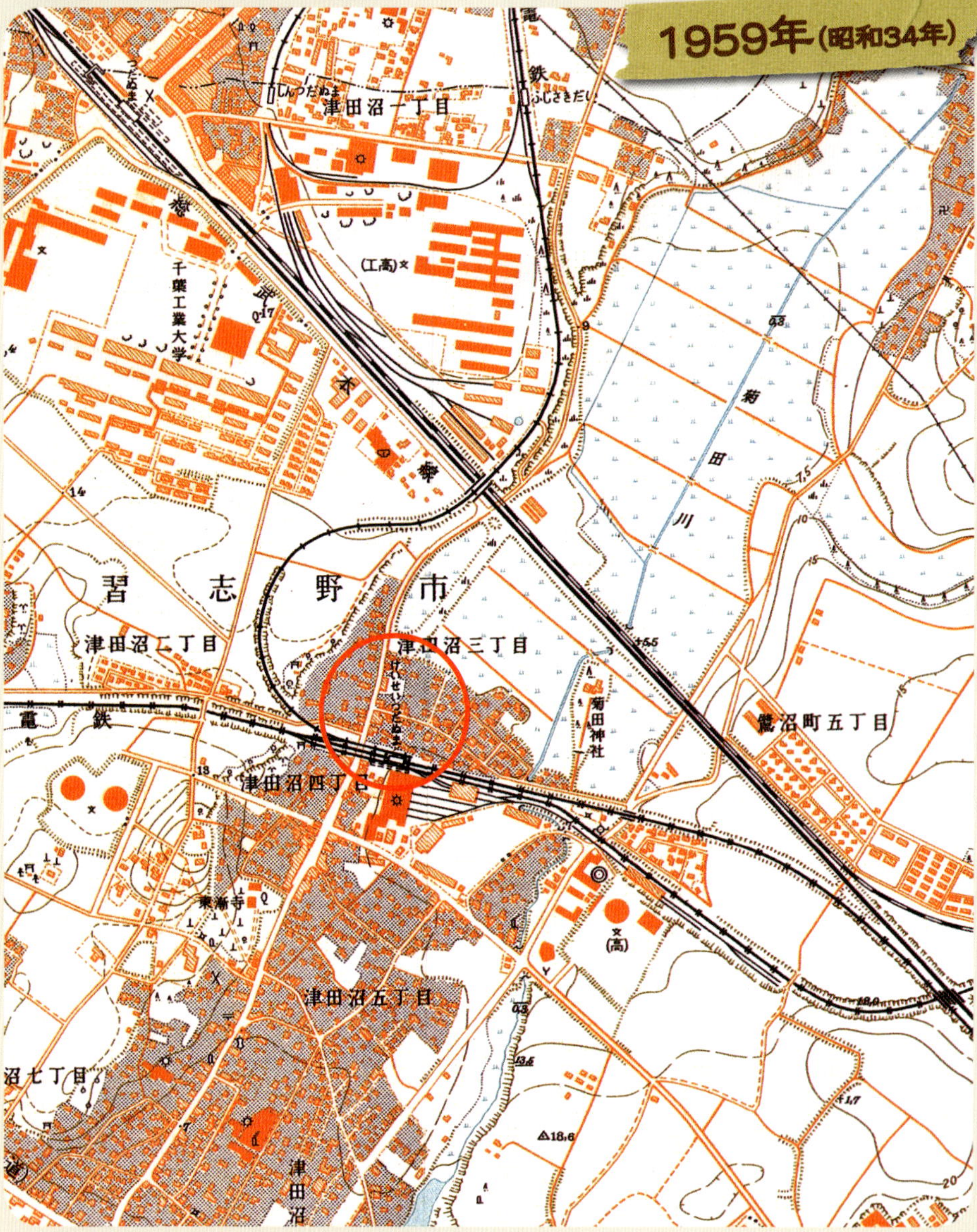

戦後に開業した新京成線が、京成津田沼駅から藤崎台駅方面に大きくカーブしながら延びている。鉄道連隊は姿を消し、千葉工業大学のキャンパスが誕生している。この時期、新津田沼駅が存在したこともわかる。習志野市が誕生し、京成津田沼駅周辺でも住宅地の開発が進んでいた。駅の東側にあった津田沼小学校は、西側に移転し、その跡地には県立習志野高校が開校しているが、この高校も1975（昭和50）年に東習志野に移転することとなる。この地図では、南北に流れる菊田川の経路をしっかり確認できる。

旧鉄道第二連隊表門

ここに置かれていた陸軍の鉄道第二連隊兵営にあった赤煉瓦の門で、建築年代は不詳だが、国の登録有形文化財に指定されている。現在は、千葉工業大学キャンパスの通用門となっている。

鷺沼古墳（群）

京成津田沼駅の南側、八剣台と呼ばれる鷺沼城址公園内にある。6世紀後半の前方後円墳で、A号墳とB号墳の石棺が保存されている。周囲は宅地化されているが、かつてはより多くの古墳が存在していたと思われる。

鷺沼城が存在した

一方、京成津田沼駅の南東には習志野市役所があり、南側の下総台地上には、鎌倉時代から鷺沼氏の居城であった跡に広がる、鷺沼城跡公園も存在する。ここには鷺沼古墳群の前方後円墳もあって、古くから人が居住していたことを示している。また、鳥の名が付いた「鷺沼」の地名にゆかりのある施設として、駅の北東には菊田水鳥公園がある。菊田神社、琴平神社に隣接した池の周りが小さな公園となっており、コブハクチョウ、マガモ、オシドリなどの姿を見ることができる。

掲載の地図外であるが、習志野市南部の鷺沼地区の海岸には戦前、「伊藤飛行機」が存在した。もともとは1915（大正4）年、伊藤音次郎が稲毛海岸に建設した「伊藤飛行機研究所」があり、1918（大正7）年に鷺沼に移転し、「伊藤飛行機製作所」となった。1937（昭和12）年に「伊藤飛行機」となり、飛行機の設計、製造を行っていた。

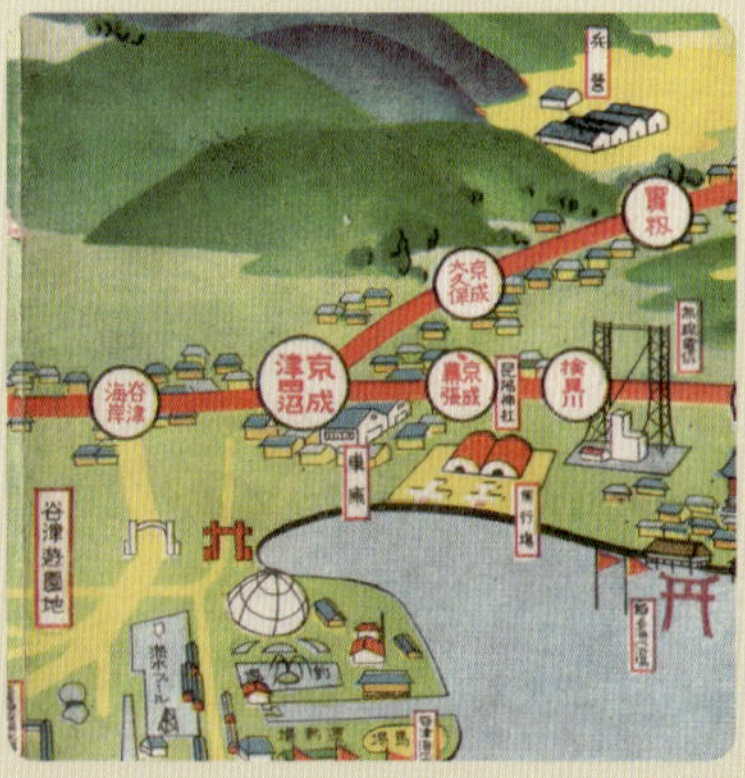

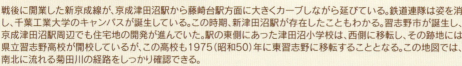

藤崎森林公園

習志野市藤崎7丁目にある緑豊かな藤崎森林公園には、1664(寛文4)年に建築された旧大沢家住宅や森林鉄道の車両が保存されている。また、公園内にある池では、テレビ東京の人気番組「池の水ぜんぶ抜く」の収録が行われた。

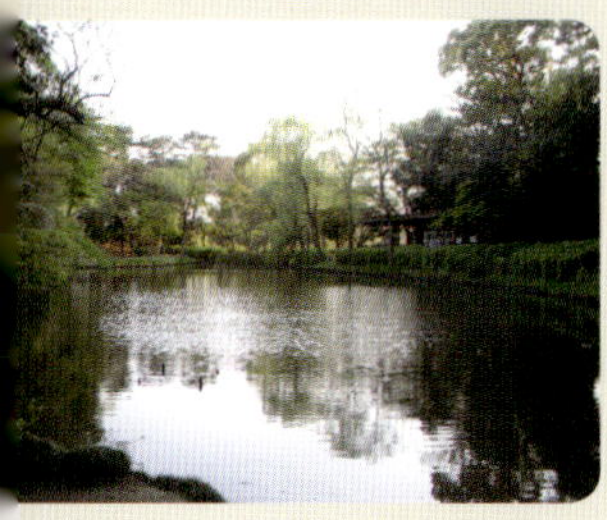

国土交通省国土地理院発行「1/10000地形図」

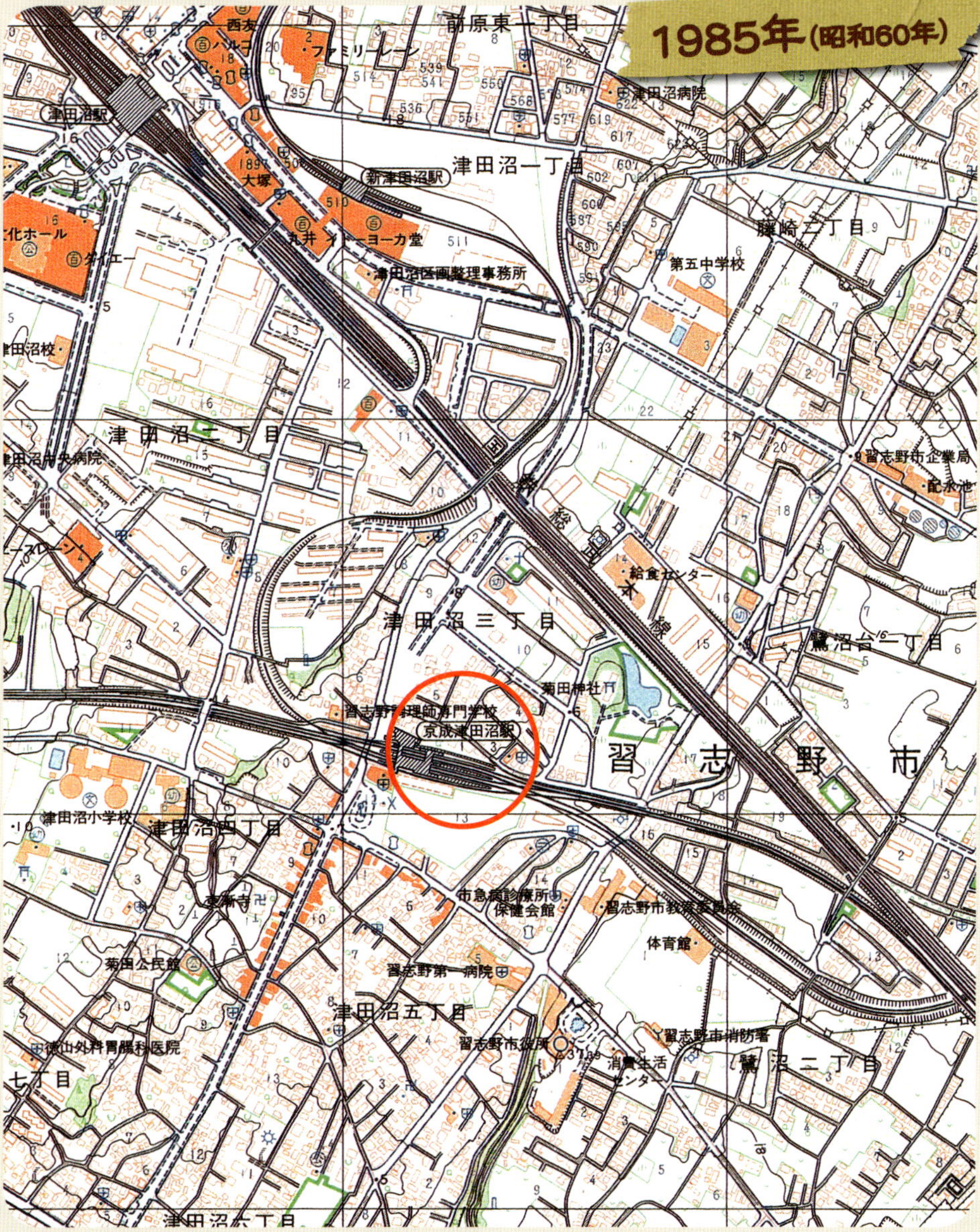

この時期、国鉄津田沼駅の周辺で活発に再開発が進んでいたことが、新津田沼駅の位置の変化や津田沼区画整理事務所の存在から見て取れる。駅前には西友、パルコのほか、丸井やイトーヨーカドーが開店し、「津田沼戦争」といわれた商戦を繰り広げていた。一方、京成津田沼駅の南側でも、京成の工場が移転し、再開発が進められようとしていた。そうした中、古い歴史をもつ菊田神社の池周辺は整備され、公園となりつつあった。市役所周辺には複数の公共期間が誕生している。

専売局津田沼試験場内の塩田(大正期)

千葉の海岸では広い範囲で製塩が行われていた。行徳や船橋が有名であるが、津田沼にも専売局津田沼試験場が置かれ、塩が作られていた。

鉄道第二連隊(昭和戦前期)

陸軍鉄道第二連隊による、軽便鉄道運転演習の実況である。

京成本線

京成大久保、実籾

江戸時代に新田開発。戦前は軍都が発展

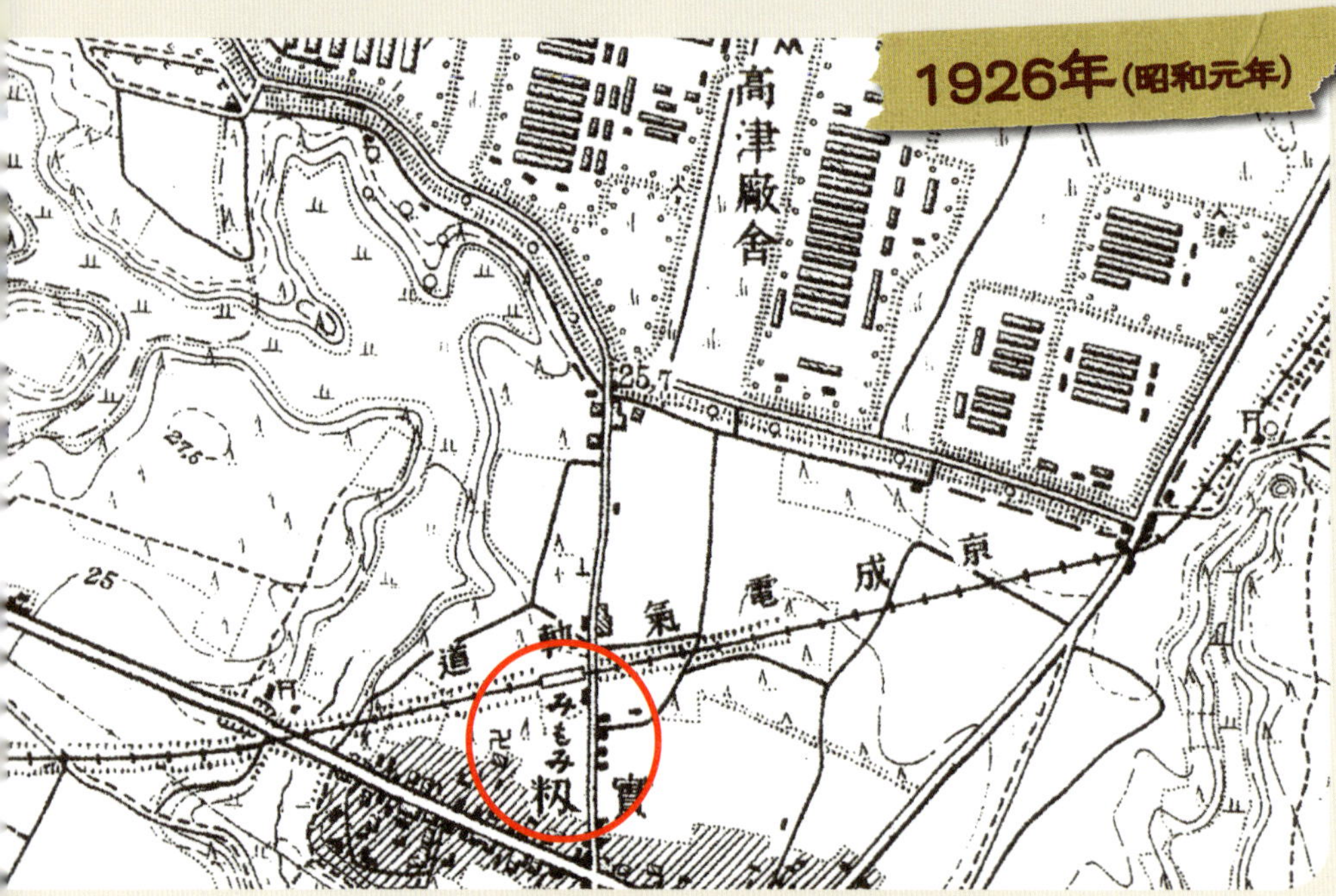

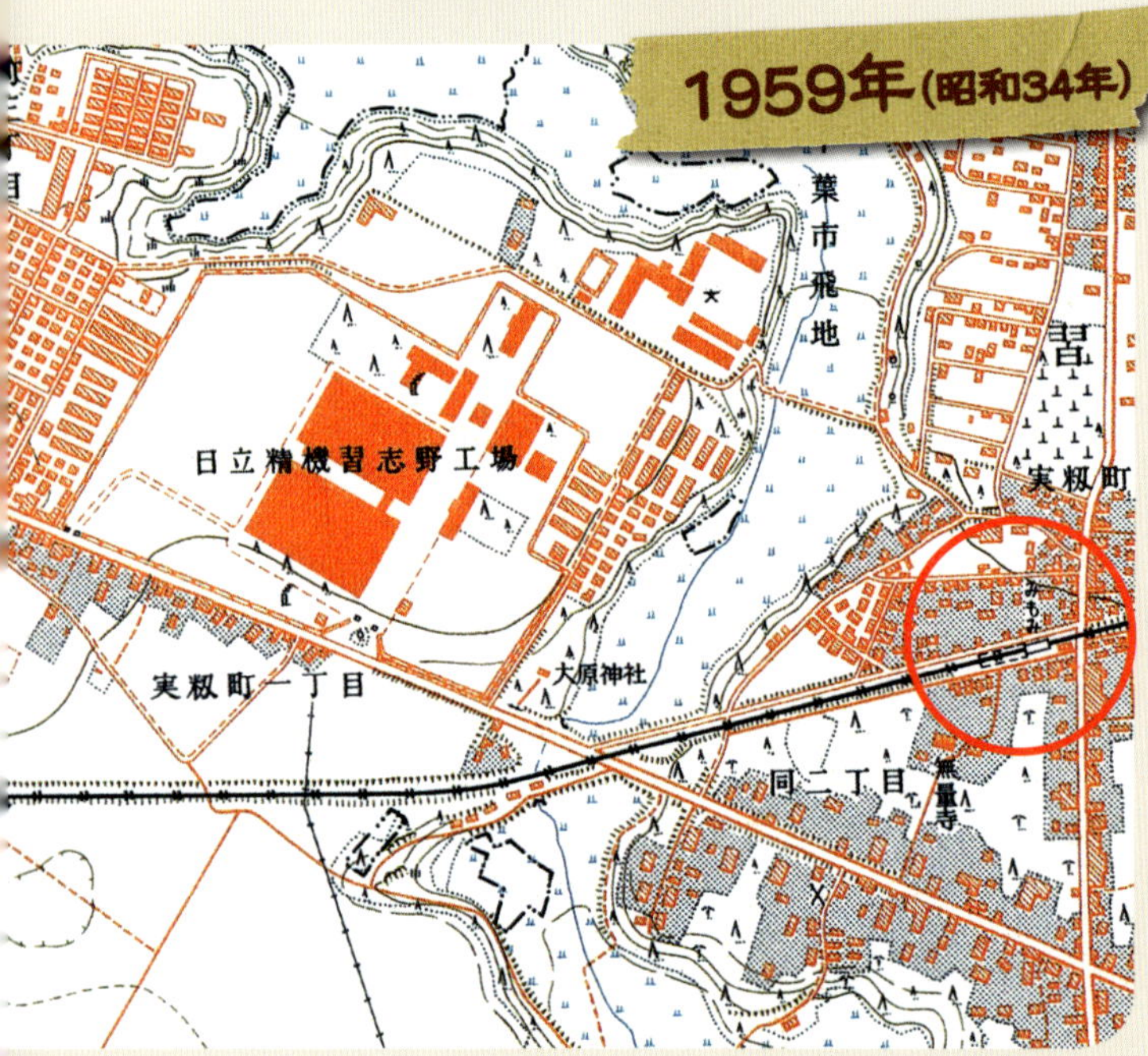

京成大久保駅の北側、騎兵連隊が置かれていた場所は、文教地区に変わり、日本大学理工学部や東邦大学薬理学部、千葉大学医学部分院、国立療養所などに変わっている。一方、高津廠舎の跡地は、日本精機習志野工場となった。この工場が撤退した後、現在は日本大学生産工学部実籾キャンパスとなっている。両駅の中間付近、京成本線の北側に見える円形の学校(校舎)は、習志野市立第二中学校である。この円形校舎は、1958(昭和33)年に建設され、1979(昭和54)年まで存在した。

京成大久保駅

開業年	1926(大正15年)12月9日
所在地	習志野市本大久保3−10−1
キロ程	32.1㎞(京成上野起点)
駅構造	地上駅／2面2線
乗降客	34,097人(2016年度)

実籾駅

開業年	1926(大正15年)12月9日
所在地	習志野市実籾1−1−1
キロ程	34.0㎞(京成上野起点)
駅構造	地上駅(橋上駅)2面2線
乗降客	24,238人(2016年度)

五穀豊穣を祈願した実籾

京成津田沼駅で千葉線と分かれた京成本線は、しばらくは南東に進み、やがて北東に向きを変えて京成大久保駅に至る。この京成大久保駅は、1926(大正15)年12月の開業で、当初の駅名は「大久保」であった。1931(昭和6)年に現在の駅名である「京成大久保」に改称されている。

この付近には江戸時代に開発された、大久保新田が存在した。この大久保新田は1889(明治22)年に谷津村、久々田村、鷺沼村、藤崎村と合併して、津田沼村が成立している。現在は習志野市の一部となっている。

次の実籾駅も同じ1926(大正15)年12月の開業である。こちらは開業以来、同じ駅名を保っている。「実籾」の地名は五穀の実、籾のことで、その由来には籾(穀物)がよく実ってほしい願いから付けられたという説、二宮神社との関係から名付けられたという説が存在する。

京成本線は、この京成大久保駅と実籾駅との中間で、東に進む東金街道(千葉県道69号)と交差する。この街道は江戸時代初期、徳川家康が土井利勝に命じて造らせた東金御成街道の一部で、鷹狩りの際などに利用されていた。

明治から昭和戦前期にかけて、このあたりは「軍都(軍隊の都)」といわれた「習志野」の中心のひとつで、第13〜16の4つの騎兵連隊が置かれていた。その後、この騎兵連隊の代わりに戦車連隊や習志野学校が誕生する。太平洋戦争まさに軍都・習志野にふさわしく、京成本線の大久保（現・京成大久保）駅の北側には、第13～16の騎兵連隊、実籾駅の北側には高津廠舎が広がっている。京成線の北側を津田沼方面から走ってきた軍用機関鉄道（鉄道連隊演習線）は、大久保駅の先で大きくカーブして北に方向を変え、さらに高津廠舎方面に進んでいた。京成本線は、2つの駅の中間で、千葉県道69号と交差している。この区間の道路は戦前、国道特1号に制定されていた。

帝国陸軍陸地測量部発行「1/10000地形図」

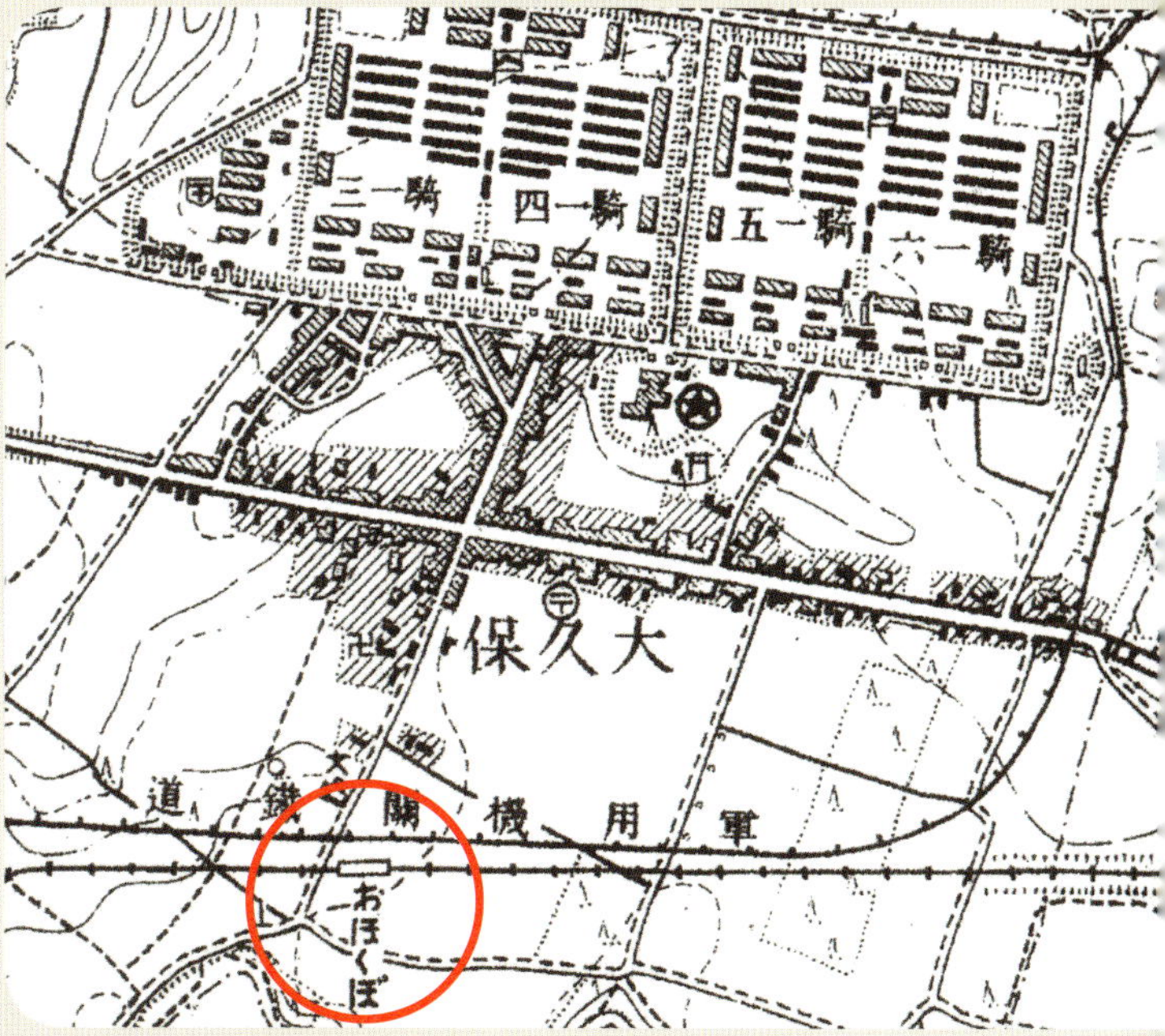

建設省地理調査所発行「1/10000地形図」

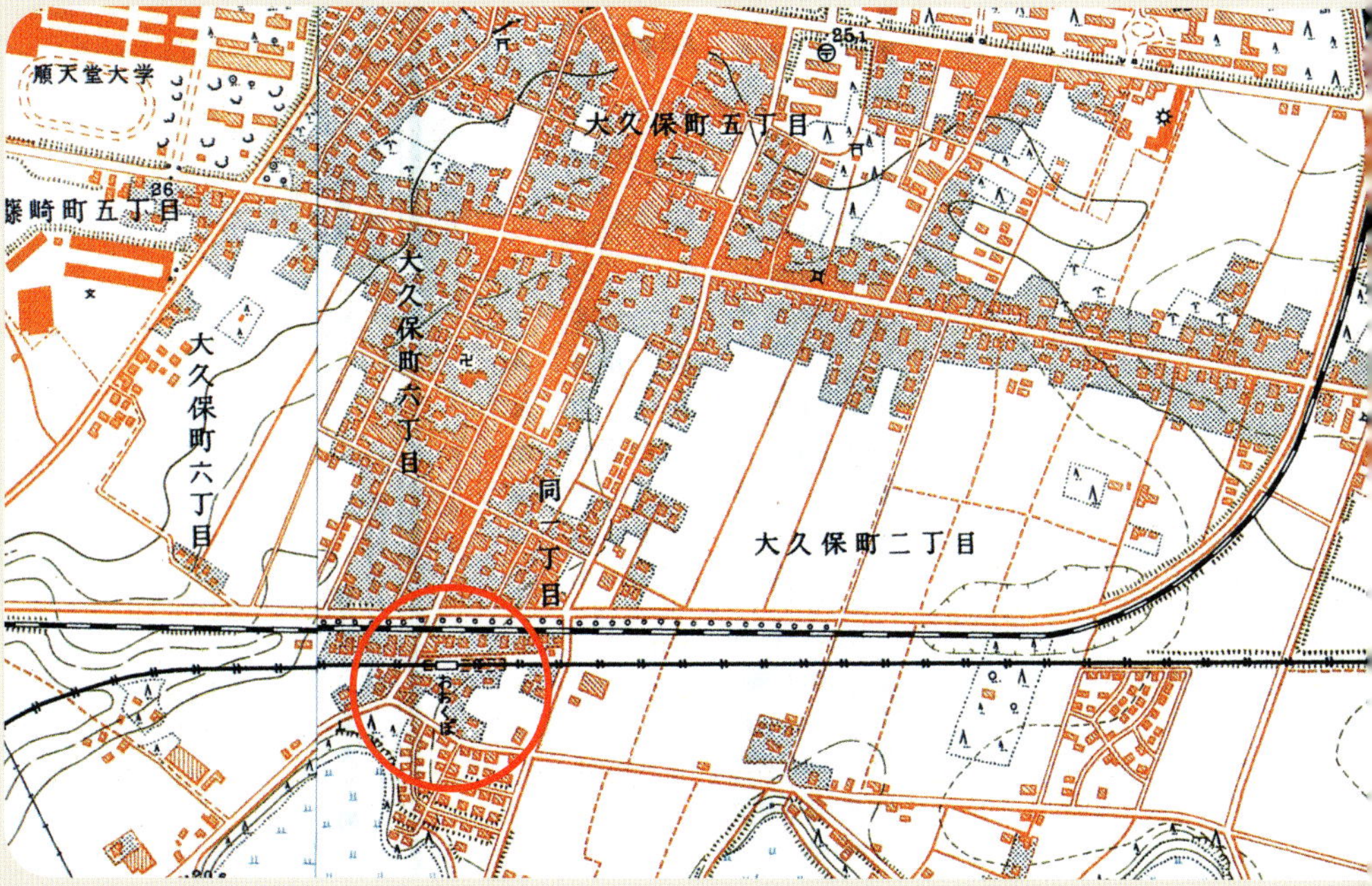

後、その跡地は日本大学や東邦大学、千葉大学、国立療養所などとなっていた。現在も東邦大学習志野キャンパス、日本大学生産工学部、東邦大学附属中学校・高校、習志野病院などが存在する。

実籾駅（昭和戦前期）

実籾駅のホームに成田行きの電車が停車している。実籾駅は1926（大正15）年に開業した。

習志野市中央公園

京成大久保駅から徒歩2分ほどの好立地にある、"タコ公園"の愛称で親しまれる公園。理由は、広場の真ん中にある遊具（すべり台）がタコの姿になっているからだ。園内でひと際目を引く。野球場・パークゴルフ場などもある、多目的公園として地域の人たちに利用されている。

習志野市本大久保3-12

誉田八幡神社

社伝によると、延宝年間に豊臣方の武将・市角頼母がこの地に移住する際、河内国古市郡誉田村（現・大阪府羽曳野市）の誉田八幡宮を勧請して創建したという。なお市角頼母は大久保新田の開祖。神主は市角氏の世襲で、1827（文政10）年と明治2年の神道裁許状が伝わっている。

習志野市大久保4-5-19

帝国陸軍陸地測量部発行「1/25000地形図」

1926年（昭和元年）

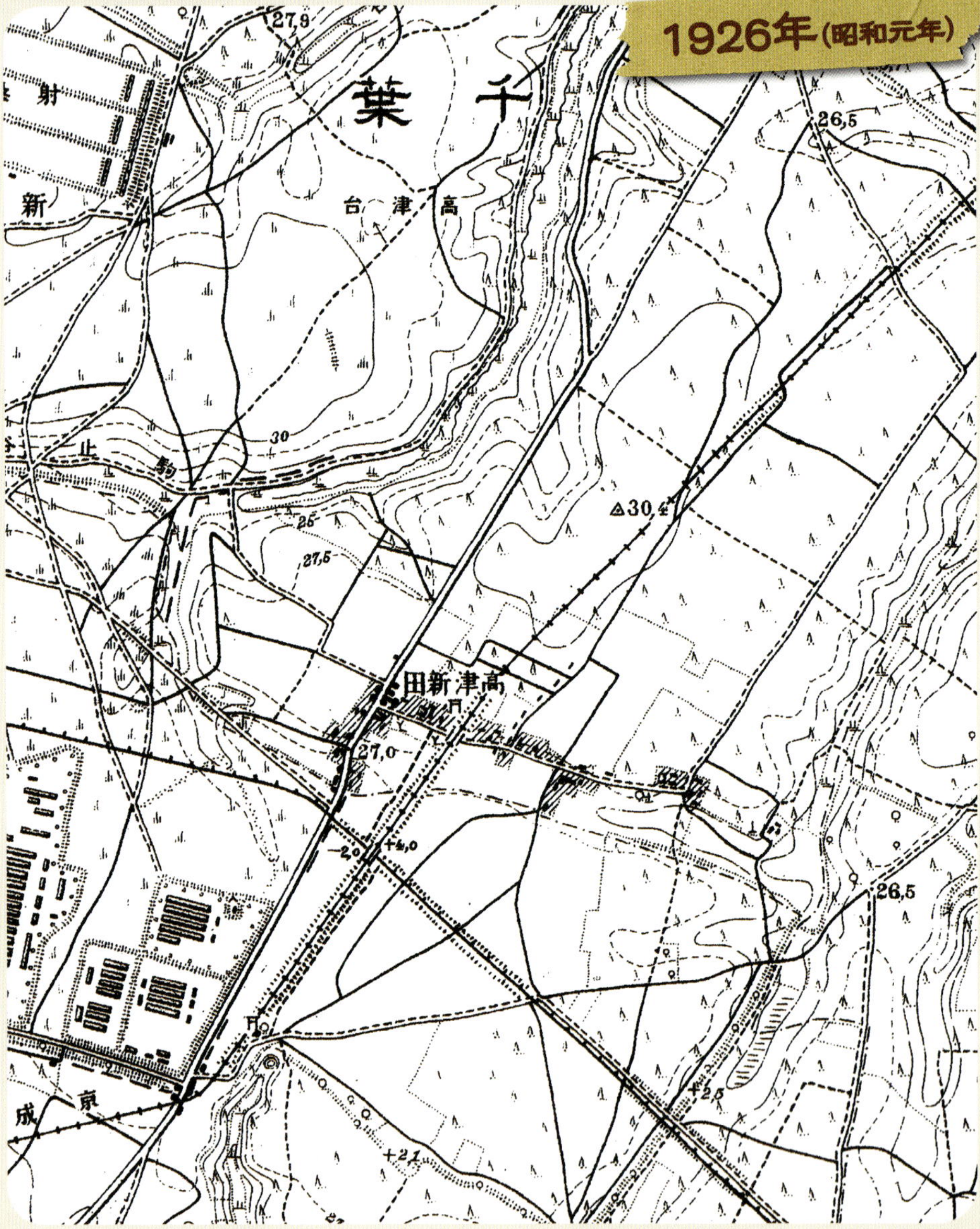

地図上を斜めに京成電気軌道（京成本線）が走っており、左下には高津廠舎が出来ている。このあたりは日露戦争、第一字世界大戦において、捕虜収容所となっていた場所である。この先（北）は、実籾台、高津台という台地があり、中間は駒止め谷で、川が流れていた。台地上には新練兵場、射撃場が造られている。また、現在の千葉県道262号付近に、高津新田が存在する。現在、このあたりは八千代台西市民の森が誕生している。「高津新田」の文字の下に見える鳥居の地図記号は諏訪神社である。

京成本線

八千代台

1956年に新駅、住宅地も開発された

開業年	1956（昭和31年）3月20日
所在地	八千代市八千代台1－0
キロ程	36.6㎞（京成上野起点）
駅構造	地上駅（橋上駅）2面4線
乗降客	46,514人（2016年度）

駅周辺には多くの小学校

実籾駅を過ぎてしばらくすると、京成本線は千葉県道262号を越え、西側を走ることとなる。しばらくは千葉市花見川区内を走った後、八千代市に入る。次の駅は1956（昭和31）年に開業した八千代台駅である。この駅は現在、島式ホーム2面4線の地上駅で、橋上駅舎を有し、京成本線の全列車が停車する主要駅となっている。

「八千代」の地名は比較的新しく、1954（昭和29）年に大和田町と睦村が合併する際に公募で選ばれている。その後、1955（昭和30）年から、日本住宅公団（現・UR）により日本初の大規模住宅団地「八千代台団地」の建設が始まった。その後も1967（昭和42）年、南側の千葉市内にマンモス団地である「花見川団地」が建設され、地域住民の数が一挙に増加した。

それ以前、このあたりは「習志野原」と呼ばれ、戦前には高津廠舎といった陸軍の施設が数多く存在していた。その跡地は現在、陸上自衛隊習志野駐演習場となっているほか、企業の工場などに転用されている。八千代台駅の西側には、そのひとつの日鉄住金SGワイヤの習志野工場が置かれている。

八千代台団地などの住宅、団地が開かれたおかげで、この八千代台駅の周辺には多くの学校が建設されることになった。小学校だけでも、駅の西側に八千代台小学校、八千代台西小学校があり、東側に八千代台東小学校が存在する。また、市境を越えた南東には、千

陸上自衛隊習志野演習場

住宅地の中に広大な敷地を有する陸上自衛隊の演習場。「習志野演習場」という名称だが、所在地は船橋市と八千代市にある。習志野駐屯地の東方にあり、主に空挺団に所属する自衛官が各種の訓練を行っている。演習場の一角には分屯基地施設が設置されている。

八千代台団地

千葉県北西部の八千代市は、ベッドタウンとして急激な発展を遂げた。市内には大規模な住宅団地が点在するが、その先陣を切ったのが、日本初の住宅団地「八千代台団地」だ。最寄り駅の京成八千代台駅西口前のロータリーには、「住宅団地発祥の地」という石碑が建っている。

八千代市八千代台西6-8-1

京成バラ園

八千代台駅からは少々離れているが、八千代緑が丘駅と八千代中央駅の中間付近の東葉高速線沿いには、京成バラ園が存在する。ここでは年間を通して、1500品種1万株のバラを中心にした草花、樹木を鑑賞できるほか。コンサート、展示会も開催されている。

建設省地理調査所発行「1/25000地形図」

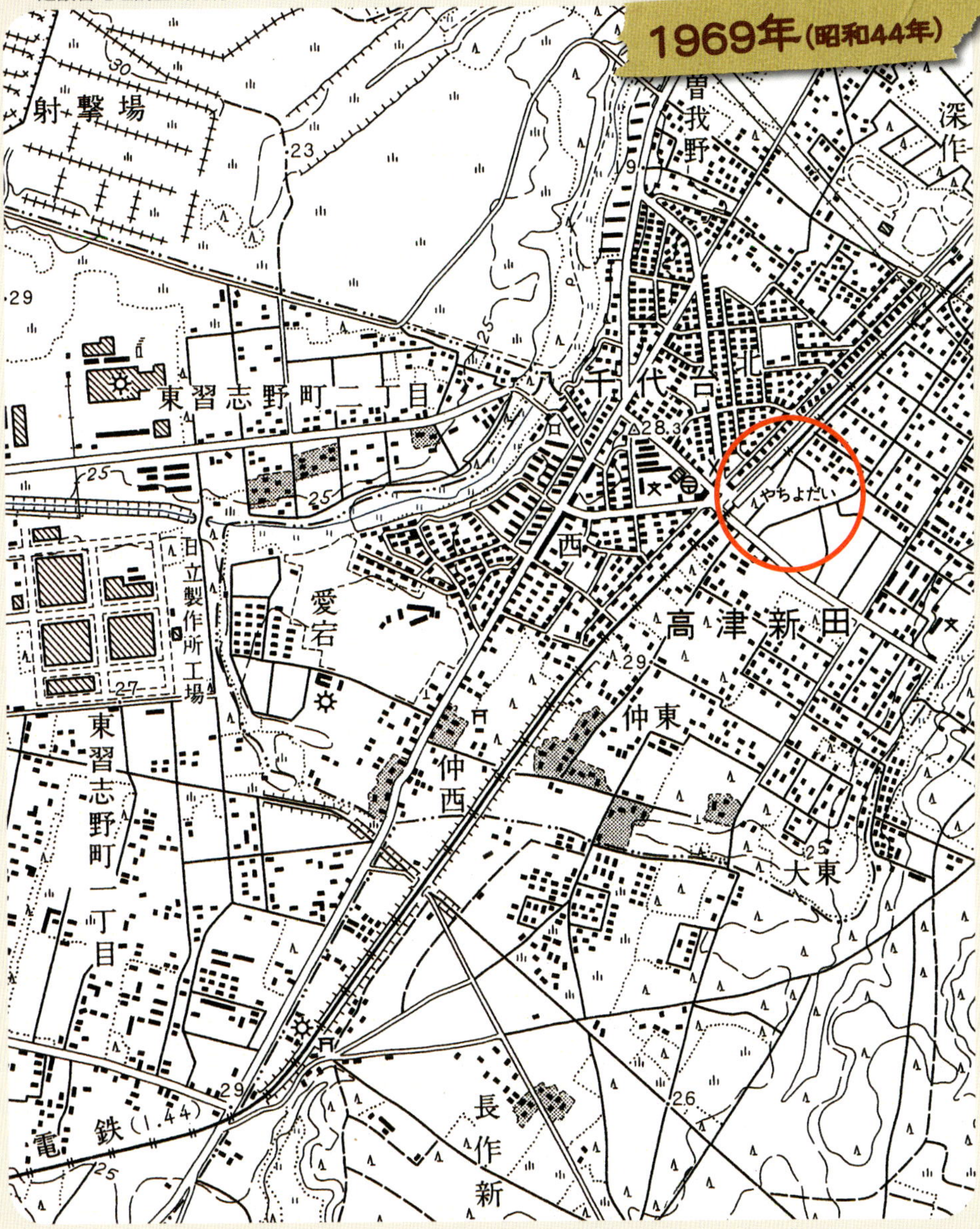

京成本線上には、1956(昭和31)年に八千代台駅が開業している。その2年前の1954(昭和29)年には、大和田町と睦村と合併し、八千代町が誕生していた。この地図のあたりは、八千代市と千葉市、習志野市、船橋市の境界が入り組んでいる場所である。京成本線の西側を走る県道262号は、北側部分も整備されている。西側にあった旧陸軍用地は、陸上自衛隊習志野(駐屯部隊)演習地に変わっている。中央左の東習志野町には、日立製作所工場が誕生している。

葉市立花見川小学校が置かれている。この学校の北側には、1981(昭和56)年に開校した千葉県立柏井高校がある。この高校の東側を、新川の下流にあたる花見川が流れている。

高津東厩舎(昭和戦前期)

高津東厩舎の表門から見た厩舎の風景。現在の東習志野3丁目付近に存在した。

帝国陸軍陸地測量部発行「1/25000地形図」

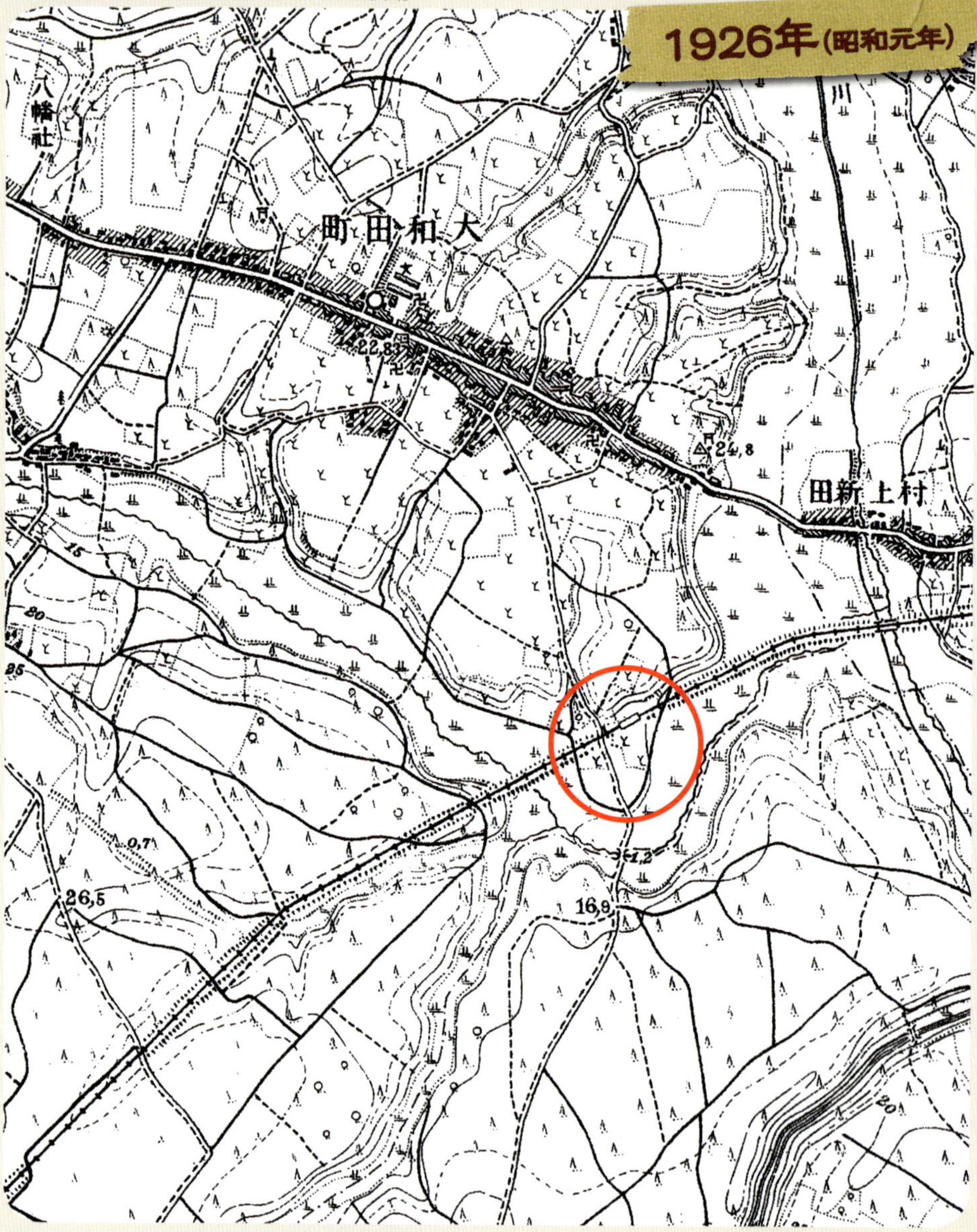

地図の北側を佐倉街道(国道296号)が東西に走っており、右上の村上新田付近で、京成電気軌道(京成本線)と出合うこととなる。その手前(南西)に大和田(現・京成大和田)駅が置かれている。この当時、佐倉街道上の大和田宿付近が大和田町の中心で、町役場があった。現在は八千代市役所が置かれている。その左側には八幡(神)社が鎮座している。八幡社の南側には、高津の集落が見えるが、その南側は大和田谷と呼ばれる谷になっている。

京成本線

京成大和田

1926年開業、当時の駅名は「大和田」

開業年	1926(大正15年)12月9日
所在地	八千代市大和田308
キロ程	38.7km(京成上野起点)
駅構造	地上駅/2面2線
乗降客	12,447人(2016年度)

成田街道にあった大和田宿

江戸時代、成田街道(佐倉街道)には、大和田宿が置かれていた。この街道は、水戸街道の新宿追分から現在の市川、船橋、習志野、八千代の市内を通って、佐倉、成田市(成田山新勝寺)に向かうもので、この大和田宿は街道のほぼ中間に位置していた。

かつての大和田宿付近には、当時の繁栄を示す寺院や史跡が残っている。八千代市役所の南側、大和田小学校、大和田中学校と隣接して存在する長妙寺は、日蓮宗の寺院で、八百屋お七の墓があることで知られ、お七はここに生まれ、江戸の商家の養子になったと伝わる。また、国道を挟んだ南側には、時平神社が鎮座する。八千代市には4つの時平神社があり、いずれも藤原時平を祀っている。ここは菅原道真と争った平安時代の貴族である、時平の子孫が開いた土地とされている。

この大和田宿周辺は明治維新後、1889(明治22)年に大和田村、高津村、大和田新田などが合併して、千葉郡に新しい大和田村が発足。早くも2年後(1891年)に町制を施行し、大和田町となっている。1954(昭和29)年に睦村と合併して、八千代町と町名を改めた。1967(昭和42)年に市制を施行し、八千代市と変わった。

京成本線の大和田駅は1926(大正15)年12月に開業している。開業当時の駅名は「大和田」駅で、1931(昭和6)年に現在の駅名である「京成大和田」に変わった。現在は相対式ホーム2面2

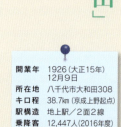

長妙寺（八百屋お七の墓）

1626（寛永3）年建立の長妙寺は、江戸と成田を結ぶ佐倉街道（成田街道）の中間に位置し、成田詣で賑わった江戸時代には宿泊寺として多くの僧が訪れた。本堂横に八百屋お七の墓がある。お七の養母が鈴ヶ森の刑場から遺骨をもらい受け、ここに埋葬した、と寺の過去帳に記されているそうだ。

八千代市萱田町640

小板橋時平神社

八千代市内には藤原時平を御祭神とする「時平神社」が、萱田町、大和田、小板橋、萱田下の4か所に鎮座している。そのひとつである小板橋時平神社は、1941（昭和16）年に大和田から分社して創立された。参道には真新しい岡崎型狛犬が並び、覆屋がある社殿には三面に狛犬の浮き彫りがある。社殿の三面の彫り物は大和田とも共通している。

八千代市大和田311
小板橋青年館隣

建設省地理調査所発行「1/25000地形図」

1969年（昭和44年）

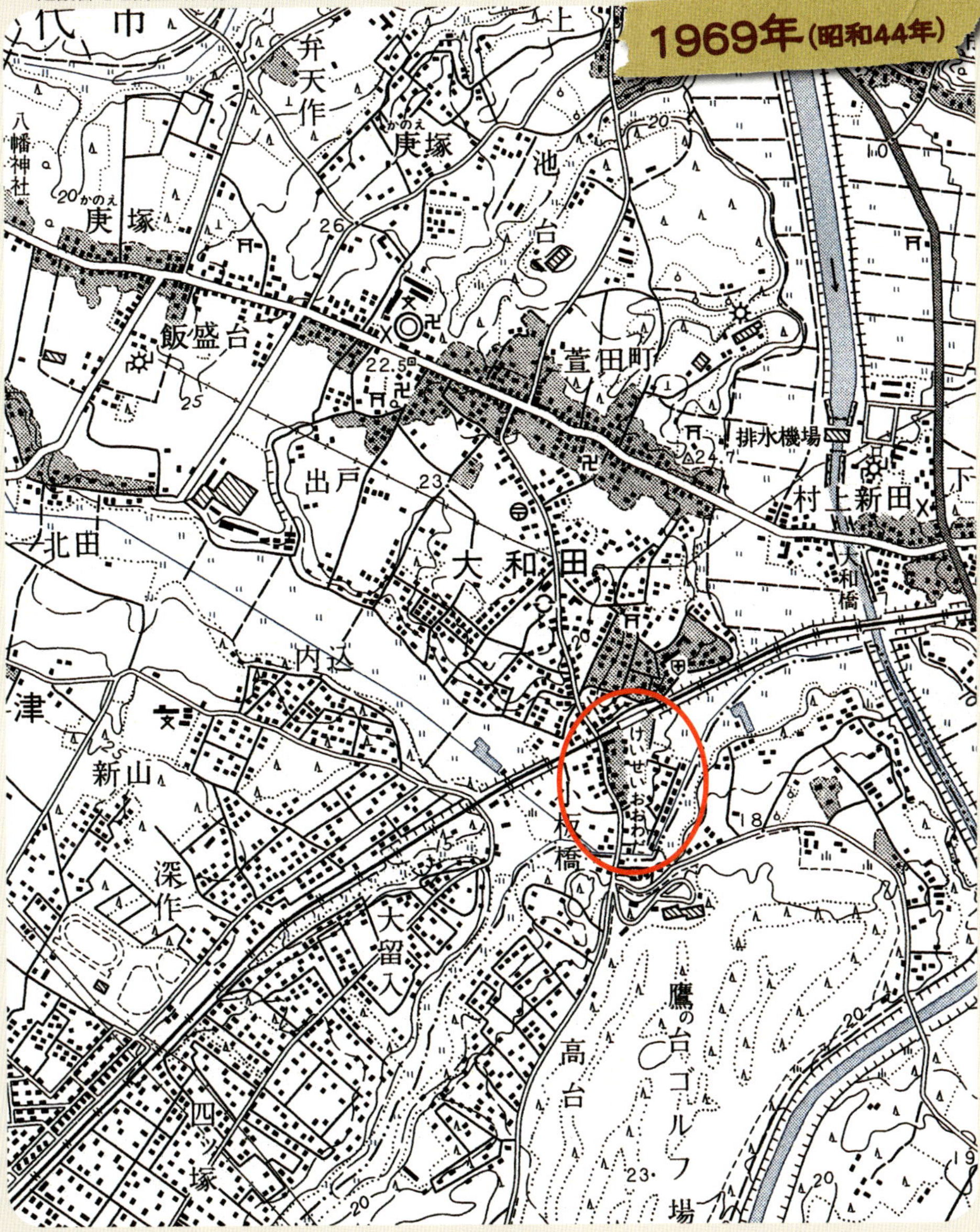

京成大和田駅から八千代市役所に向かう千葉県道201号が整備され、駅の周辺をはじめとして京成本線の沿線には住宅がかなり増えている。佐倉街道（国道296号）沿いの集落も規模が拡大している。村上新田付近を南北に流れるのは新川で、佐倉街道には大和橋が架けられている。この新川は、印旛沼の水を東京湾に放水する水路で、印旛放水路と呼ばれ、下流では花見川となっている。京成大和田駅の南側、「高台」の地名がある場所には、鷹の台ゴルフ場（鷹乃台カンツリー倶楽部）が生まれている。

線をもつ地上駅となっている。

この大和田町に早くから牧場を開いたのが、多くの方にもなじみがある「興真（コーシン）乳業」である。1906（明治39）年、東京都小石川区（現・文京区）で「興真舎牛乳店」としてスタートし、1927（昭和2）年に「興真牛乳」と社名を改めた。現在は牛乳のほか、果汁飲料、ヨーグルトなど幅広い食品を生産する会社である。

1928（昭和3）年、当時の大和田町新木戸に66万平方メートルの大きな牧場を開き、戦後に牛乳処理工場を建設した。現在は「興真乳業」として、八千代市大和田新田に八千代事業所、千葉工場をもっている。

陸軍士官学校生徒合同演習（大正期）

広大な習志野原では、陸軍士官学校の生徒などが、実戦さながらの演習を行っていた。

帝国陸軍陸地測量部発行「1/25000地形図」

この当時、大和田（現・京成大和田）～志津間に駅はなく、西に「下市場」と東に「井野新田」の地名だけが見える。勝田台駅が設置されるのは、1968（昭和43）年である。京成本線の北側を走るのは成田街道（佐倉街道、国道296号）である。西側には新川（花見川）が流れており、耕作地となっていた。南側は大和田町飛地であり、「勝田台」とともに「勝田」の地名も見える。大和田町飛地の付近を南北に通る道路はその後、国道16号（東京環状）として整備されることとなる。

京成本線

勝田台

東葉高速線との連絡駅。1968年開業

開業年	1968（昭和43年）5月1日
所在地	八千代市勝田台1−8−1
キロ程	40.3㎞（京成上野起点）
駅構造	地上駅／2面2線
乗降客	54,396人（2016年度）

勝田台団地の最寄り駅

京成本線は京成大和田駅を過ぎると、間もなく新川（花見川）を渡り、今度は国道16号の下を通って、東に進んでゆく。この付近から、北側を成田街道（佐倉街道、国道296号）が並行するように走ることとなる。次の勝田台駅は、東葉高速鉄道東葉高速線の終着駅である、東葉勝田台駅との連絡駅になっている。

勝田台駅は1968（昭和43）年5月に開業した。当初は橋上駅舎をもつ地上駅であった。1996（平成8）年に東葉高速線が開業して、東葉勝田台駅が開業。翌年（1997年）に、コンコースと改札口は地下化され、地下駅である東葉勝田台駅との連絡する構造に変わった。

駅の所在地は八千代市勝田台北3丁目で、市境付近に置かれ、東側は佐倉市である。駅の南西には県立八千代高校がある。この高校は、1952（昭和47）年、佐倉第二高校の大和田分校としてスタートし、1966（昭和41）年に八千代高校として独立した。当初は女子校であったが、この翌年から男女共学となっている。

「勝田台」の地名は、江戸時代から勝田村が存在したことによる。「勝（かち、かつ）」は崖（がけ）を示している。もともとは竹藪などが多い場所であったが、昭和40年代前半から、千葉県住宅供給公社による駅南側の勝田台団地の開発が行われた。現在は北側に村上団地などが誕生し、駅周辺はすっかり住宅地に変わっている。

建設省地理調査所発行「1/25000地形図」

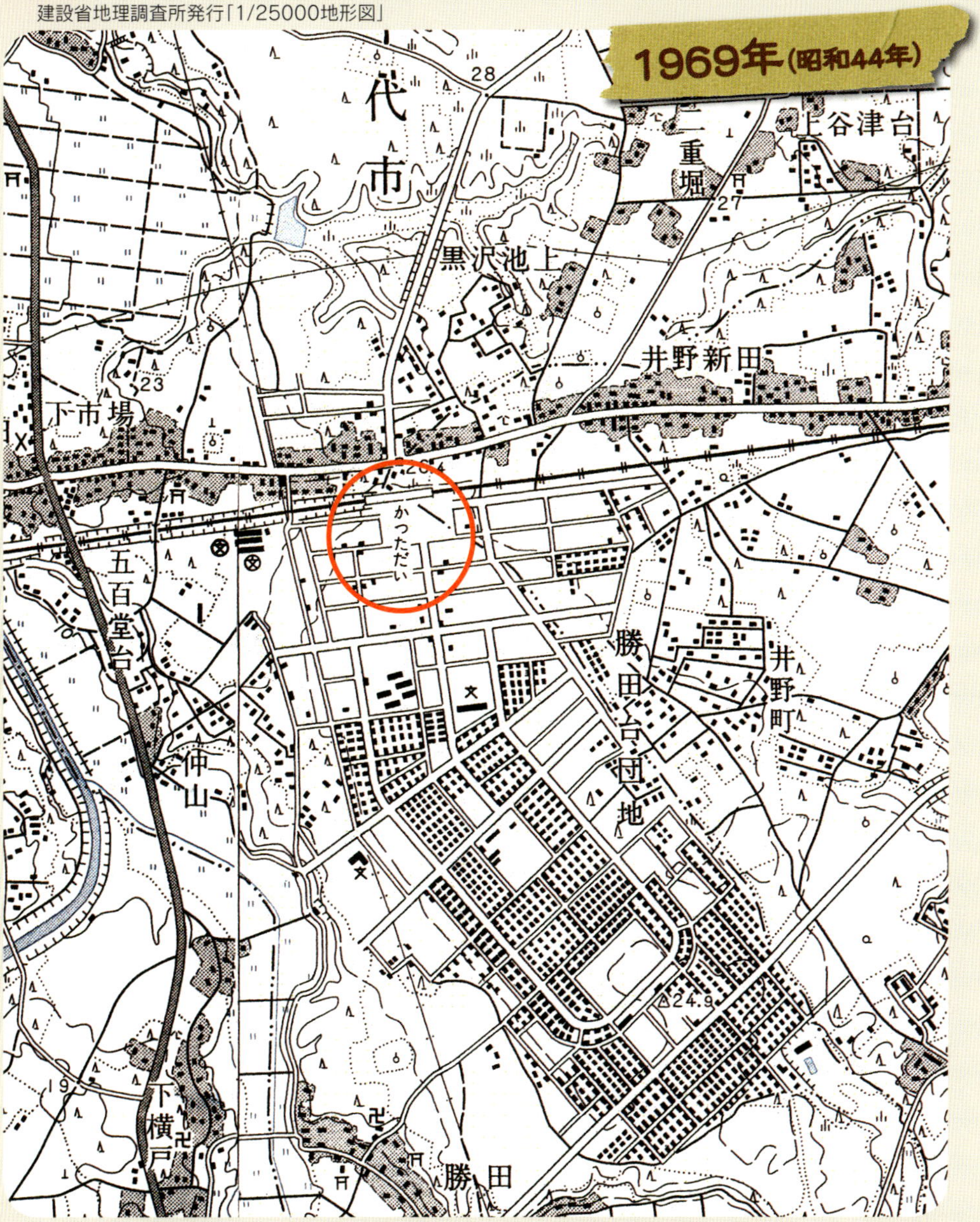

京成本線には勝田台駅が開業し、南側には勝田台団地が開発されている。団地の東側には「井野町」の地名が残っているが、現在は広い範囲で「勝田台」の住居表示が使われている。このすぐ東側は、佐倉市西志津となっている。団地内には既に勝田台小学校、勝田台中学校が開校している。西側の新川(花見川)、国道16号はきれいに整備されている。また、勝田台駅の南西には、県立八千代高校が1964(昭和39)年に移転し、サッカーの強豪校となっている。

勝田台中央公園

2013(平成25)年にリニューアル・オープンした勝田台中央公園には、小体育館が加わり、施設がさらに充実した。ここにはほかに花壇や芝生広場、多目的広場、健康遊具広場などがある。

八千代市立郷土博物館

1993(平成5)年に開館した現在の八千代市郷土博物館は、「新川流域の自然と人々のかかわりの変遷」をテーマに考古、歴史、産業、自然といった幅広い分野の展示を行っている。また、企画展や体験講座なども開催している。

県立八千代広域公園

新川に沿って開かれた県立公園。八千代市総合グラウンド、八千代立中央図書館などがあり、夏には八千代ふるさと親子祭りの会場となる。

ここで、東葉高速線についても触れておきたい。東葉高速鉄道は営団地下鉄（現・東京メトロ）の延長線として計画され、1996（平成8）年4月に開通した。始発駅は、当時の国鉄線・東西線と接続する西船橋駅であり、終着駅は京成本線の勝田台駅と連絡する東葉勝田台駅であった。当初から行われていた東西線との相互直通運転は、現在も続けられ、一部の列車はJR中央線の三鷹駅まで運転されている。

起点である西船橋駅の次の駅は東海神駅で、飯山満駅の先にある北習志野駅で、新京成線と接続している。さらに船橋日大前駅、八千代緑が丘駅、八千代中央駅と東に進み、村上駅を過ぎると南に方向を変えて、終点の東葉勝田台駅に至る。全長は16・2キロである。

この東葉高速鉄道は、バブル期の土地高騰や建設費の増加で、大きな債務を抱えており、赤字経営が続いている。そのため、運賃が高いこともマスコミなどに取り上げられている。近年は沿線のベッドタウン化が進み、収支は幾分改善している。

東葉勝田台駅の隣駅である村上駅は、地下駅である東葉勝田台駅と異なり、高架駅となっている。所在地は八千代市村上南1丁目で、北東には村上団地が存在する。また、国道16号沿いの北側には、八千代市立郷土博物館がある。この西側には、新川の畔に県立八千代広域公園、八千代市総合運動公園も存在する。

帝国陸軍陸地測量部発行「1/25000地形図」

京成本線の志津駅の開業は1928(昭和3)年であり、前年(1927)年に作成されたこの地図には見えない。駅の置かれる付近まで、京成本線は佐倉街道(成田街道、国道296号)と並んで走り、中央付近で分かれることとなる。
この当時は志津村であり、西側が「上志津」、東側が「下志津」となっている。「志津村」の文字が見える付近に存在する「文」の地図記号は、現在の佐倉市立上志津小学校である。現在このあたりは佐倉市の一部となっている。

京成本線

志津、ユーカリが丘

歴史の古い志津に、ユーカリが丘を開発

志津駅

開業年	1928(昭和3年)3月18日
所在地	佐倉市上志津1669
キロ程	42.1㎞(京成上野起点)
駅構造	地上駅(橋上駅)2面2線
乗降客	16,193人(2016年度)

ユーカリが丘駅

開業年	1982(昭和57年)11月1日
所在地	佐倉市ユーカリが丘4−8−2
キロ程	43.2㎞(京成上野起点)
駅構造	地上駅(橋上駅舎)2面3線
乗降客	22,446人(2016年度)

新交通システムと連絡

1926(大正15)年12月、京成本線の津田沼(現・京成津田沼)～酒々井(京成酒々井)間の延伸が実現したときには、大和田(現・京成大和田)～臼井(現・京成臼井)間には、中間駅が存在しなかった。その後、加わった3駅の中で最も古いのは、志津駅である。

江戸時代には、上志津村、下志津村が存在し、1889(明治22)年には井野村などと合併して志津村が成立した。1954(昭和29)年に佐倉町、臼井町などと合併し、佐倉市が成立し、その一部となった。一方、現在の四街道市にも「下志津新田」の地名が見える。ここは四街道市になる前は、千代田村(町)で、「下志津原」とも呼ばれ、戦前には陸軍野砲兵学校や下志津陸軍飛行学校などが置かれていた。

志津駅は1928(昭和3)年3月に開業した。その後、勝田台駅、ユーカリが丘駅が開業したため、隣駅との駅間はかなり短くなっている。この区間の京成本線は、成田街道(国道296号)の南を並行するように通っている。現在、駅の南側には、マンション・ローズタウン志津駅前が誕生している。

志津駅の西側、井野付近の成田街道沿いには、成田山新勝寺とゆかりの深い歌舞伎役者、市川宗家の七代目市川団十郎が建てた、石碑と常夜灯が残されている。また、「加賀清水」という良質の湧水があり、成田街道を通る旅人がのどを癒したという。志津駅の南西には、千葉氏の一族だった志津氏の居城、志津

佐倉の常夜灯

志津駅の西、国道296号（佐倉街道）の井野交差点付近にある。歌舞伎役者の七代目市川団十郎が建立した成田山道標も残されている。

旧佐倉市立志津小学校青菅分校跡

現在のユーカリが丘の北側において、分教場として出発した旧志津小学校青菅分校。1977（昭和52）年に廃校になり、しばらくの間は、古き良き時代の郷愁が漂う廃墟スポットとなっていた。現在はこの廃校の保存・創成プロジェクトがスタートしている。

建設省地理調査所発行「1/25000地形図」

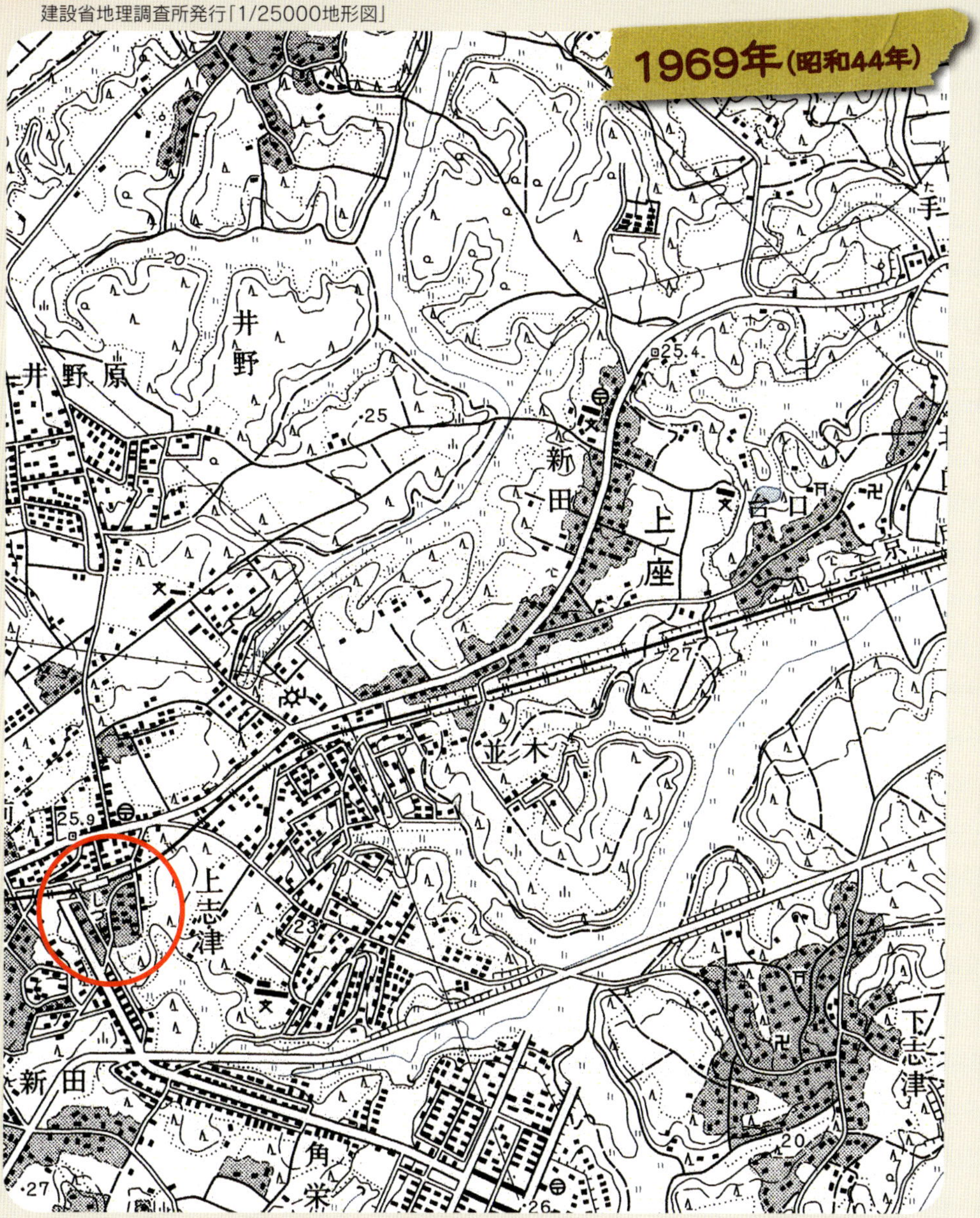

京成本線と国道296号が分かれる付近に、ユーカリが丘駅が開業するのは1982（昭和57）年であり、地図には記載されていない。この東側にあるのは「台口」の集落で、志津小学校が見える。現在はこの北側に、上座総合公園が開園している。また、西側に国道296号のバイパスが開通し、ユーカリが丘2丁目で本道と結ばれている。志津駅の北側には、1947（昭和22）年に志津中学校が開校し、3年後に移転した後、校地を拡大していた。山万ユーカリが丘線はまだ開通していない。

城があった。

次のユーカリが丘駅からは、京成本線は一時、国道296号と少し離れることとなる。京成本線の北側には、上座総合公園があり、志津小学校も存在する。この学校は1876（明治9）年に志津学校として開校した歴史の古い学校である。

ユーカリが丘駅は1982（昭和57）年11月に開業している。この駅からは不動産事業者「山万」が運営する、ラケット型の新交通システム「山万ユーカリが丘線」が北に伸びている。

「ユーカリが丘」の地名は、1971（昭和46）年から山万が開発を始めたニュータウンの名称で、その由来は緑豊かな街を目指して、ユーカリの木の植樹が行われたことによる。現在は地名にも採用されているが、付近には「井野」「井野町」のような古くからの地名も残されている。また、京成本線の南側には「南ユーカリが丘」の地名も誕生している。

京成本線

京成臼井

成田街道の古い宿場町。現在は佐倉市

帝国陸軍陸地測量部発行「1/25000地形図」

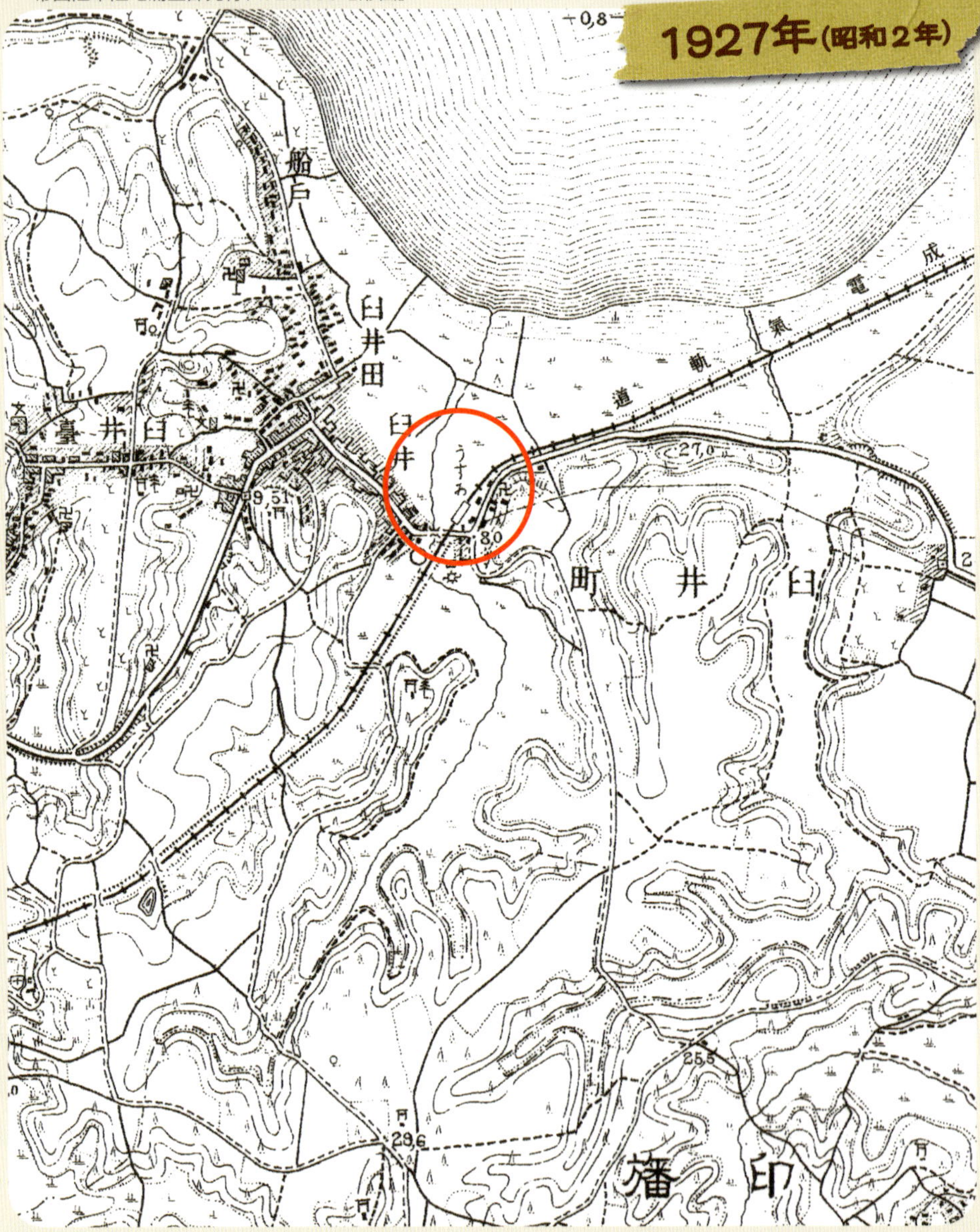

佐倉市になる前の臼井町である。折れ曲がって東に進む成田街道(国道296号)が見え、江戸時代に臼井宿があった街道沿いに家屋が並んでいる。左下からは京成電気軌道(現・京成本線)が北東に走り、成田街道と出合う付近に、臼井駅が置かれている。この駅は後に、南西の現在地に移転している。また、この時期の京成本線は、印旛沼に近い場所を走っていたことがわかる。「船戸」の地名が見える付近に存在するのは、臨済宗妙心寺派の寺院、円応寺である。

開業年	1926(大正15年)12月9日
所在地	佐倉市王子台3−30−3
キロ程	45.7㎞(京成上野起点)
駅構造	地上駅(橋上駅)2面2線
乗降客	20,840人(2016年度)

長島茂雄さんが通った路線

佐倉市内を東に進んできた京成本線は、次第に印旛沼に近づいてゆく。この印旛沼は現在でも千葉県のける最大の湖沼であるが、江戸時代から干拓が試みられ、かつては現在以上の面積を有していた。戦後にようやく干拓が実現し、現在は北部調整池(北印旛沼)と南部調整池(南印旛沼)に分かれ、南北は細い水路でつながっている。京成臼井駅は、南印旛沼の南側に置かれている。

京成臼井駅は1926(大正15)年12月に開業しており、開業時には「臼井」の駅名を名乗っていた。当初の臼井駅は現在の場所から580メートル北東に存在した。1931(昭和6)年に現在の駅名である「京成臼井」に改称。現在地に移転したのは、1978(昭和53)年である。

「臼井」の地名は、もともとは「憂し・井」で、豪雨の際に印旛沼が氾濫し、浸水する不安定な土地だったことに由来する。古くは臼井氏の居城である臼井城が存在した。江戸時代に成田街道の宿場町となり、この臼井宿は成田山新勝寺の参詣客で賑った。

明治維新後、1889(明治22)年に臼井村、臼井田村などが合併して、臼井町が成立。1954(昭和29)年に佐倉町、志津村などと合併し、佐倉市が誕生し、その一部となっている。

この臼井は、「ミスタージャイアンツ」と呼ばれた、プロ野球・読売巨人軍終身名誉監督、長嶋茂雄の故郷として知られる。1936(昭和11)年、当時の臼井町

臼井城址公園

かつて下総地方を支配した千葉氏の一族である臼井氏の居城だった臼井城。戦国時代には原氏の本拠地だったが、1590（天正18）年、豊臣秀吉の小田原攻めの時に落城した。現在は空堀・土塁が残る公園に整備されており、城郭の位置からは印旛沼が一望できる。

佐倉市臼井字城之内

印旛沼

千葉県の北西部（印西・佐倉・成田・八千代市、印旛郡栄町）に広がる利根川水系の湖沼。付近一帯は県立自然公園に指定され、サイクリングロードや遊歩道が整備されている。湖畔ではハスやアサザなどの水生植物が見られる。西方に佐倉市のふるさと広場がある。

成田市北須賀

建設省地理調査所発行「1/25000地形図」

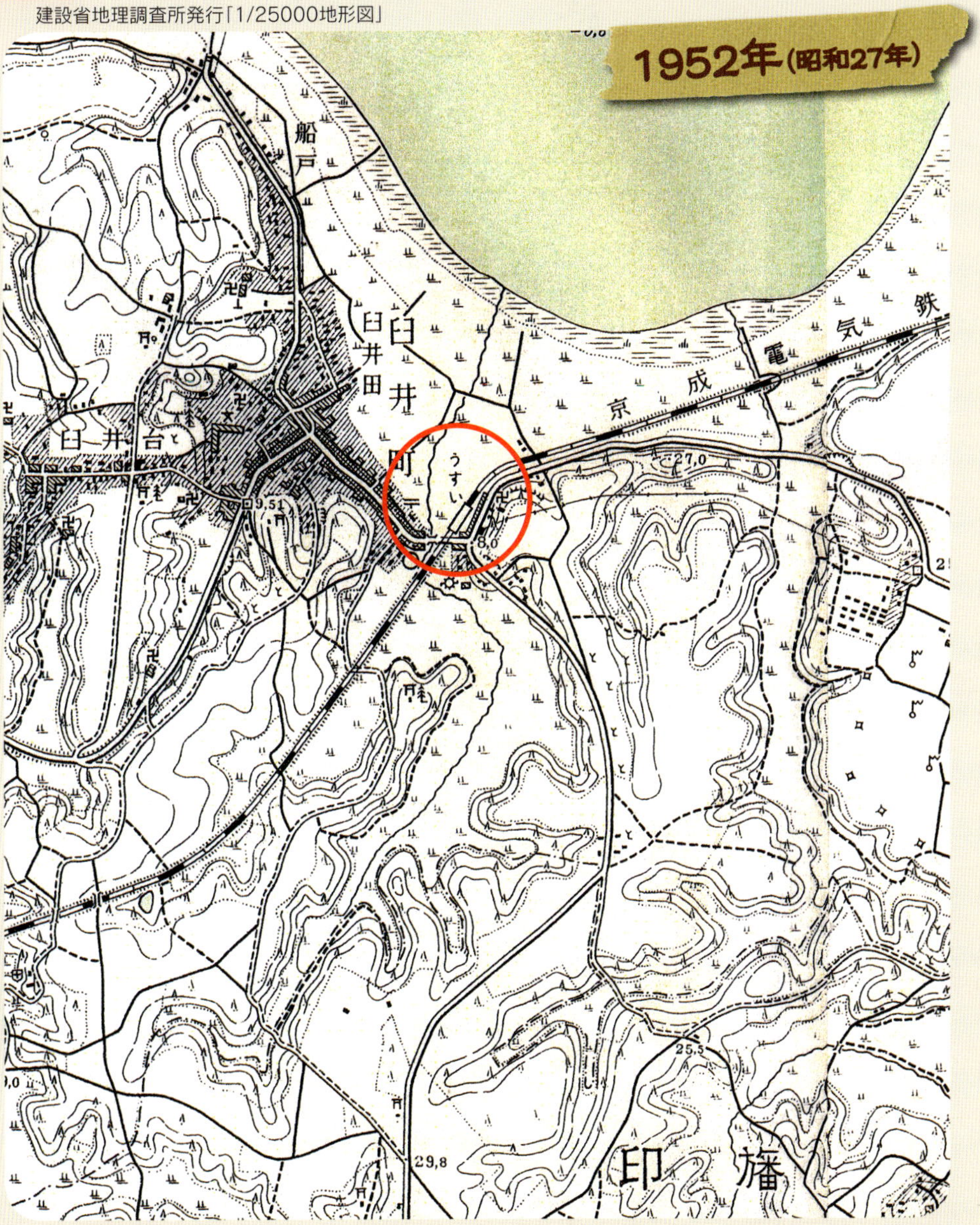

成田街道（国道296号）に向けて、南から上ってくる佐倉街道（県道64号）が整備され、この当時の京成臼井駅付近で合流している。駅はまだ現在地に移転していない。京成臼井駅の西側には、臼井町役場が置かれていた。また、駅の東側に見える寺院は、時宗の光勝寺である。一方、「臼井台」の地名の東側に見える「文」の地図記号は、長嶋茂雄の母校でもある現・佐倉市立臼井小学校。1873（明治6）年に開校し、1世紀半近くの歴史をもった学校である。

の農家の二男として生まれ、地元の県立佐倉第一高等学校（現・佐倉高校）に進んだ。当時はこの駅から、京成佐倉駅まで京成本線で通学していたという。その後、立教大学に進んで、東京六大学リーグのスターとなり、読売巨人軍（ジャイアンツ）における活躍は、今さら言うまでもないだろう。京成臼井駅の北口、南口（2つの駅前広場）には、「ようこそ長嶋茂雄さんのふるさと　佐倉市臼井へ」という歓迎モニュメントが設置されている。

佐倉ふるさと広場

京成臼井駅の北東、京成本線が通る印旛沼の畔には、佐倉ふるさと広場が存在する。佐倉市には佐倉日蘭協会があり、オランダとの交流を続けてきた関係から、ここにはオランダ風車「リーフデ」やオランダ庭園が設けられている。4月の「佐倉チューリップフェスタ」、10月の「コスモスまつり」などのイベント開催時には大いに賑う。

帝国陸軍陸地測量部発行「1/25000地形図」

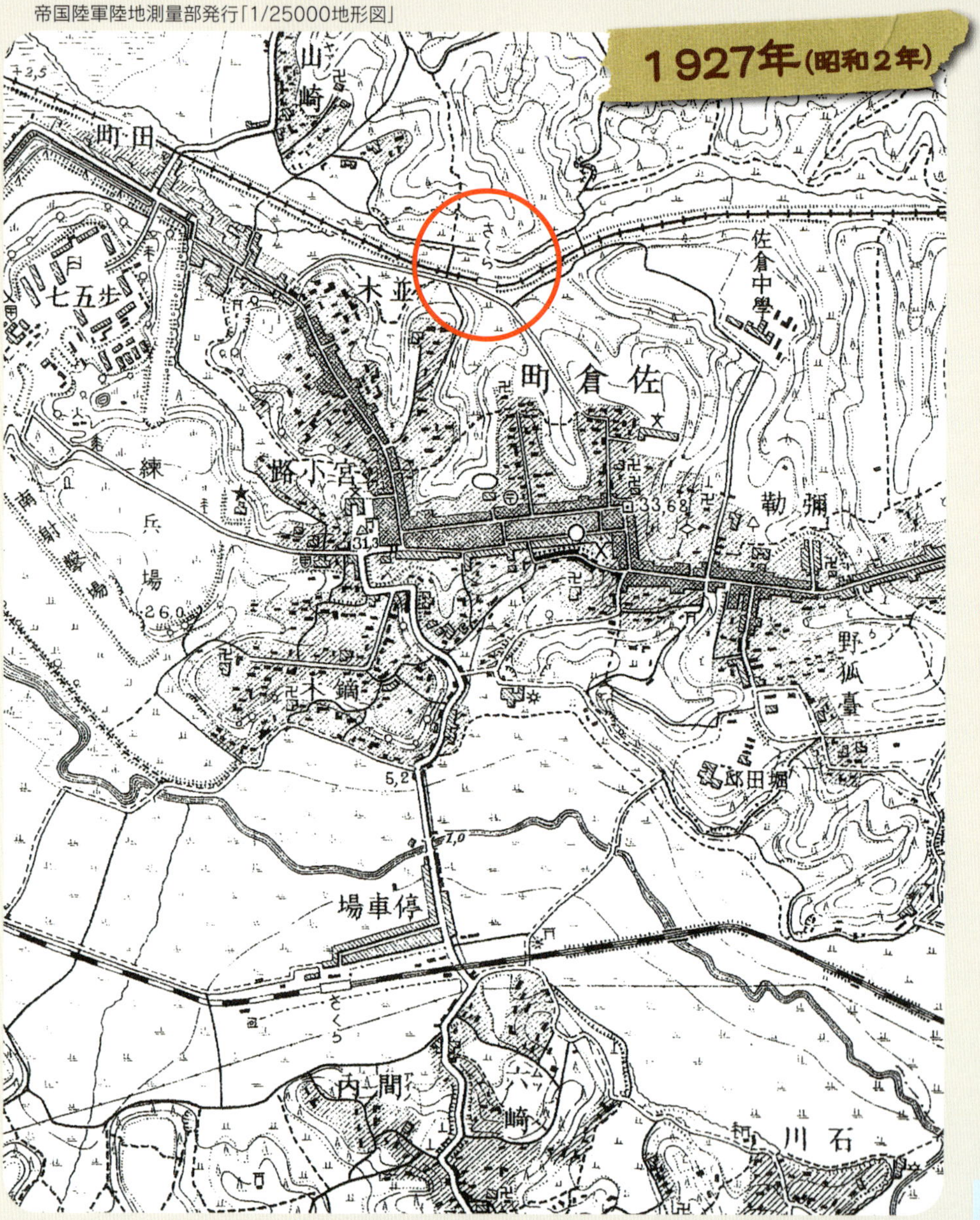

地図の上を京成本線、下を国鉄の総武本線が通り、ともに佐倉駅が置かれている。京成本線の線路の南側には、西に佐倉城跡、東に佐倉中学校が存在する。佐倉城跡には当時の陸軍歩兵57連隊の文字が見え、南側は練兵場、射撃場となっている。また、佐倉中学校は、江戸時代の佐倉藩校がルーツで、名称を変えながら、1899(明治32)年に千葉県佐倉中学校となった。一方、この時期、総武本線の佐倉駅付近はほとんどが農地で、北東に堀田邸が存在した。

京成本線

京成佐倉

11万石の城下町に残る佐倉城址公園

開業年	1926(大正15年)12月9日
所在地	佐倉市栄町1001－5
キロ程	51.0km(京成上野起点)
駅構造	地上駅(橋上駅) 2面4線
乗降客	18,851人(2016年度)

現在は、国立歴史民俗博物館も

京成佐倉駅のある佐倉市は現在、人口約17万人、習志野市に次ぐ千葉県第10位の都市となっている。この中には、都内に通勤・通学する人もかなり多い。佐倉は北総台地の中心部にあたり、江戸時代は堀田氏11万石の城下町であった。

印旛沼から流れる鹿島川、高崎川の畔、鹿島台に築かれたのが、佐倉城である。戦国時代に鹿島氏、千葉氏により築城が試みられ、江戸時代に入り、土井利勝によって、1610(慶長15)年に城はようやく完成した。当初は藩主が入れ替わり、堀田正亮が再入城してからは、堀田氏が代々、藩主を受け継いだ。有力な譜代大名であった堀田氏は、11万石を領し、歴代の藩主が老中など幕府の要職を務めることが多かった。

明治に入ると、陸軍歩兵第2連隊、後に歩兵57連隊の駐屯地となった。現在は佐倉城址公園として整備され、1983(昭和58)年に国立歴史民俗博物館が開館している。また、市街中心部を南北に通る成田街道(国道296号)沿いには、佐倉武家屋敷が残され、観光名所となっている。

佐倉藩は明治維新後、廃藩置県により廃止されたが、佐倉県が置かれた時期もあり、1889(明治22)年に佐倉町が成立。1954(昭和29)年に臼井町、志津村、和田村などと合併し、佐倉市が誕生している。県内では11番目の市であった。

京成佐倉駅は1926(大正15)年12月の開業で、当初は「佐倉」駅を名乗り、

佐倉市立美術館

1994(平成6)年11月に開館。大正時代に建てられた煉瓦造りの旧川崎銀行佐倉支店(千葉県指定有形文化財)の保存と活用を考慮し、佐倉ゆかりの美術館として建設。城下町佐倉の中心部に位置し、周辺には武家屋敷・旧佐倉順天堂など、数多くの史跡が点在する。

佐倉市新町210

佐倉城址公園

佐倉城は、千葉氏一族の中世城郭をもとに江戸時代初期、土井利勝が平山城として築いた。明治維新後には、陸軍歩兵第二連隊(佐倉連隊)が置かれていた。1981(昭和56)年に開館した国立歴史民俗博物館(歴博)は、2年後の1983(昭和58)年から一般公園されている。

建設省地理調査所発行「1/25000地形図」

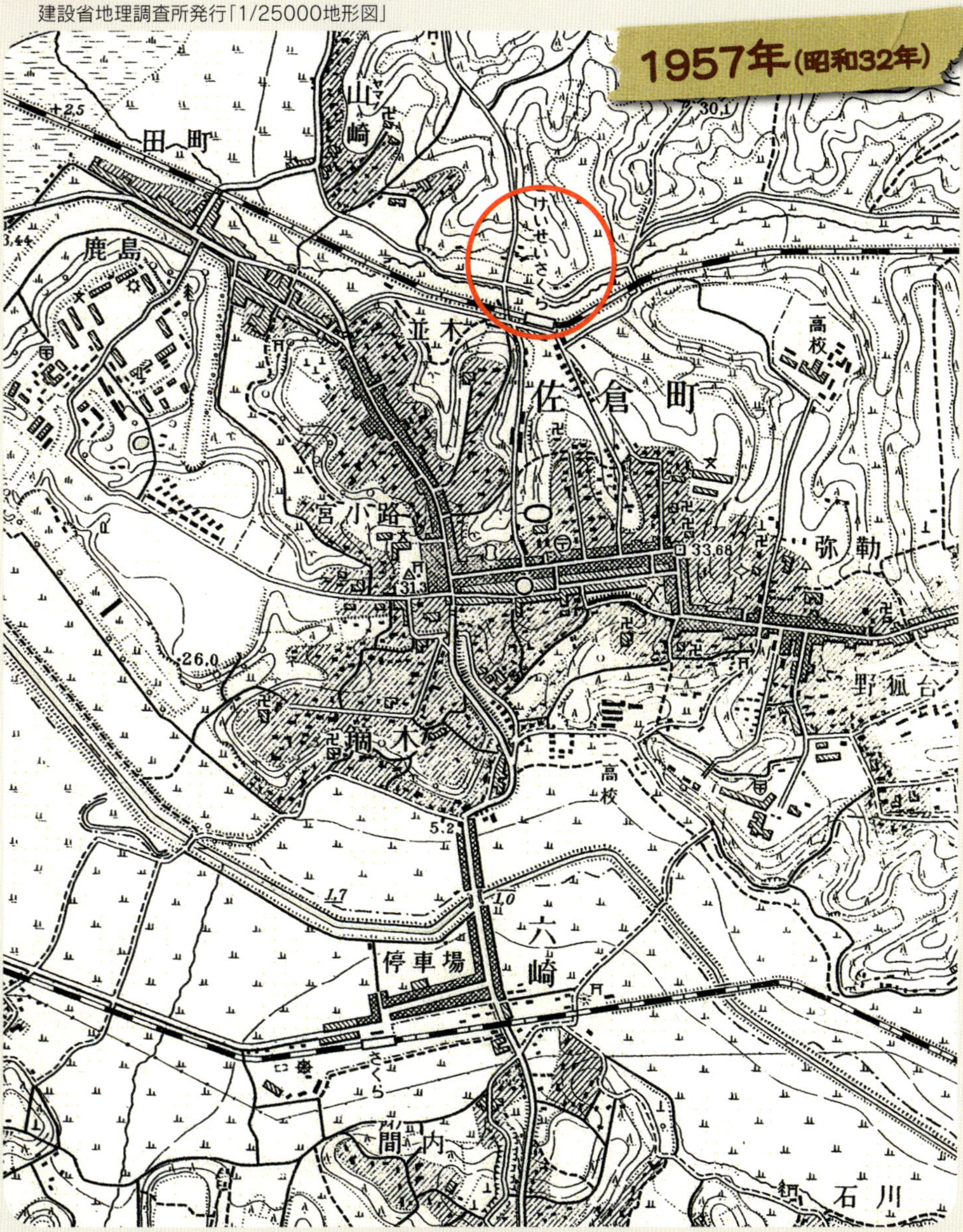

戦前の県立佐倉中学校は、佐倉高校に変わり、戦後はプロ野球で活躍した長嶋茂雄が1954(昭和29)年に卒業している。一方、城跡には「文」の文字が見える。現在はこの南東に佐倉市立佐倉中学校、県立佐倉東高校が誕生しているが、この当時、女子校であった佐倉東高校は佐倉駅の北東に存在し、「(第)二高校」の文字が見える。南北を結ぶ道路は、成田街道(国道296号)で、佐倉市内の西側(宮小路町)には、佐倉市武家屋敷が残っており、現在は3棟の武家屋敷が公開されている。

1931(昭和6)年に現在の駅名である「京成佐倉」になっている。1962(昭和37)年に駅舎が移転し、橋上駅舎が生まれている。一方、京成佐倉駅から南へ1キロ余り離れた場所には、JR佐倉駅が存在する。こちらは1894(明治27)年、総武鉄道の時代に終着駅として開業している。1897(明治30)年、同じく私鉄であった成田鉄道により、佐倉〜成田間(現・成田線)が開業。同じ年、総武鉄道により佐倉〜成東間(現・総武本線)が開業し、途中駅に変わっている。

堀田正睦の銅像

佐倉城址公園内に建つ堀田正睦銅像は、2006(平成18)年に建立されている。幕末に佐倉藩の藩主を務めた堀田正睦は天保の改革前後にわたり、寺社奉行や本丸老中、さらに老中首座となって幕政を主導した。

延ばし、泉岳寺まで開通の1968年６月21日からは、京浜急行電鉄に接続した。同年11月15日には西馬込まで全通している。

　都営線からの直通電車は当初は東中山折り返しに限られていたが、1962年９月21日に人形町まで開通した時点から、初めて京成佐倉からラッシュ時の直通が開始された。翌年２月28日からは京成佐倉始発の押上行き通勤準急が新設され、1964年10月１日の大門へ開通の際には、通勤準急の運転区間が京成佐倉－大門駅に延長されて、新橋まで83分で走り、東京都心へ乗換えなしで往復可能となった。1965年12月１日のダイヤ改正では、通勤準急が通勤急行に格上げされて４分スピードアップした。日中の急行は休日のみで40分間隔、京成佐倉－京成上野間は所要57分であった。総武本線成田電化に対抗して、直後の1968年５月１日からは新規に通勤特急を登場させ、京成佐倉－新橋間は67分で走破するようになった。同年11月10日からは、従来の有料特急「開運」号のほかに日中40分間隔で運転する特急が新設され、日暮里・青砥・京成高砂・京成八幡・東中山・京成船橋・谷津遊園・京成津田沼・八千代台に停車して京成上野－京成佐倉間は52分、京成成田まで65分で走行した。急行、準急、普通電車を含めれば、朝夕は６分間隔で頻発するダイヤは、国鉄に対して圧倒的な優位に立った。それだけではなく銀座や日本橋のほか、上り方向へは京成船橋で下車し、西船橋からの営団地下鉄（東京地下鉄）東西線を利用すれば、１時間前後で東京都心の大手町へ達することも可能となり、利便性の向上に加え、比較的地価が安かった京成沿線へは次第に東京方向から移住による人口増加を招くことになる。

（中略）

　1974年12月16日改正ダイヤでの所要時間は、京成上野から京成佐倉までの特急58分、急行70分、普通80分、押上からは特急59分（通勤時のみ運転）、急行70分、普通80分であり、特急利用で新橋からは76分、西馬込からは95分、京浜川崎からは110分を要していた。編成もこの頃には４両から６両となった。

　スカイライナーは1973年12月30日に運転を開始したが、成田空港への乗り入れは空港開港の翌日である1978年５月21日からである。当初はノンストップであったが、1984（昭和59）年12月１日からは、この日に運転開始したイブニングライナーが、京成佐倉駅へも停車するようになった。

　ちなみに京成沿線で最も乗降客の多いのは京成船橋駅で、最大混雑区間は京成船橋－大神宮下となっている。1959年は全体の２割、1969年は３割弱、1980年には４割の乗客が京成船橋駅で乗降しており、相当数がさらに船橋駅へ乗り継いでいる。（今城光英「経営再建の進む京成電鉄」）。これは船橋以西の京成線路が大きく迂回して所要時間が長く、直通する都営地下鉄浅草線が東京都心とは若干離れているなどのハンディから、所要時間短縮が実現した総武本線や東京のビジネス街へ直結する地下鉄東西線への乗換えを誘発しているからであり、近年その傾向が強くなった事態を示している。市域各駅からの京成利用者も、かなりの人達が同様のコースで東京へ向かっていると考えられる。

野菜行商組合の衰退

　戦時中から敗戦直後にかけての行商は、主として主食補充にかかわる闇利潤を得るために統制経済の枠を超えた、いわば非合法に行われていたものである。しかしこのような事態は世相が落ち着けば下火になり、戦前のような野菜を主販売品とする行商が復活し始めた1948（昭和23）年には、京成を利用する行商人達の間で二つの組合が結成された。魚類、のりなどを主に取り扱う千葉線関係の人達が結成した千葉行商組合と、野菜をはじめ農産物を商う、実籾－成田間の沿線の居住者が組織する京成行商組合である。両組合は、1956年３月には合同して京成物産販売組合を結成した。組合員は指定列車以外には乗車せず、籠の大きさや重量を定め、籠は黒や紺の木綿風呂敷で包むこと、社内でのマナーなどが約束事として定められた。

　千葉県印旛支庁の調べ（『行商の実態』）では、発足当時の組合員数は1945人、以後は1960年に1502人、1962年に1358人と減少傾向が続き、1964年には1220人となった。各乗車駅別に支部が組織されており、その後支部別人員数は京成津田沼50人、実籾42人、京成大和田325人、志津256人、京成臼井240人、京成佐倉134人、京成酒々井81人、京成成田92人である。ほかにも総武線青果出荷組合が存在し、1964年には佐倉40人、物井185人、四街道25人、その他84人、合計334人の組合員を擁していた。これらの組合員数は組合加入数であり、全員が毎日行商に出かけるわけではなく、農繁期や品物出回り期によって相違するが、一般に７．８．12月が多く、１月、２月は少ない傾向である。1964（昭和39）年８月上旬の調査では、関係の駅別乗車人数は一日あたり京成大和田153人、志津106人、京成臼井198人、京成佐倉111人、大佐倉22人、京成酒々井53人、宗吾参道32人、京成成田27人で京成線を合計して702人が利用している。総武本線でも四街道24人、物井101人、佐倉20人、酒々井２人、南酒々井１人、八街２人の計150人である。別に成田－安孫子間の成田線沿線の行商人を対象とした成常青果出荷組合があり、約2500人の組織人員があった。

（中略）

　これらの行商人に対する鉄道側の対策としては、京成では戦前にも運転した行商専用電車を1949年に再開した。これは組合員を指定の列車に乗車させ、大きな荷物が一般乗客の迷惑にならないようにするためと組合を通じて荷物運賃を確実に収受する方策であった。電車は性格上もっぱら旧式な車両が使用され、車内は大きな籠を背負うときに便利なように腰掛はかさ上げされ、窓ガラス保護のためには横桟を取り付けるなどの改造がなされていた。最盛期には正面に「荷」のマークを付けた京成佐倉始発の３両編成が、京成上野・押上まで早朝から４往復運転され、「カラス部隊」と異名をとった中年女性たちを運んでいた。都営線直通の頃から運転本数は３往復に減じ、1968年11月からはすべて京成成田発着となった。その後は１往復に減少した専用電車が1982（昭和57）年３月12日を最後に、翌日からは西馬込行きと上野行きの一般電車２本の最後部１両が専用車両として使用されるだけとなった。

佐倉市史

戦後の混乱した電車運行

1945（昭和20）年６月24日に京成電気軌道は社名を京成電鉄と改めた。敗戦直後の様子は、「戦災と疎開によって通勤距離が戦前の数倍に伸びていた通勤客の輸送と、食糧を求めて農漁村を目指す買出し客の輸送に終始した毎日でした。車両その他の施設は相次ぐ酷使によって老朽化した戦災焼失を合わせ、大半が使用不能（中略）全線で26本のダイヤを組むことすら困難な状態に追い込まれてしまいました。混雑のため窓ガラスはほとんど割れ、板の座席にも連結器の上にも人が立つほどの満員でした。」（『京成電鉄55年史』）という有様であった。

具体的には、通勤中の連日故障続きに業を煮やした京成成田線某駅から津田沼経由で京成千葉への通勤中の「京成乗客」が、自分のメモを1946年２月１日付『千葉新聞』に投書した１月中の実例から知ることができる。これによると、２日上り9・18、9・38、9・58の３列車欠、３日上り8・18欠、４日上り8・18欠、千葉発上り18.30欠、７日8・28、8・58通過、9・18津田沼入庫、10・00千葉行中止、８日上り8・18欠、千葉行9・30欠、10日千葉発上り7・00欠、成田行臼井付近にて故障、11日千葉行9.30欠、10・10無蓋荷物電車にて乗客輸送したとあり、１本運休すれば20分遅れ、無停車や乗換えを要求された場合も同じなので、通勤先へは遅刻するばかりなので、善処を望むとする内容であった。投書者が何駅から乗車するのか明記されていないが、この時期にはラッシュ時であっても20分間隔、満員だとどうやら停車駅であっても通過してしまったらしい。下車客はどうしたのかと思うが、故障が頻発し連続して何本も運休の様子が読み取れ、まったくの無事故で往復できたのは１か月のうち半分にも足りないと書かれ、京成電鉄の混乱した運行ぶりがうかがえる。京成の女性運転士であった髙石喜美子も「終戦後は進駐軍の黒人兵が何人も狭い運転室へ入ってきて困りました。運転の邪魔をすることはありませんでしたが、身体が大きいので威圧感があり、何よりも窮屈で弱りました。またドアが閉まらず、車外にまでお客さんがはみだして乗っているため、振り落とされないかと随分心配しましたが、幸い私の乗務中は事故はありませんでした」と体験を語っている。

（中略）

晩年は京成八幡駅の北側付近に居住し、毎日のように浅草へ通い続けた作家永井荷風も、好日の散策の足をときには東方へ向けた。1948（昭和23）年「２月17日、晴、午後京成電車にて成田に至る。臼井佐倉を過る時水田の彼方に印旛沼を望む。丘陵松林行雲と共に某影を水上に浮ぶ。漁舟また片々たり」（『断腸亭日乗』）とその日記に車中からの印旛沼の印象を記すが、やはり破れガラスの車窓から眺めたのであろうか。

永井荷風が京成で成田へ往復した３か月後の５月15日からは、準急電車が復活した。上野公園－京成成田間１時間44分運転で、京成小岩までの各駅と国府台・市川真間・京成八幡・京成中山・京成船橋・京成津田沼・京成大久保・京成佐倉に停車した。翌年７月１日には日暮里・千住大橋・青砥・京成高砂・京成八幡・京成船橋・谷津遊園・京成津田沼・京成大和田・京成佐倉に停車して京成成田まで１時間37分で走る急行電車も運転を開始した。現在の八千代台、勝田台両駅はまだなく、志津駅近辺も「鴨打ちの秋、沿線は好猟場揃い」のＰＲが『京成文化』1954年10月号に掲載され、「志津下車、南側徒歩約１時間くらいで下志津原に至る。その間、コジュケイ、山バト、兎が多く、原にはウズラが最も多い」と記されている。開発当初に入居した人達も「地元の人の案内で、わらび採り、山百合堀り、初茸狩りなどを近くで楽しめましたが、山林は年々荒れてきました」と語るように未開発であった一帯は急速に姿を変えていったのである。

線路拡幅と都営地下鉄への直通運転開始

戦前、東京の民営鉄道の起点は山手線の駅に接続し、そこで乗り換える必要があった。これは、東京市当局や市会が東京市内（東京都区内）の交通は公共性の高い市営であるべきだと主張して、山手線内への民営鉄道延長にことごとく反対したためである。また、地価が高くて鉄道用地の取得が困難なために、民鉄各社が建設に消極的であったことも理由に挙げられるであろう。その結果市電・市バス（都電・都バス）が路線をほぼ独占して全盛を誇っていた時期に京成が唯一上野乗り入れを果たしたのは、距離が短いため市当局者が軽微な案件と認定して、市会にかけずに許可したためとされている（1929年２月８日付『鉄道時報』）。

戦後さらに都心への乗り入れを策した京成は、1950（昭和25）年８月１日に押上－有楽町間の地方鉄道敷設免許申請を行った。その後いろいろな経緯はあったが、1957年１月19日に1435ミリメートル軌間での東京都営地下鉄１号線（浅草線）への直通運転が認可された。この線路幅は、のちに開通した新幹線と同一軌間であるが、当時の京成電鉄は1372ミリメートル軌間であり、乗り入れに伴い軌間を変更する必要が生じた。そのため、1959年10月９日夜半から12月１日早朝にかけて、全線を11工区に分けて成田方向から切り替え工事を実施した。佐倉付近では10月17日終車後に宗吾参道から江原台付近に臨時に設けた京成佐倉・臼井中間仮駅までの間で行われ、18日始発からは京成成田－仮駅間を拡幅された軌間の電車が走り、乗客はここで未改軌の電車に乗り換える方式で実施された。20日夜は仮駅から大和田までの工事を行い、21日からは大和田までの新しい1435ミリメートル軌間の電車が運行し、ここで折り返す旧軌間の電車に乗り換える方法をその後も順次繰り返して、一日も運行を停止することなく工事を終了している。新しく拡幅した区間には3000系と名付けられた車体幅の大きな新性能の電車が投入され、オレンジ色とクリーム色に塗り分けられた塗装から「赤電」と呼ばれて親しまれ、従来の電車は濃淡灰緑色の塗装から「青電」と呼ばれて区別された。

こうして直通運転の準備が整い、1960年12月４日から京成は押上を経て浅草橋まで乗り入れ、次いで1962年５月31日には東日本橋へ、以後は人形町・東銀座・新橋・大門と都営地下鉄による開業区間延伸に併せて小刻みに直通運転区間を

京成本線

大佐倉、京成酒々井

大佐倉は印旛沼干拓地。酒々井に名水

帝国陸軍陸地測量部発行「1/25000地形図」

地図上に見える内郷村は、1889（明治22）年に大佐倉村、岩名村などが合併して成立した。1937（昭和12）年に佐倉町と合併し、その一部となった。北側に印旛沼があり、その南側を走る京成電気軌道（京成本線）に大佐倉駅、酒々井（現・京成酒々井）駅が置かれている。南東には成田線が通り、酒々井駅が存在する。この時期、その間を結ぶ貨物軌道が存在した。成田線の西側を通るのは旧国道51号（現・県道137号）であり、南側で成田街道（国道296号）と結ばれている。

大佐倉駅

開業年	1926（大正15年）12月9日
所在地	佐倉市大佐倉字松山277
キロ程	53.0㎞（京成上野起点）
駅構造	地上駅／2面2線
乗降客	381人（2016年度）

京成酒々井駅

開業年	1926（大正15年）12月9日
所在地	印旛郡酒々井町中川560－1
キロ程	55.0㎞（京成上野起点）
駅構造	地上駅（橋上駅）2面2線
乗降客	6,686人（2016年度）

アウトレットは少し距離がある

京成佐倉駅を出た京成本線は、さらに東に進むが、次の大佐倉駅までの区間では左側に、佐倉カントリー倶楽部のゴルフコースが続いている。このゴルフ場は、1968（昭和43）年に開場している。さらに進むと、今度は右側に将門口ノ宮神社が鎮座している。このあたりの地名は、佐倉市将門町で、平将門にゆかりの地であることがわかる。

大佐倉駅の開業は、京成佐倉駅などと同じ1926（大正15）年12月。現在も「京成」の文字を冠せず、駅名は変化していない。駅の所在地は佐倉市大佐倉で、佐倉市と酒々井町との境界線近くに位置している。この駅の北側には印旛沼の干拓地が広がっており、「大佐倉干拓」「飯田干拓」など「干拓」の文字がついた地名が多く存在する。現在、このあたりには、順天堂大学スポーツ健康科学部のキャンパスも存在する。

次の京成酒々井駅付近から、京成本線はJR成田線との距離を縮めることになる。ここには、国道51号を挟む形で、京成酒々井駅と成田線の酒々井駅が存在する。このうち、京成酒々井駅は1926（大正15）年12月の開業で、開業時の駅名は「酒々井」であった。1931（昭和6）年に現在の「京成酒々井」に駅名を改称している。一方、JR酒々井駅は1897（明治30）年に、当時の成田鉄道の駅として開業している。

酒々井町は1889（明治22）年、酒々井町、下台村、本佐倉村などが合併し、印旛郡酒々井町となり、現在まで続い

本佐倉城址

本佐倉城は、千葉氏後期の本拠地となった城だ。南方が谷になっており半島状の丘陵地に建っていた。また、残る三方も湿地帯に囲まれた天然の要害で、地の利に恵まれていた。城址跡には、現在も土塁や空堀などの遺構がほぼ完全な状態で残っており、国の史跡に指定されている。

印旛郡酒々井町
本佐倉字城ノ内ほか

勝胤寺中世石塔群

大佐倉にある勝胤寺には、戦国時代に造立された石塔が数多く残されている。石材には海隣寺の中世塔群や長源寺の道誉上人五輪塔と同様、銚子砂岩が使用され、銘文から1579(天正7)年に死去した本佐倉城主千葉胤富などの菩提を弔ったものであることが分かる。

佐倉市大佐倉1467-1

建設省国土地理院発行「1/25000地形図」

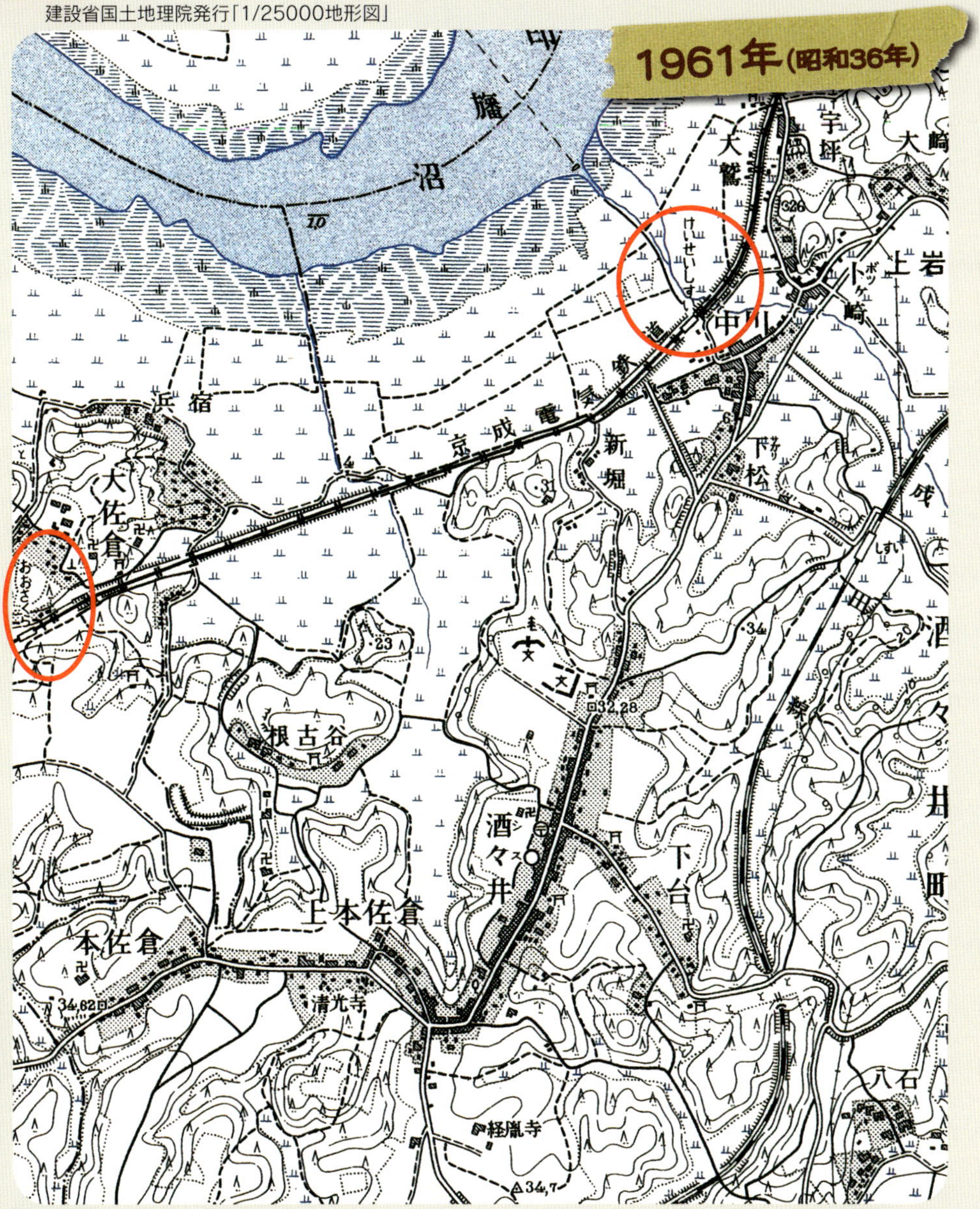

旧国道51号沿いには酒々井町の役場が置かれており、その北側には麻賀多神社、酒々井小学校が並んで存在する。この麻賀多神社は、成田市の麻賀多神社を本宮としている。現在はこの東側に国道51号(新道)が開通し、旧国道は県道137号となっている。酒々井町の役場は現在、国道51号の東側に移転している。この時期はまだ、成田線の酒々井駅東側などでは住宅地開発は進んでいなかった。この区間の京成本線の両側には、現在もまだ多くの農地が残されている。

将門山大明神鳥居

高さ3.29メートルの明神鳥居で、左右の柱に刻まれた銘から、江戸時代(承応3年)に、時の佐倉城主堀田上野介によって造営されたことが分かる。付近一帯は将門山と呼ばれ、戦国時代以来、妙見宮(奥ノ宮)、将門山大明神(中ノ宮)、日吉山王(口ノ宮)などがあった。

佐倉市大佐倉1929-1

ている。「酒々井」の地名は、孝行息子が酒好きの父親のために井戸から湧き出る酒を発見し、親孝行をした伝説から誕生した。駅の南にある円福院神宮寺の井戸がその井戸とされ、「酒の井の碑」が建てられている。

近年、2013(平成25)年にオープンした「酒々井プレミアム・アウトレット」の存在が、「酒々井」の地名を全国的に有名にしている。その所在地は酒々井町飯積で、南側を走る東関東自動車道の酒々井パーキングエリアの東側にあたる。八街市との境界に近い場所に存在することから、京成酒々井駅からはかなり距離が離れている。

京成本線

宗吾参道、公津の杜

成宗電気軌道は消え、宗吾伝説は残る

帝国陸軍陸地測量部発行「1/25000地形図」

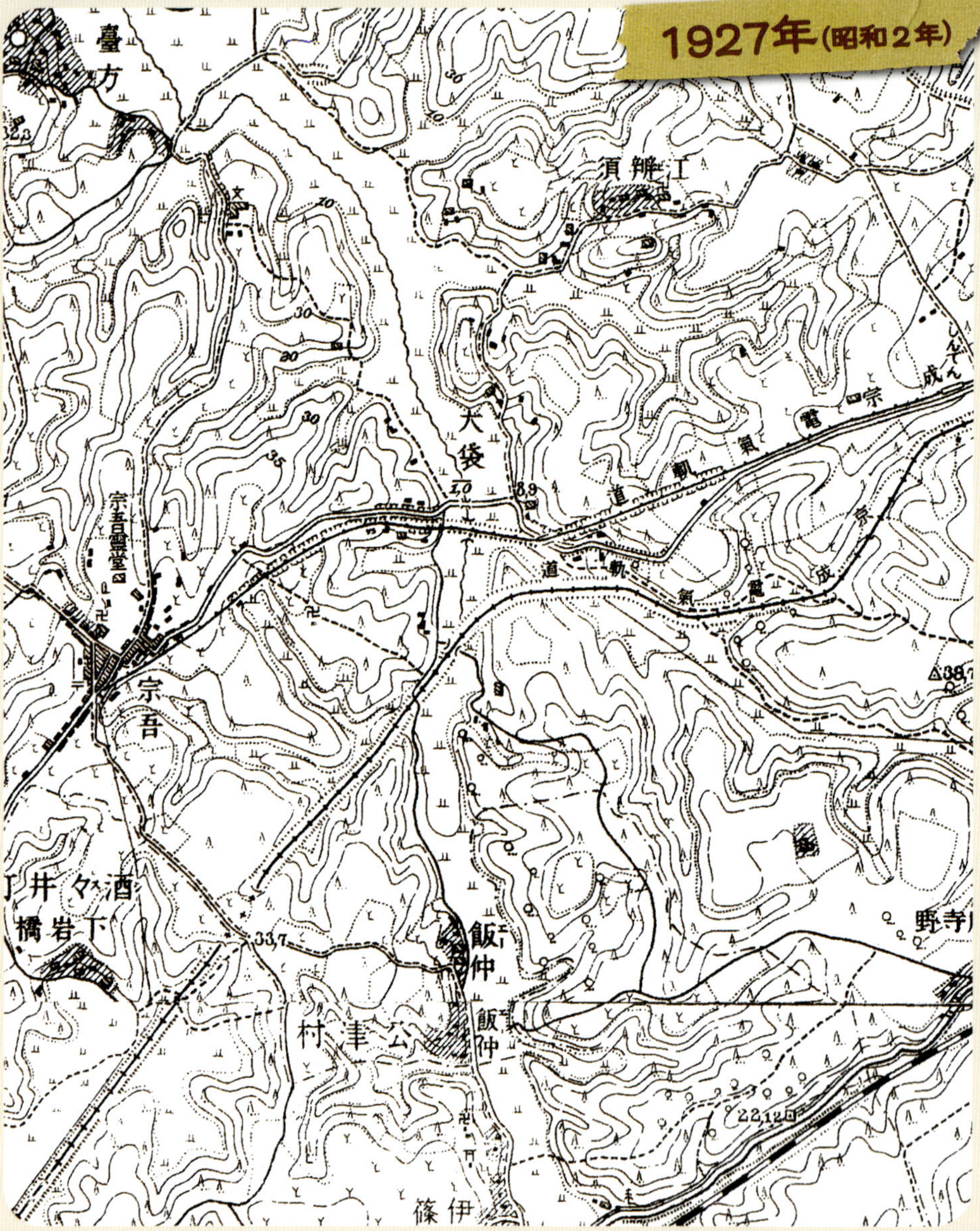

この当時は酒々井町、公津村であり、下には国鉄成田線の一部が見え、中央付近には京成本線とともに、成宗電気軌道が通っている。この起終点駅は、西側に見える宗吾霊堂（東勝寺）の南側に置かれた宗吾駅であった。一方、京成本線の宗吾駅はこの翌年の1928（昭和3）年の開業であり、地図上には見えない。宗吾霊堂の南まで延びる県道137号は開通しているが、ここで接続する現在の国道464号は一部しか開通していない。「大袋」には現在、公津公園が開園している。

宗吾参道駅

開業年	1928（昭和3年）4月1日
所在地	印旛郡酒々井町下岩橋字仲田432－3
キロ程	57.0㎞（京成上野起点）
駅構造	地上駅（橋上駅）2面3線
乗降客	2,661人（2016年度）

公津の杜駅

開業年	1994（平成6年）4月1日
所在地	成田市公津の杜4－11－2
キロ程	58.6㎞（京成上野起点）
駅構造	地上駅（橋上駅）2面2線
乗降客	11,789人（2016年度）

公津村は現在、成田市に

京成本線は京成酒々井駅を過ぎると、国道51号と千葉県道137号の間を、北東に向けて進んでゆく。県道137号が国道464号と出合う付近に置かれているのが古刹、宗吾霊堂である。京成本線の宗吾参道は、この宗吾霊堂にいたる参道の名称が駅名となっている。

宗吾参道駅は1928（昭和3）年4月、「宗吾」の駅名で開業している。当初は、宗吾霊堂（東勝寺）に祀られている、義民として有名な佐倉宗吾（木内惣五郎）の個人名から採られた珍しい駅名であった。1951（昭和26）年に「宗吾参道」に駅名を改称。1982（昭和57）年に現在地に移転している。

宗吾霊堂は、正式には真言宗豊山派の寺院、東勝寺である。寺伝によれば、桓武天皇の勅命で坂上田村麻呂が創建したとされる。その後、寺地は転々とし、火災などもあって、1921（大正10）年に現在地に再建された。

佐倉宗吾（木内惣五郎）は江戸時代前期、佐倉藩に属する印旛郡公津村の名主だったが、年貢取り立ての改善を求め、将軍に直訴したために死罪となった。その後、宗吾は神として祀られ、佐倉藩も公認して、霊を慰めた。彼の逸話は「義民物語」として、物語や芝居（歌舞伎）になり、多くの人々が知るようになった。やがて、東勝寺に惣五郎の霊が祀られ、現在に至っている。

この付近にはかつて、成田～宗吾間を結んで「成宗電車」と呼ばれた成宗（成田）電気軌道が存在した。1910（明

建設省地理調査所発行「1/25000地形図」

地図の南側は、公津村から成田市に変わっている。京成本線には、宗吾参道駅が置かれているが、公津の杜駅はまだ設置されていない。現在、公津の杜駅手前の京成本線は、直線的に進んでゆくが、この時期の路線はゆるやかにカーブしていた。成宗電気軌道は廃止され、道路（国道464号）に変わっている。現在は公津の杜駅の北側に、国際医療福祉大学のキャンパスが誕生している。この駅の南側には成田市立公津の杜小学校、平成小学校が開校している。

宗吾霊堂

駅の北側にある東勝寺の本堂は、歌舞伎で知られる義民佐倉宗吾(本名木内惣五郎)の霊が祀られていることから、「宗吾霊堂」とも呼ばれている。境内には資料館（宗吾一代記館）もあり、霊堂裏には5,500本も植えられた「あじさい園」があり、毎年6月に“紫陽花まつり”が行われている。

成田市宗吾1-588

甚兵衛渡し

公津の杜駅の北西、成田スカイアクセス線が通るあたりの印旛沼の畔は、佐倉宗吾の伝説にまつわる「甚兵衛渡し」の地として知られている。渡し舟は消えたが、美しい松林が残されている。現在は、印旛手賀沼自然公園のひとつ、甚兵衛公園が整備されている。

治43）年に開業し、翌年（1911年）に成田駅前（後・本社前）～宗吾間が全通している。1916（大正5）年、成田電機軌道と改称し、さらに成田鉄道となったが、1944（昭和19）年に廃止された。

　宗吾参道駅を過ぎると、佐倉市から成田市に変わり、次の公津の杜駅に至る。この駅は1994（平成6）年4月に開業した新しい駅である。昭和60年代から京成グループによるニュータウン「公津の杜」の開発が行われ、マンションや住宅が誕生している。駅の北西には、緑豊かな公津公園が存在する。

　駅名は、ここに存在した公津村から採られている。1889（明治22）年、下方村、大袋村などが合併して、公津村が誕生した。1954（昭和29）年、成田町、中郷村などと合併し、成田市が生まれ、その一部となっている。

宗吾電気軌道

1910(明治43)年に開業し、成田と宗吾を結んでいた宗吾電気軌道(成宗電車)は、田園風景の中をゆっくりと走っていた。

帝国陸軍陸地測量部発行「1/25000地形図」

この頃は、移転する前の成田花咲町駅時代であり、駅の位置は新勝寺から少し離れた南側に位置している。現在、京成本線の南側を走る国道51号は開通しておらず、2本の鉄道線の間に旧道(成田街道)が通っていた。成田町役場は「成田町」の文字の上に見える。その後、成田市役所は、新しく開通する国道51号沿いに移ることとなる。成田線が2つに分かれる付近の東側に見える「文」の地図記号は、1873(明治6)年に開校した現在の成田市立成田小学校である。

京成本線
東成田線

京成成田

歌舞伎の歴代団十郎も崇敬した新勝寺

開業年	1925(大正14年)12月24日
所在地	成田市花崎町814
キロ程	61.2㎞(京成上野起点)
駅構造	地上駅／3面3線
乗降客	35,933人(2016年度)

門前町にJR成田駅と並ぶ

現在、JR成田駅とともに、成田市および成田山新勝寺の玄関口となっているのが京成成田駅である。この駅は、1926(大正15)年12月、津田沼～成田花咲町間の延伸時に、「成田花咲町」の駅名の仮駅として開業している。1930(昭和5)年、さらに路線が延伸し、本駅である成田駅が開業した。翌年(1931年)年には「京成成田」と駅名を改称している。その後、成田国際空港が開港したことで、京成本線は東へ延伸し、1978(昭和53)年に成田空港(現・東成田)駅が開業した。

京成成田駅は、国道51号の東側にJRの成田駅と並ぶ形で置かれている。成田線の成田駅は、成田鉄道時代の1897(明治30)年1月に開業。当初は終着駅であったが、同年12月に滑河原駅まで延伸し、途中駅になっている。

成田山新勝寺は、真言宗豊山派の大本山のひとつで、古くから「成田不動」「成田山」として親しまれてきた。江戸時代には、江戸において「出開帳」も行われ、現在も深川に「成田山深川不動堂」がある。また、その後も全国に「成田山」の名を冠した別院が誕生している。この寺は初詣客の数で、全国1、2位を争い、節分などにも多くの参詣客が訪れる。交通安全、家内安全を祈願する人々の中には著名人も多く、中でも「成田屋」を名乗る歌舞伎の市川宗家、歴代の市川団十郎・海老蔵の信仰は有名である。この山内には、成田山書道美術館も開館している。また、南側には県立成田高

成田山新勝寺

開山は940（天慶3）年。戦国期に一時廃れるが、1700（元禄13）年、新勝寺中興の祖と言われる照範が住職に就任。鐘楼堂や三重塔などを建立し、江戸でたびたび出開帳（秘宝公開）を行い復興する。新勝寺に近い幡谷出身の歌舞伎役者市川團十郎も成田不動を信仰。"成田屋"の屋号で江戸っ子の成田参詣を盛んにした。

成田市成田1番地

成田山公園

成田山新勝寺の境内にある公園で、16万5千平方メートルの広大な敷地をもつ。1928（昭和3）年に開園している。園内に成田山書道美術館が存在し、隣接して成田山霊光館、成田山仏教図書館がある。

建設省地理調査所発行「1/25000地形図」

1961年(昭和36年)

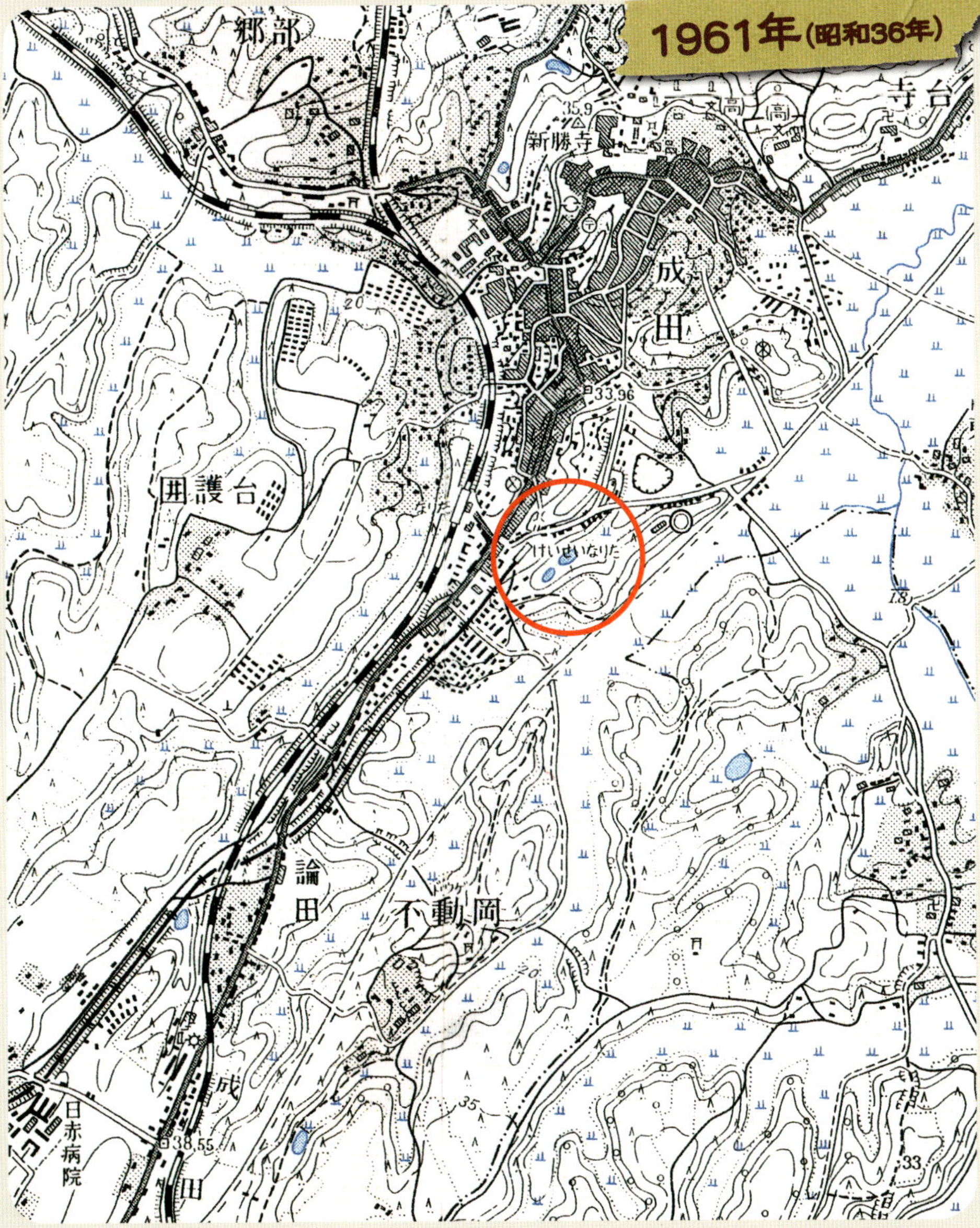

京成の成田駅は戦前の1930（昭和5）年に、国鉄成田駅の東側に移転している。その翌年（1931年）には名称も「京成成田」に改めている。新勝寺の東側には、成田高校を示す「文（高）」の地図記号が見える。戦前の地図と比較すれば、わずかではあるが、市街地が広がっていることがわかる。左下には日赤病院が誕生している。これは現在の成田赤十字病院で、1948（昭和23）年に成田山門前に開設され、1954（昭和29）年に飯田新田（現・飯田町）に移転してきた。1969（昭和44）年に新病棟が誕生している。

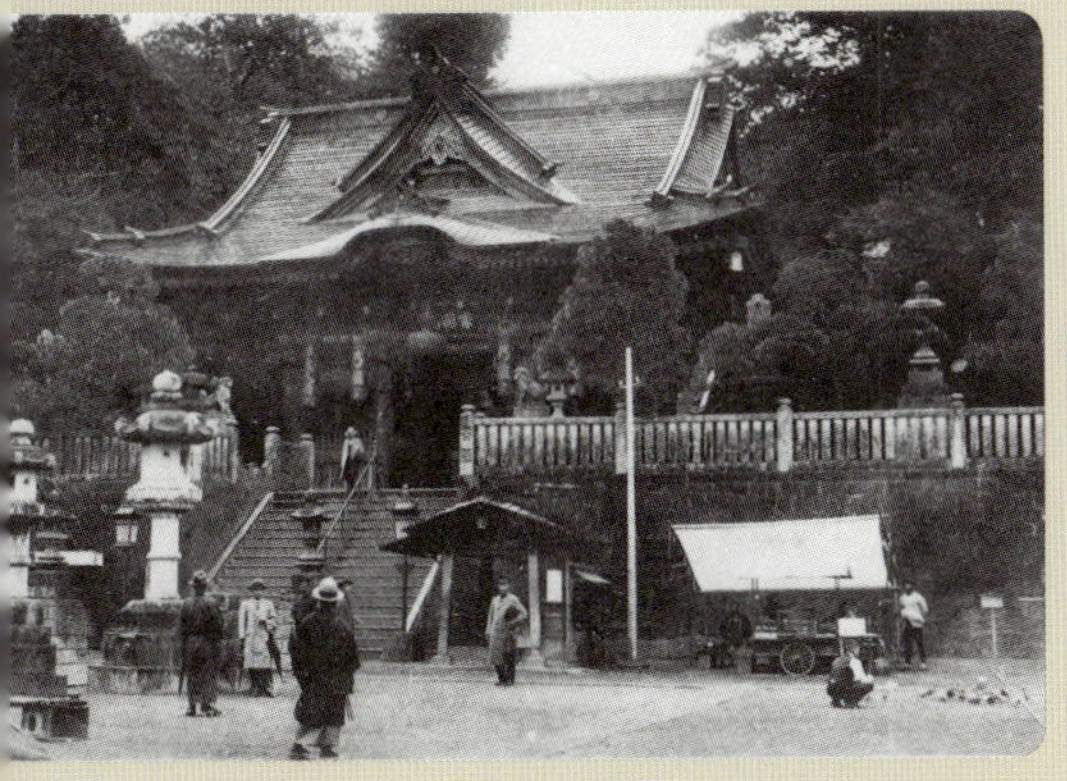

成田山新勝寺の仁王門（昭和戦前期）

成田山新勝寺の仁王門（山門）。江戸時代の1830（文政13）年に建立され、国の重要文化財に指定されている。

校、附属小学校も存在する。

京成成田駅、JR成田駅から成田山新勝寺へは約800メートルにわたり表参道が続いている。ここでは土産物を売る商店や旅館のほか、グルメを満足させる名物のウナギ料理を出す料理店もある。

成田市は1954（昭和29）年、成田町が公津村、八生村などと合併して誕生した。その前身は、1889（明治22）年に誕生した成田町であるが、それ以前にも、新勝寺の門前町として、成田町が存在した。なお、「成田」の地名の由来には諸説があり、不詳である。

建設省国土地理院発行「1/25000地形図」

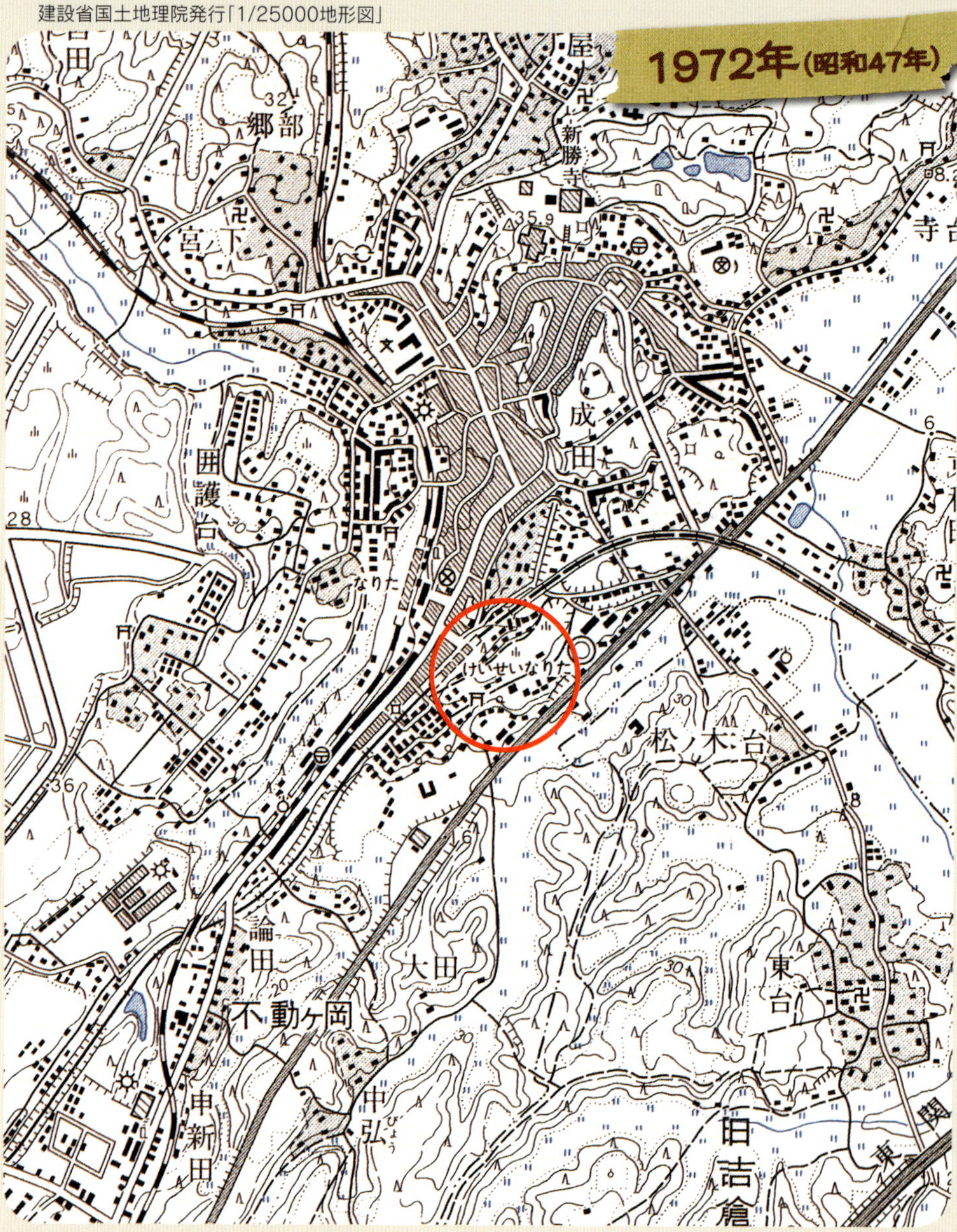

成田市役所は、新しく開通した国道51号沿いに移っている。京成成田駅から大きくカーブして東方向に延びてゆく、京成本線の延伸路線がこの時期、既に破線で示されている。下に見える「中新田」「論田」付近には、工場が進出してきているが、そのひとつはエスエス製薬の成田工場である。成田駅の西側、「囲護台」には住宅が建ち始めている。一方、この地図の右下部分は富里町(現・富里市)であり、開発はまだ進んでいなかった。ここでバードタウン日吉台の開発が始まるのは、1974(昭和49)年からである。

成田山参道

JR成田駅、京成成田駅付近から成田山新勝寺の門前に続く道筋には、グルメを堪能させる飲食店、特色ある土産物店が並ぶ。ここには名物のうなぎ料理を出す店も多い。

中台運動公園

成田駅、京成成田駅に近く、野球場、陸上競技場、体育館などの設備も充実している。2002(平成14)年のサッカー日韓ワールドカップ開催時には、ナイジェリア、ドイツチームが公式練習を行った。

成田街道に歴史あり

江戸時代、成田山新勝寺への参詣道として開かれたのが「成田街道」である。この道は現在、国道296号と51号になっており、京成本線と重なる部分も多い。ここで少し道筋を振り返ってみたい。

成田街道は、幕府の公式では佐倉街道と呼ばれて九十九里方面へ延びており、途中から成田へ分かれる道は支線となっていた。出発点は水戸街道の新宿(現・葛飾区新宿)で、最初の宿場は市川宿、続いて八幡宿、船橋宿、大和田宿、臼井宿、酒々井宿、寺台宿が置かれていた。これらの宿場が置かれた場所はその後、市川市、船橋市、八千代市などの中心部となっている。

最初の宿場である八幡宿は、江戸に近いこともあり、本陣、脇本陣は置かれていなかった。次の船橋宿は、この街道で最大の宿場で、海に近いこともあり、歓楽的な要素も強かったという。次の大和田宿も大いに賑わいを見せる宿場であった。佐倉宿は大藩の城下町でもあり、商家も多く、商業も栄えていた。

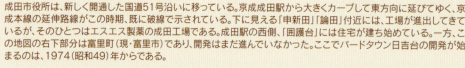

現在の成田街道には、成田山を信仰した人々が建てた道標などが多数残っている。佐倉市井野には1831(天保2)年、歌舞伎役者の七代目市川団十郎が建てた石碑があり、名水「加賀清水」を詠んだ俳句も記されている。ここには常夜灯なども集められており、1894(明治27)年に岩田長兵衛が設置した「長兵衛道標」のひとつも存在する。

「成田山」の文字が彫られた「長兵衛道標」は、最初の道標が船橋市滝台に置か

松ノ下公園

成田市中台3丁目の成田ニュータウン内にある面積約2.7ヘクタールの公園で、多目的広場、池、遊具などの設備がある。自然林が残っており、散策に最適である。

国土交通省国土地理院発行「1/25000地形図」

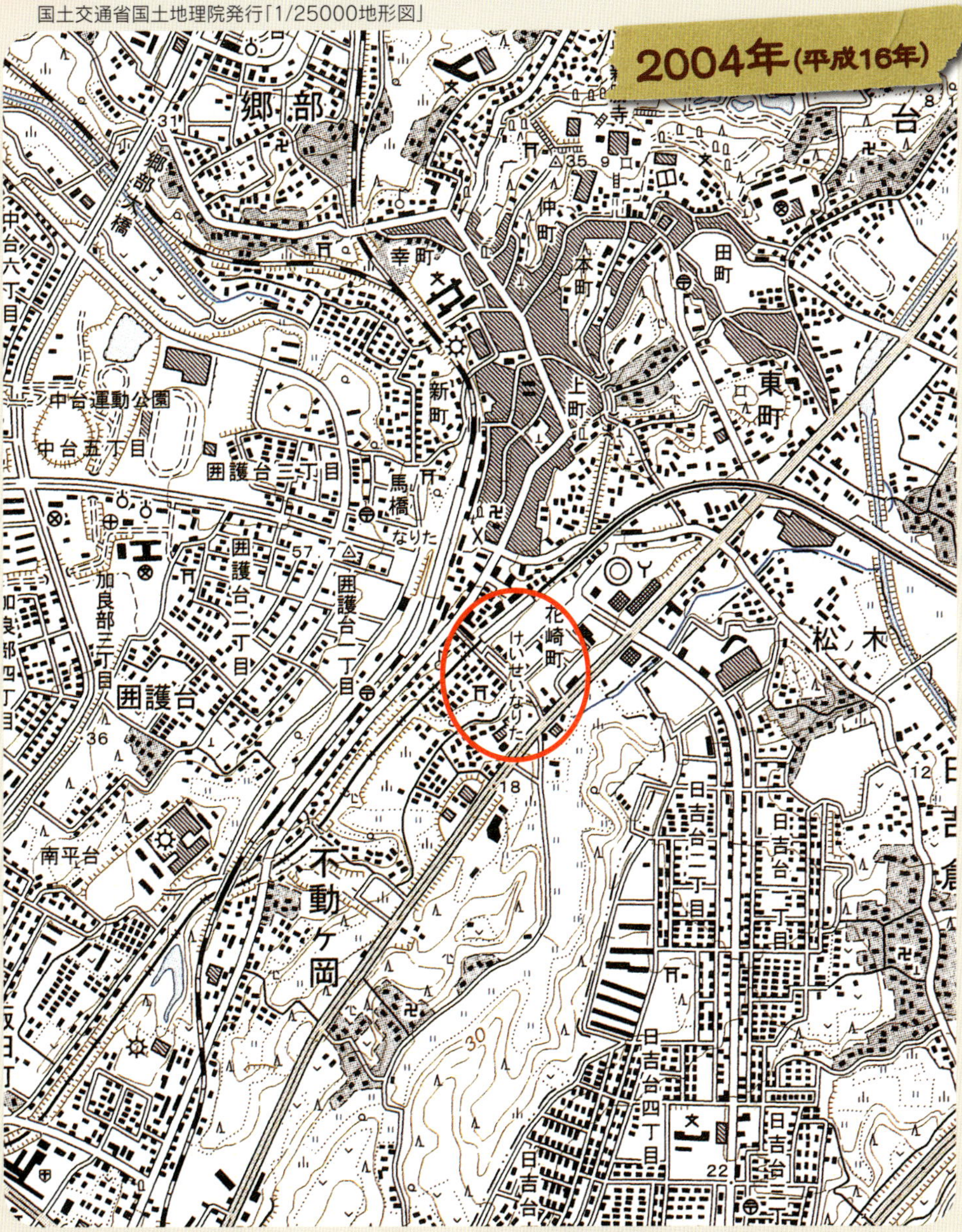

京成本線は京成成田駅から延伸しており、成田市内では道路整備が進んでいた。右下隅には東関東自動車道がわずかに見えている。この西側を南北に走る道路沿いには、日吉台ニュータウンが開発されている。このあたりは富里市内になったばかりだが、1978(昭和53)年に富里市立日吉台小学校が開校していた。北側には、日吉台中央公園が開かれ、熊野神社が鎮座している。一方、成田駅の西側では中台運動公園が開園し、野球場、陸上競技場などが生まれている。現在は成田市体育館やプールも設けられている。

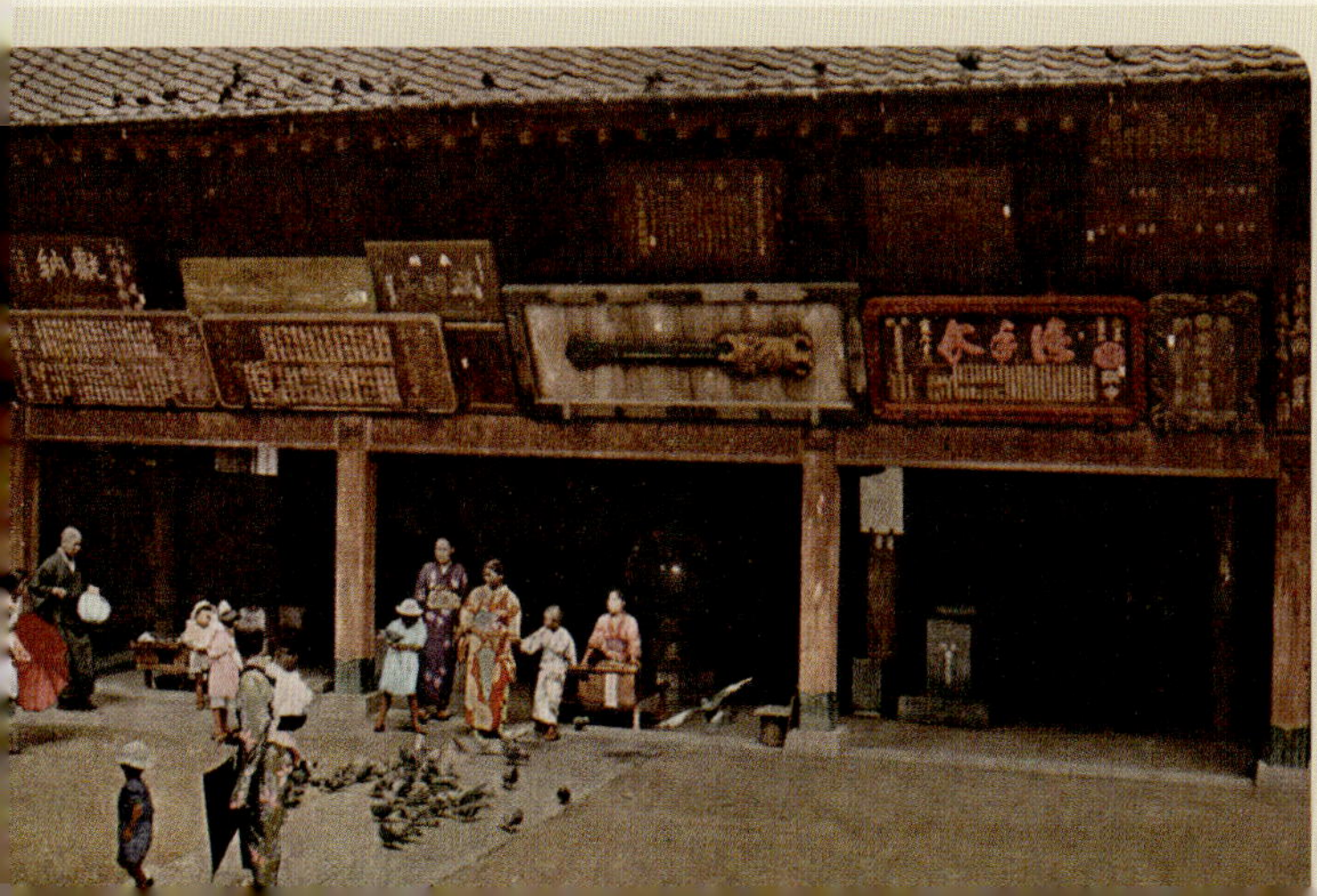

成田山新勝寺の額堂(昭和戦前期)

新勝寺に奉納された絵馬や額を飾るための建物で、1861(文久元)年に建立されている。

れている。次は八千代市萱田町にあり、三番目がこの佐倉市井野のものである。四番目は佐倉市上座に置かれ、五番目の酒々井町上岩橋のものを含めて、合計5つの道標が確認されている。

帝国陸軍陸地測量部発行「1/25000地形図」

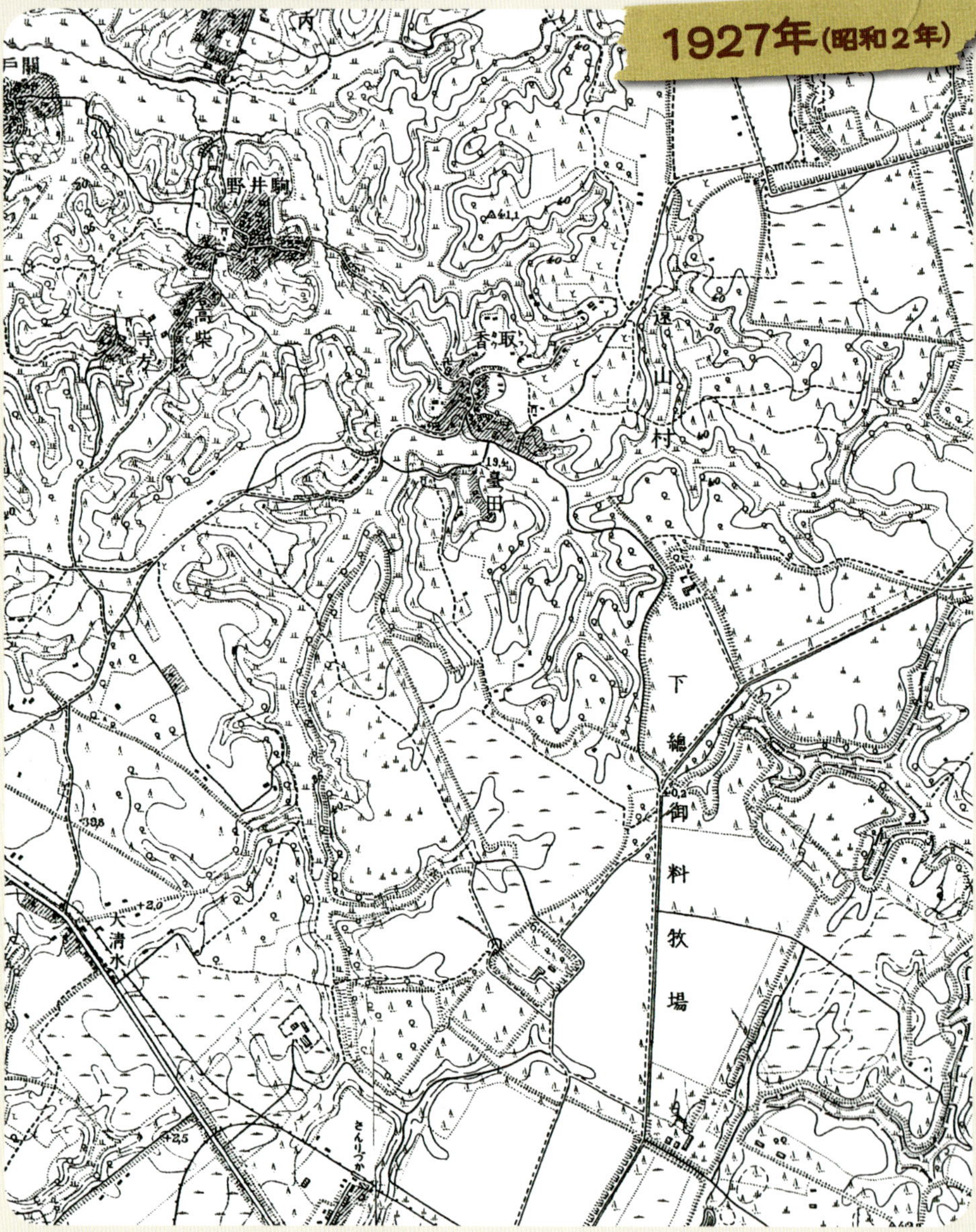

成田国際空港が開港する半世紀以上前の地図であり、ほとんどが丘陵地で南側一帯には下総御料牧場が広がっていた。さらに地図の下には成田鉄道（二代目）が走り、三里塚駅が置かれている。この成田鉄道は、1944（明治44）年7月に千葉県営鉄道として、成田～三里塚間が開業。11月に三里塚～多古間が開業した。この路線は、千葉県が陸軍鉄道連隊の演習線と借用して開業しており、1927（昭和2）年に成田鉄道となっている。太平洋戦争中の1944（昭和19）年に休止され、1946（昭和21）年に廃止された。

京成本線
成田空港線
東成田線

空港第2ビル、成田空港、東成田

成田スカイアクセス線で便利な路線に

空港第2ビル駅

開業年	1992（平成４年）12月３日
所在地	成田市古込１－１
キロ程	68.3㎞（京成上野起点）
駅構造	地下駅／１面２線
乗降客	28,239人（2017年度）

成田空港駅

開業年	1991（平成３年）３月19日
所在地	成田市三里塚御料牧場１－１
キロ程	69.3㎞（京成上野起点）
駅構造	地下駅／２面３線
乗降客	24,837人（2017年度）

東成田駅

開業年	1978（昭和53年）5月21日
所在地	成田市古込字込前124
キロ程	7.1㎞（京成成田起点）
駅構造	地下駅／２面４線（うち２線閉鎖）
乗降客	1,751人（2015年度）

新空港と駅の歴史あり

成田国際空港（新東京国際空港）は、1978（昭和53）年に羽田空港（東京国際空港）に代わる首都の空の玄関口として開港している。

現在、成田国際空港に設置されている京成の駅は、空港第2ビル駅、成田空港駅、東成田駅の3駅が存在する。このうち、京成本線の終着駅は成田空港第1ターミナルに接続する成田空港駅で、本線とともに京成成田空港（京成スカイアクセス）線、JR成田線も使用している。成田空港第2ターミナルに接続する空港第2ビル駅は、同様に本線、京成スカイアクセス線、JR成田線との共同使用駅である。また、東成田駅は、京成成田駅とこの駅を結ぶ京成東成田線の終着駅で、芝山鉄道と連絡している。この駅は1978（昭和53）年に開業した「初代の成田空港駅」であった。

京成本線は1978（昭和53）年5月に京成成田～成田空港間が開通し、成田空港（現・東成田）駅が開業した。その後、1991（平成3）年3月に成田空港高速鉄道が開通し、空港第1ターミナル下に新しい成田空港駅が開業する。このときに初代成田空港駅は、東成田駅に駅名を改称した。

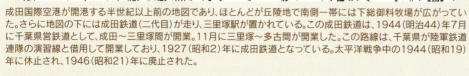

成田国際空港

1978（昭和53）年に開港した首都圏における国際線基幹空港。日本の経済発展の核となる国際的な戦略拠点になっている。空港内の施設も約250店舗の飲食店や物販店が充実。ショップ巡りは「ナリタ買い」と呼ばれ、空港へ行く楽しみの一つ。展望デッキからは4000メートルあるA滑走の全体が見渡せ、迫力ある離着陸シーンが楽しめる。

成田市古込1-1

航空科学博物館

空港近くにある、国立で日本で最初の航空専門の博物館。館内には航空機の展示室のほか、ボーイングの大型模型のコックピットに乗り込んで模型を操縦することもできる。成田国際空港が一望できる展望レストラン、屋外には、東峰神社から遷座してきた航空神社もある。

山武郡芝山町岩山111-3

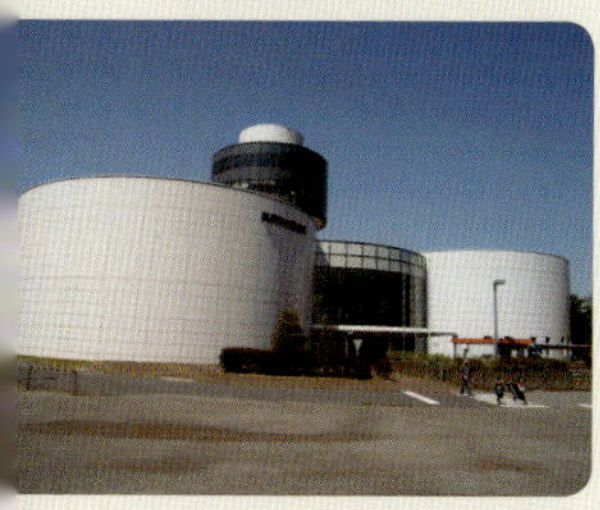

建設省地理調査所発行「1/25000地形図」

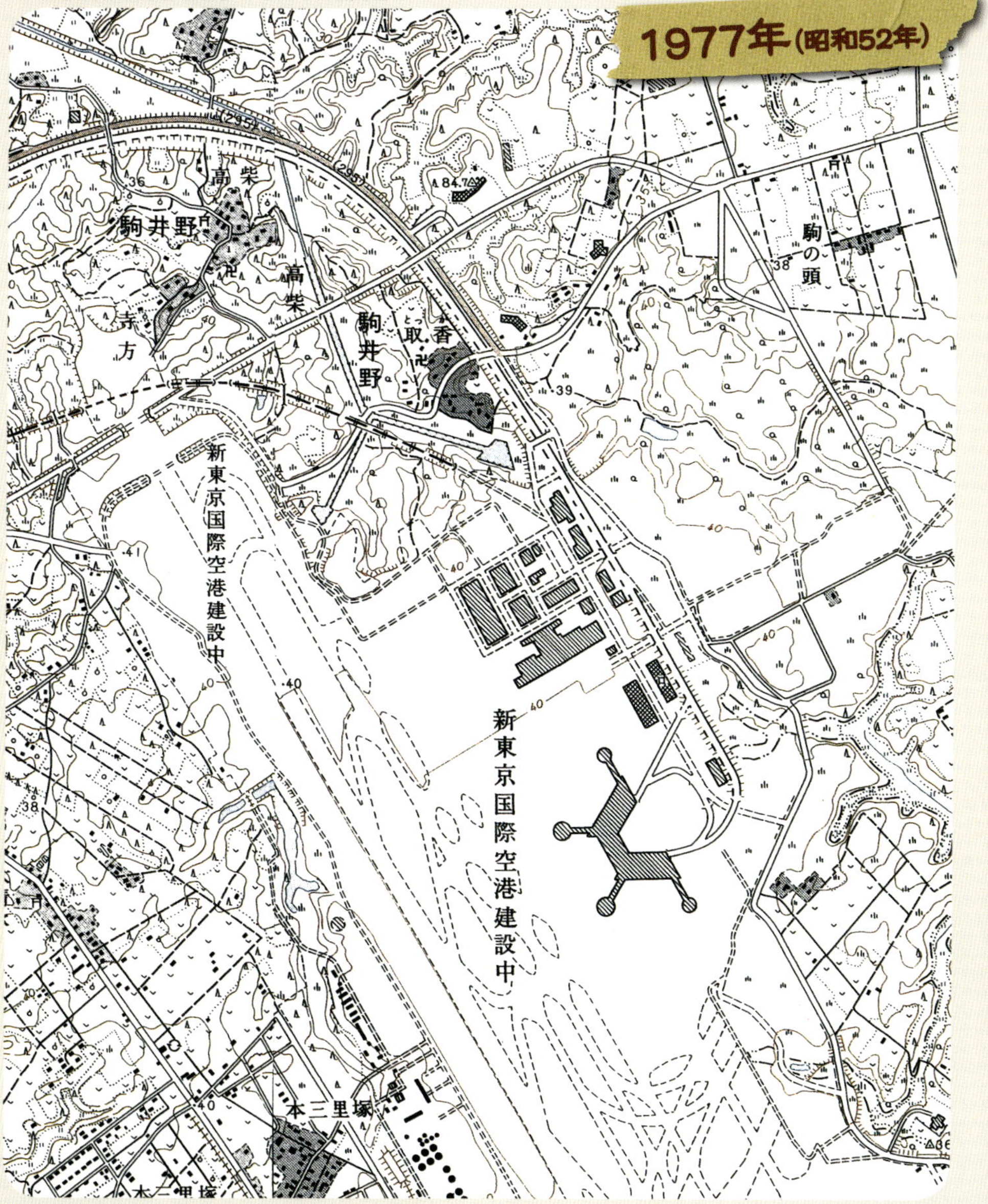

新東京国際空港（成田国際空港）が建設中の地図であり、京成本線の予定線が見える。一方、新空港自動車道は1972（昭和47）年に富里インターチェンジ～成田インターチェンジ間が開通。1978（昭和53）年の新空港インターチェンジへの延伸に向けて工事が進んでいた。空港内には北側に合同庁舎、南側に空港第2ターミナルが建設されている。左下には「三里塚」の地名が見える。このあたりはもともと、下埴生（後に印旛）郡遠山村で、1954（昭和29）年に成田町などと合併して成田市の一部となっていた。

その後、第2旅客ターミナルのオープンに合わせて、1992（平成4）年12月に京成本線の途中駅である空港第2ビル駅が開業した。さらに2010（平成22）年7月、成田スカイアクセス線が開通し、空港第2ビルと成田空港駅を使用することになった。

2002（平成14）年には、東成田駅と芝山千代田駅を結ぶ、芝山鉄道芝山鉄道線が開通している。位置的には空港第2ビル駅と東成田駅は、並び合うように存在し、地下の連絡通路で結ばれている。

歴史をさかのぼれば、このあたりは1889（明治22）年に吉倉村、川栗村などが合併して成立した、下埴生郡の遠山村であった。1897（明治30）年に印旛郡の所属となり、1954（昭和29）年に成田町、公津村、八生村などと合併して成田市が誕生。

現在の成田国際空港付近には、戦後まで広大な宮内庁下総御料牧場が存在した。もともとは江戸時代、徳川幕府が置いた放牧地である、佐倉（七）牧のひとつの取香牧が三里塚付近にあり、明治維新後の1875（明治8）年、隣接する土地に下総羊牧場が開場している。さらに取香種畜場も開場。1880（明治13）年に両者が一緒になって下総種畜場となった。1885（明治18）年に宮内省の管理となり、1888（明治21）年に名称が改められて下総御料牧場となった。ここでは牧羊に加えて、競走馬の繁殖が行われていた。1969（昭和44）年に閉場して栃木県高根沢に移転。一部は現在、三里塚記念公園となっている。

国土交通省国土地理院発行「1/25000地形図」

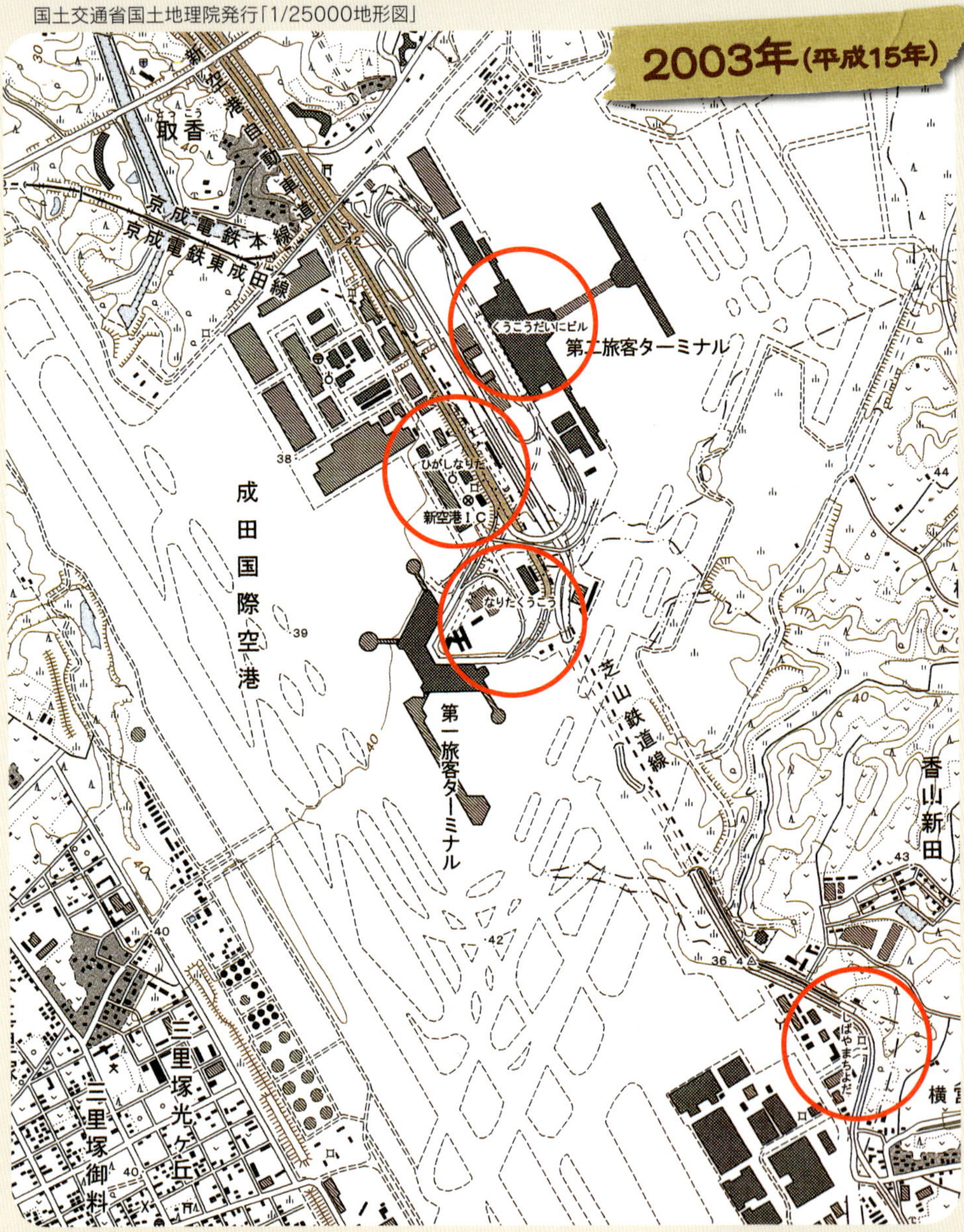

地図の大部分を成田国際空港の敷地が占めており、京成東成田線の東成田駅（共同使用駅）から延びる芝山鉄道芝山線に芝山千代田駅が置かれている。成田市内では地下を走り、芝山町との境界線の手前で地上に出ることとなる。また、芝山千代田駅も芝山町と成田市の境界上に設置されている。このあたりは芝山町の北端にあたり、地図外ではあるが南東にはダイナミックゴルフ成田、多古カントリークラブ、富里ゴルフクラブ、京カントリークラブなどのゴルフ場が存在する。

芝山鉄道

芝山千代田

2002年、芝山鉄道線に芝山千代田駅

開業年	2002（平成14年）10月27日
所在地	山武郡芝山町香山新田字橋松
キロ程	2.2km（東成田起点）
駅構造	高架駅／1面1線
乗降客	1,513人（2017年度）

芝山町に航空科学博物館

2002（平成14）年10月に芝山鉄道芝山鉄道線が開通し、芝山千代田駅が開業した。芝山鉄道は成田国際空港株式会社の連結子会社であり、空港建設により東西方向の交通が寸断される、空港東地域の住民や企業の不便さを解消するために設立された。京成東成田線の終着駅である東成田駅から、路線が延伸する形である。また、将来的には芝山町の中心部を経由して、九十九里海岸方面への延伸も検討されている。

芝山町は1889（明治22）年に成立した二川村と千代田村が、1955（昭和30）年に合併して誕生した。現在の人口は約7000人である。

この芝山町には、天台宗の古刹である観音教寺がある。781（天応元）年の創建とされ、仁王門に安置されている仁王尊は、火事除け、泥棒除けとして信仰を集め、芝山仁王尊とも呼ばれてきた。

この町には、千葉県内における発掘品などを展示する芝山町立芝山古墳・はにわ博物館があるほか、公益法人が運営する航空科学博物館も存在する。この博物館は1989（平成元）年に開館。2001（平成13）年には、航空神社が遷座してきた。戦後初の国産型旅客機であるYS－11の試作機が展示されており、日本の航空機の歴史、技術を学べる展示がなされている。

2章
押上線
金町線

京成電車宣伝絵葉書　春　三里塚　柴又

京成電車宣伝絵葉書　成田山・柴又帝釈天初詣

帝国陸軍陸地測量部発行「1/10000地形図」

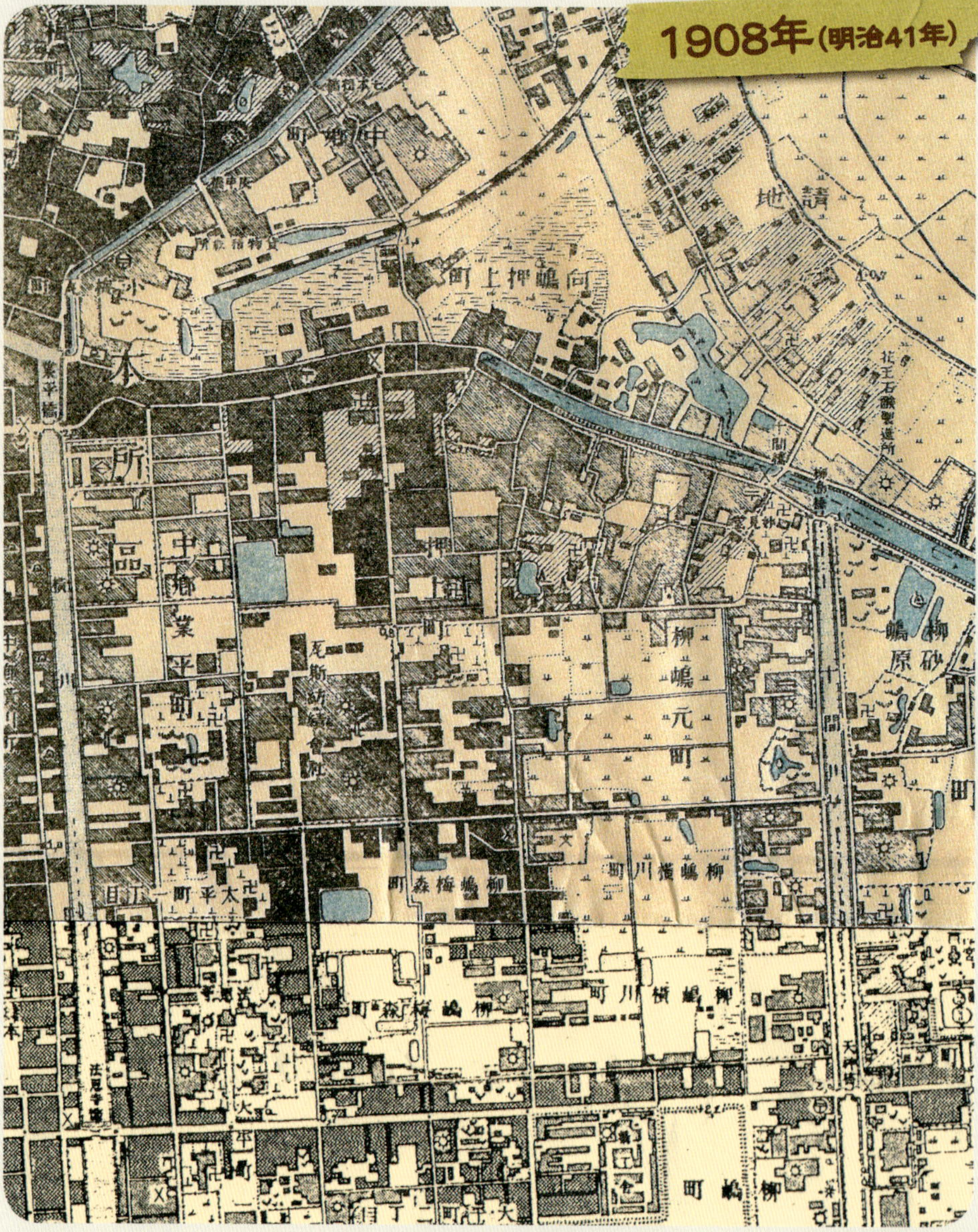

押上線

押上

東京スカイツリーのお膝元、東の玄関口

右に北十間川、左下に（大）横川、右下に（横）十間川が見え、左上には斜めに流れる曳舟川が見える。この当時の東武線は、右上を通る亀戸線が本線の扱いで、1902（明治35）年に開業した吾妻橋駅は一時、廃止されていた。1908（明治41）年に貨物駅として再開され、1910（明治43）年に浅草その後は業平橋（現・とうきょうスカイツリー）駅と改称して、旅客営業を再開した。十間橋、柳島橋が架かる場所に建つ柳島妙見堂（法性寺）は、近松門左衛門の碑があり、葛飾北斎ゆかりの寺院である。

開業年	1912（大正元年）11月3日
所在地	墨田区押上1－10－2
キロ程	0.0km（押上起点）
駅構造	地下駅／2面4線
乗降客	216,517人（2017年度）

北十間川には京成橋、東武橋

京成の沿線の中で、近年において最も変貌を遂げた街は、この押上駅周辺かもしれない。そこには何といっても、2012（平成24）年に開業した東京スカイツリーの存在が大きく、現在は東京で1、2を争う新しい観光名所となっている。東京スカイツリーの東側の玄関口は、京成と東武、東京メトロ、都営地下鉄が共同使用する地下駅の押上駅で、西側の玄関口は東武のとうきょうスカイツリー駅となっている。

「押上」の地名は江戸時代から存在し、隅田川沿いの土地に土砂が堆積してゆく様子から名付けられた説、海に身を投げた日本武尊の妃、弟橘姫の遺品が押し上げられたことから生まれたという説がある。江戸時代から存在した押上村は、1889（明治22）年に東京市が成立すると、本所区の一部となり、1947（昭和22）年に向島区と合併し、墨田区に変わっている。

京成の押上駅は1912（大正元）年11月、押上～曲金（現・京成高砂）間の開通時に開業している。当初は本線の始発駅であったが、都心側にルートを延ばす計画は実現せず、1933（昭和8）年に別ルートの上野乗り入れが実現したため、支線の押上線の駅となった。1960（昭和35）年には、都営地下鉄1号（現・浅草）線が開通し、この押上駅を経由する相互乗り入れが実現した。このときに京成の押上駅も、地下駅に変わっている。

駅の地下化により、地上駅の跡地に

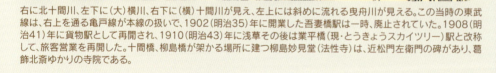

横十間川

墨田区、江東区を流れる運河で、天神川などとも呼ばれる。川の名称は、江戸城に対して横に流れ、川幅が十間（18メートル）だった、ということころから来ている。別名の天神川は、亀戸天神の横を流れることに由来する。隣接して横十間川親水公園が整備されている。

東京スカイツリー

誰でも知っている押上の新名所で、東京タワーに代わる電波塔として、2012（平成24）年に完成した。武蔵国にちなんで、634メートルの高さを誇る。地上350メートルの展望デッキ、450メートルの展望回廊があり、階上のレストランからの眺めも抜群である。

帝国陸軍陸地測量部発行「1/10000地形図」

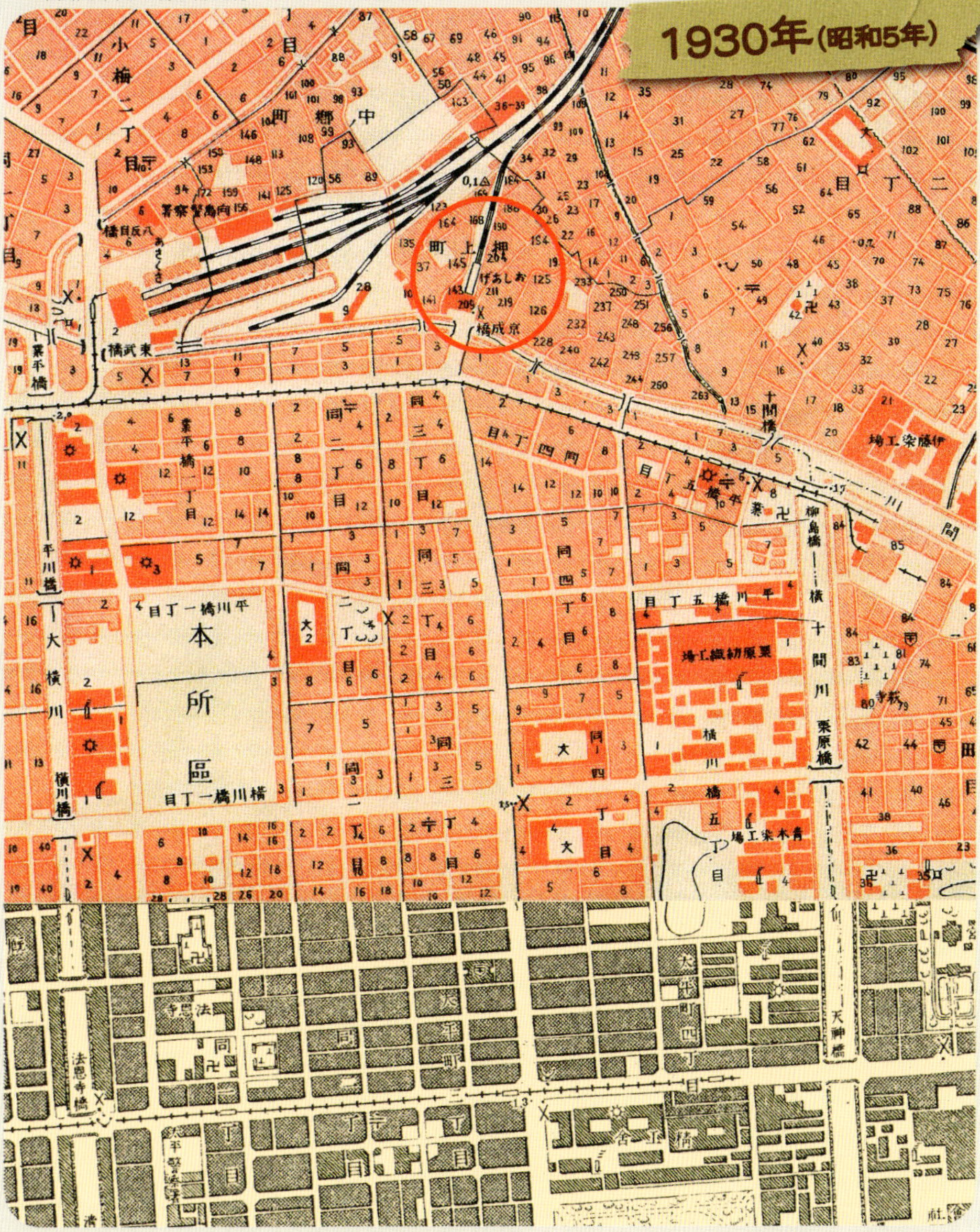

東武伊勢崎線とともに、京成本線（当時）が延伸して来て、ターミナル駅の役割を果たす押上駅が1912（大正元）年に開業している。この押上駅の南から、錦糸町駅方面に延びる四ツ目通りが開通、整備されている。横十間川に栗原橋が架かる横川橋5丁目には、栗原紡績工場、青木染工場が存在していた。ここは現在、マンションなどに変わっている。大横川の横川橋を経由して、この栗原橋の西側まで延びているのは春日通りで、上野御徒町方面から、隅田川に架かる厩橋を渡ってこの地に至っている。

は、上野から京成電鉄本社が移転してきた。その後、2013（平成25）年、京成電鉄本社は千葉県市川市の京成八幡駅の駅前に移転している。

一方、2003（平成15）年、東京メトロ半蔵門線、東武伊勢崎線（愛称・東武スカイツリーライン）の相互直通運転に伴い、両線を結ぶ地下駅である、新しい押上駅が誕生している。

その後、押上駅と東武伊勢崎線の業平橋駅周辺において、東武鉄道本社、工場の跡地が再開発されて、東京スカイツリー、東京ソラマチが誕生。押上は、近代的な観光地、商業地に大きく変化したのである。

押上（明治後期）

冬木立が続く明治後期の押上付近の風景。北十間川が流れているが、いまとは大きく異なる寂しいものだった。

建設省地理調査所発行「1/10000地形図」

1958年(昭和33年)

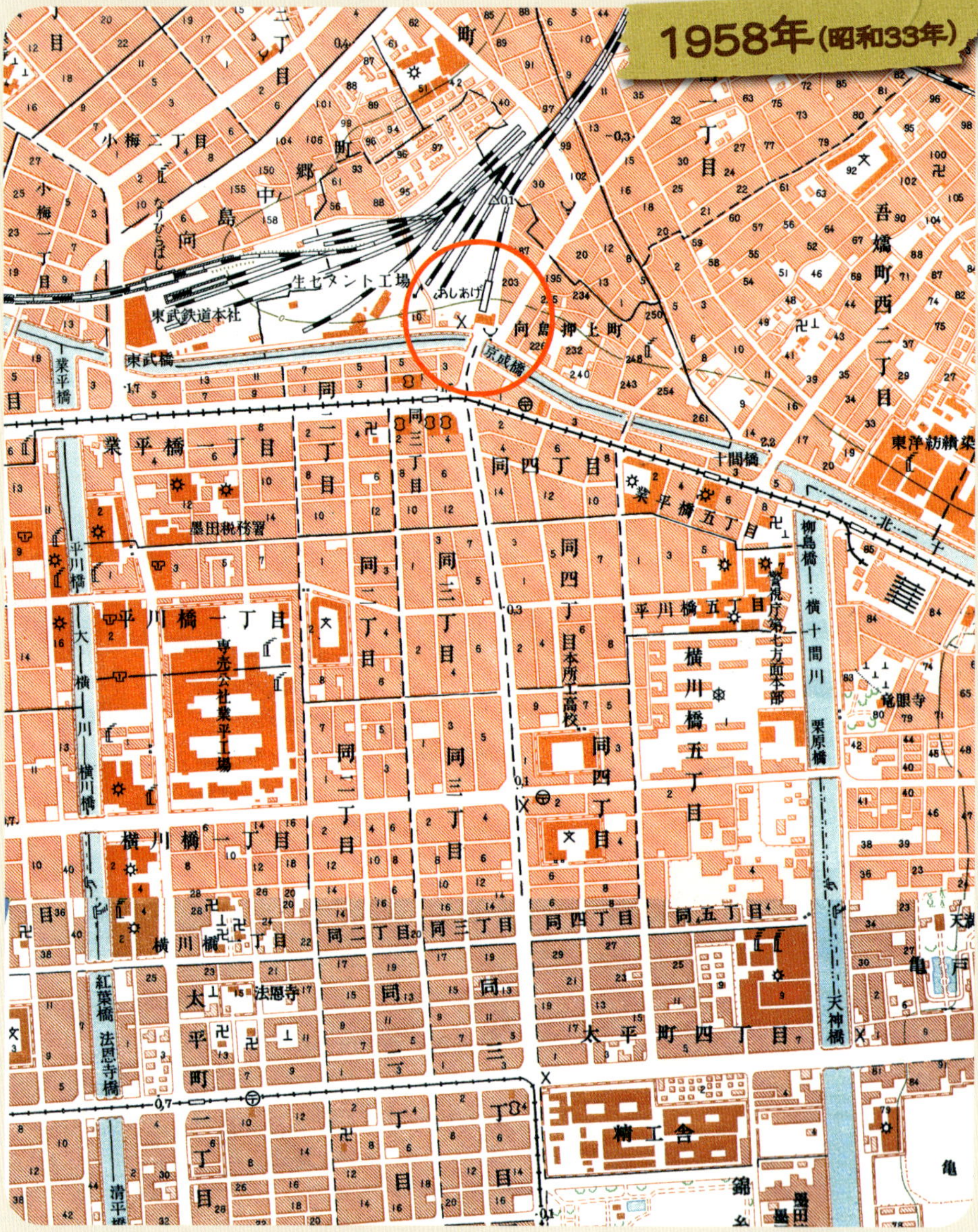

中央やや上を流れていた北十間川は、西に延びて、大横川とつながっている。大横川に架かる業平橋は、平安時代の歌人、在原業平ゆかりの橋で、この当時は東武伊勢崎線の駅名になっていた。また、業平橋駅の南側には、東武鉄道の本社が置かれていた。さらに南側の北十間川には、東武橋、京成橋という地元鉄道会社にゆかりの名称の橋が架けられている。地図左下には専売公社（現・JT）業平工場があり、現在ここはJT生産技術センターなどに変わり、西側にたばこと塩の博物館が開館している。

北十間川

東の旧中川、西の隅田川の間を流れる運河で、江戸時代に開削された。東京スカイツリーの建設を機に、水面に映るスカイツリーの撮影スポットとなっている。

隅田公園

台東区、墨田区の隅田川両岸に広がる公園で、桜が多く植えられており、花見の名所として知られる。夏には江戸の風物詩であった「両国の花火」の伝統を受け継ぐ、隅田川花火大会が開催される。

押上に江戸の名残り

東京スカイツリーの誕生で、押上の街は驚くほど美しく生まれ変わった。北十間川には親水テラスが設けられ、水面に写るタワーの姿を見ながら、付近の散策を楽しむことができる。そして、この東京スカイツリー周辺には、江戸から続く名所が点在している。

散策の中でまず、立ち寄りたいのが東側の柳島橋のたもとにある柳島妙見堂（法性寺）である。ここは江戸の人々の信仰が篤かった日蓮宗の寺院で、浮世絵師の葛飾北斎、作家の近松門左衛門ゆかりの寺として知られている。現在の境内は狭いものの、北斎の碑や近松の供養塔が建てられている。

押上駅の南側にある日蓮宗の寺院、春慶寺は「東海道四谷怪談」などの作家、鶴屋南北の墓が残る場所である。また、この寺は「鬼平犯科帳」の中で、鬼平（長谷川平蔵）の友人の寄宿先としても登場していた。

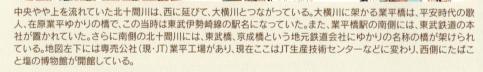

一方、西側を流れていた大横川は現在、大横川親水公園として整備されている。1993（平成5）年に開園した南北に約1・8キロ続く公園には、遊歩道のほか、釣堀やビオトープがあり、子供たちが水遊びのできる場所も設けられている。付近には2015（平成27）年に渋谷から「たばこと塩の博物館」が移転して開館した。

また、北の隅田川沿いには、多くの名所旧跡が存在する。近いところでは、言問橋のたもとに牛島神社が鎮座している。ここには「狛牛」や「撫で牛」がい

隅田公園（昭和戦前期）

隅田川の両側に整備された隅田公園。桜の名所として、春には大いに賑わう。

国土交通省国土地理院発行「1/10000地形図」

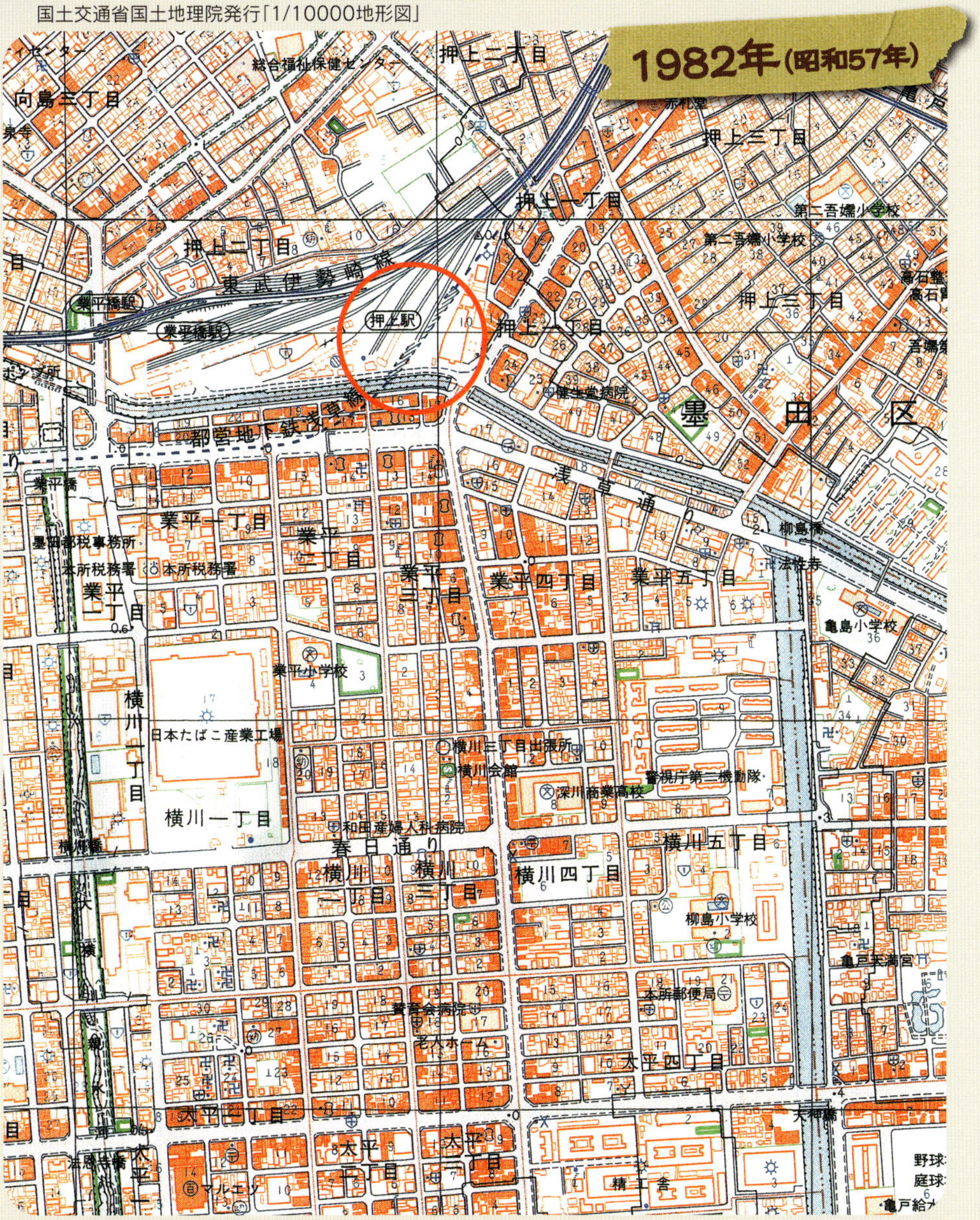

都営地下鉄浅草線が開通し、接続する形になった京成押上線は、共同の地下駅に変わっている。一方で、浅草通りを走っていた都電は廃止された。春日通りの南北にあった2つの学校のうち、南にあった墨田区立柳島小学校は東側に移転、新築されている。北の都立深川商業高校は、2004（平成16）年に統合され、移転することとなる。新しい柳島小学校の北側には、警視庁第二機動隊の本部となっている。柳島橋のたもとにある妙見堂は、法性寺と記されている。

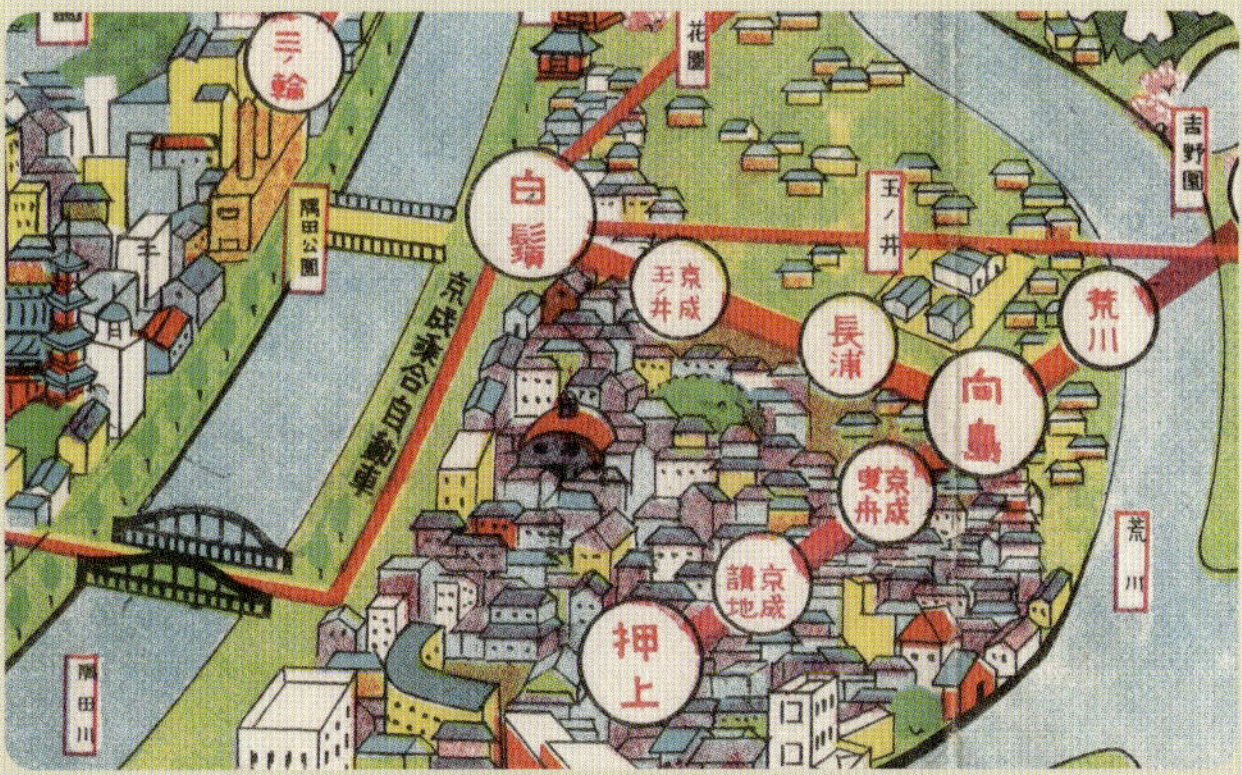

て、「牛の御前」として親しまれてきた。また、三輪鳥居と呼ばれる珍しい形の鳥居でも知られていたが、2018（平成30）年の台風24号の影響で倒壊するニュースがあった。

押上線

京成曳舟

2線の駅名となった曳舟、地名は消えて

帝国陸軍陸地測量部発行「1/10000地形図」

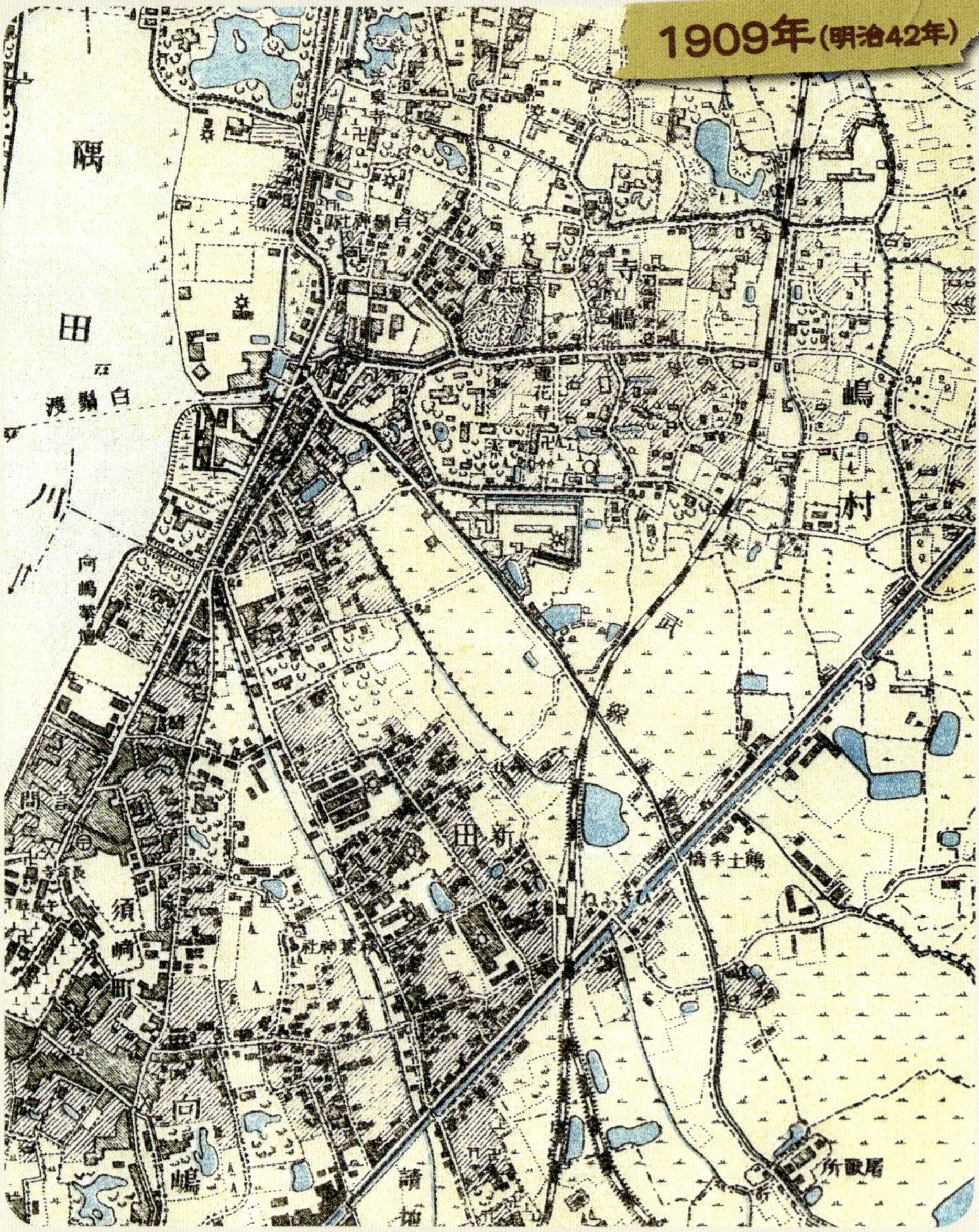

この当時は東京市向島区になる前で「向島」の地名はあるものの、南葛飾郡に請地町、須崎町、寺島村が存在した。地図の下を斜めに流れるのが曳舟川で、鶴土手橋などが架かっている。この橋の西側に東武の曳舟駅が置かれ、現在の東武本線と亀戸線が分岐している。このあたりの隅田川には橋の姿がないが、現在は白鬚橋、桜橋が架けられている。橋の代わりとなる渡し舟として、橋場の渡し、白鬚の渡しがあった。曳舟駅の周辺にもまだ、農地が多く残っていた。

開業年	1912（大正元年）11月3日
所在地	墨田区京島1－39－1
キロ程	1.1km（押上起点）
駅構造	高架駅／2面2線
乗降客	18,962人（2017年度）

曳舟川は道路になった

「曳舟」の名称をもつ鉄道駅は、この京成曳舟駅と東武の曳舟駅の2駅が存在する。このうち、京成曳舟駅の所在地は墨田区京島1丁目で、曳舟駅の所在地は東向島2丁目であり、現在は墨田区から曳舟の住居表示は消えている。

この「曳舟」の地名は、この地を流れる曳舟川に由来する。この川は葛西用水や亀有上水の水路を利用した川であったが、荒川放水路（荒川）の開削で分断され、その後に埋め立てが行われて、姿を消している。現在、上流にあたる葛飾区側では、曳舟川親水公園として利用されており、墨田区側では「曳舟川通り」となっている。

この曳舟地区において、最初にできた鉄道駅は、東武の曳舟駅である。1902（明治35）、伊勢崎線の駅として開業。2年後の1904（明治37）年に亀戸線が開業している。それから遅れること8年がたち、京成の曳舟駅は1912（大正元）年11月に開業した。当初の駅名は「曳舟」であり、1931（昭和6）年に現在の駅名である「京成曳舟」に改称している。

さて、京成曳舟駅の周辺は、墨田区内では珍しい戦災を免れた地域であり、下町の風情が色濃く残っている。中でも、向島橘銀座商店街（キラキラ橘商店街）は有名で、テレビ番組のロケ、中継などで近年、たびたび紹介されている。なお、「京島」の地名は、東京の「京」と向島の「島」を合わせたものである。

この京成曳舟駅の北側で京成押上線

向島百花園

江戸時代から「花屋敷」「新梅屋敷」として文人墨客に親しまれた向島百花園。特に秋草の美しさが有名で、虫聞きなども行われた。現在は都立公園として、一般公開されている。

向島橘銀座商店街（キラキラ橘商店街）

墨田区の京島地区にある商店街。関東大震災や東京大空襲で奇跡的に火災に遭わなかったため、現在も、大正時代からの長屋などがあり、昭和の面影色濃く残る下町の代表的な商店街。街路灯やカラー舗装が採用された1985（昭和60）年の改修時に"下町人情キラキラ橘商店街"の名称が付けられた。

墨田区京島3-49-1（事務局）

曳舟川通り

江戸時代から明治にかけて、向島のメイン道路であった。本所へ上水道を通すため掘り起こした土を両側に盛土して出来た土手道で、いわば副産物としてできた道路である。曳舟川がなくなった現在は、水戸街道のバイパス測道の役割を果たしている。

建設省地理調査所発行「1/10000地形図」

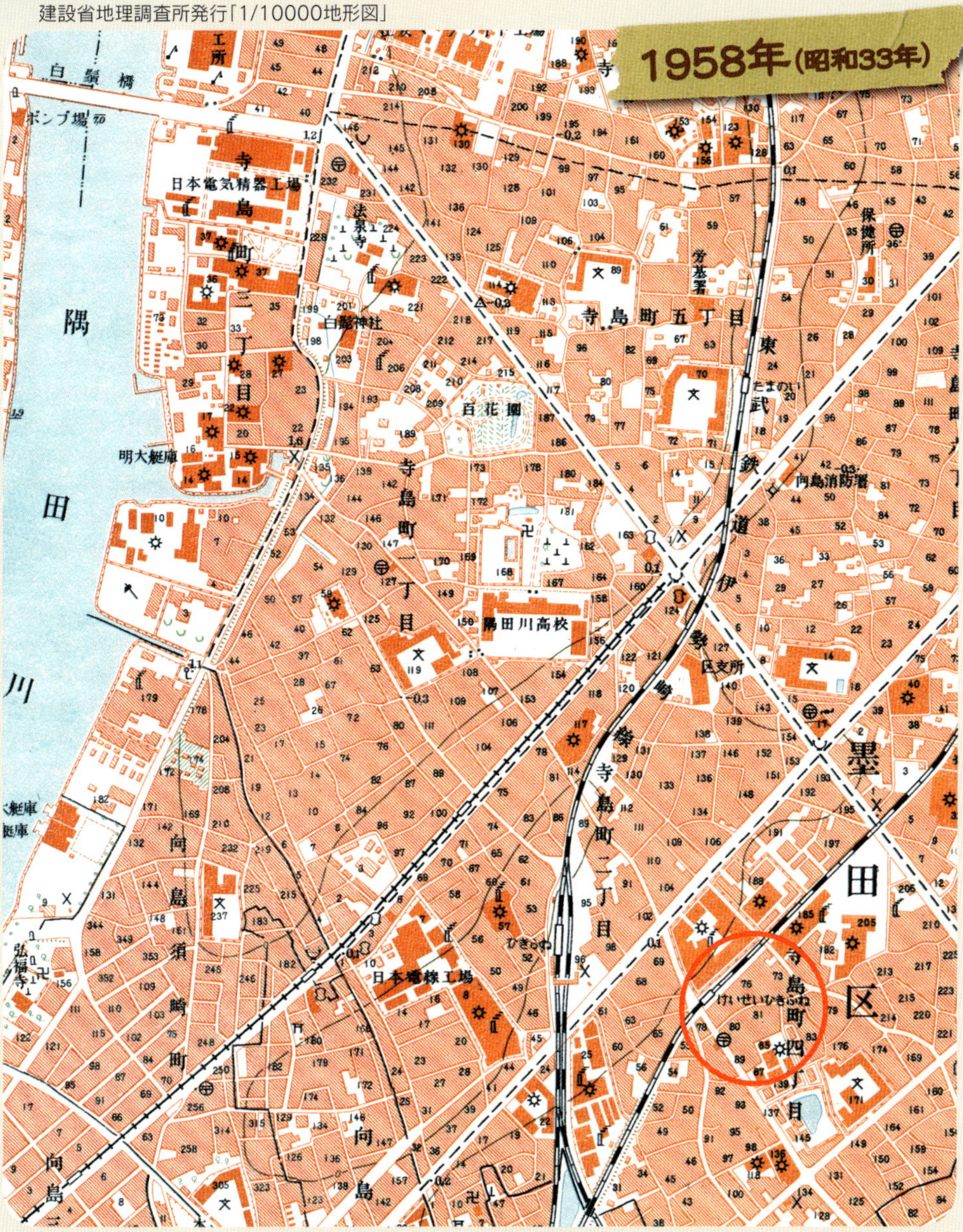

地図の右下に京成押上線が開通し、京成曳舟駅が置かれている。戦後、向島区と本所区が合併した墨田区には、全域にわたり工場が誕生している。東武の曳舟駅の西側には日本電線工場、白鬚橋の南側には日本電機精器工場が見えるほか、隅田川沿いに多くの工場の地図記号がある。工場に囲まれるように、レガッタ用に使用されていた明大艇庫が存在している。東武線に再開業した玉ノ井（現・東向島）駅の西側には、江戸時代から続く名所、（向島）百花園が存在している。

曳舟川（昭和戦前期）

流れがあった頃の曳舟川。舟を引くために両側部分が道路として整備されていた。

と交わるのが、東京の市街地をほぼ1周する明治通りである。この道路は、関東大震災後からの復興都市計画により、環状5号線として整備されたもので、現在はいくつかの国道、都道に分かれる形である。このあたりでは都道306号となっており、東向島交差点で水戸街道（国道6号）、京島交差点で四ツ目通り（都道465号）と交差している。

帝国陸軍陸地測量部発行「1/10000地形図」

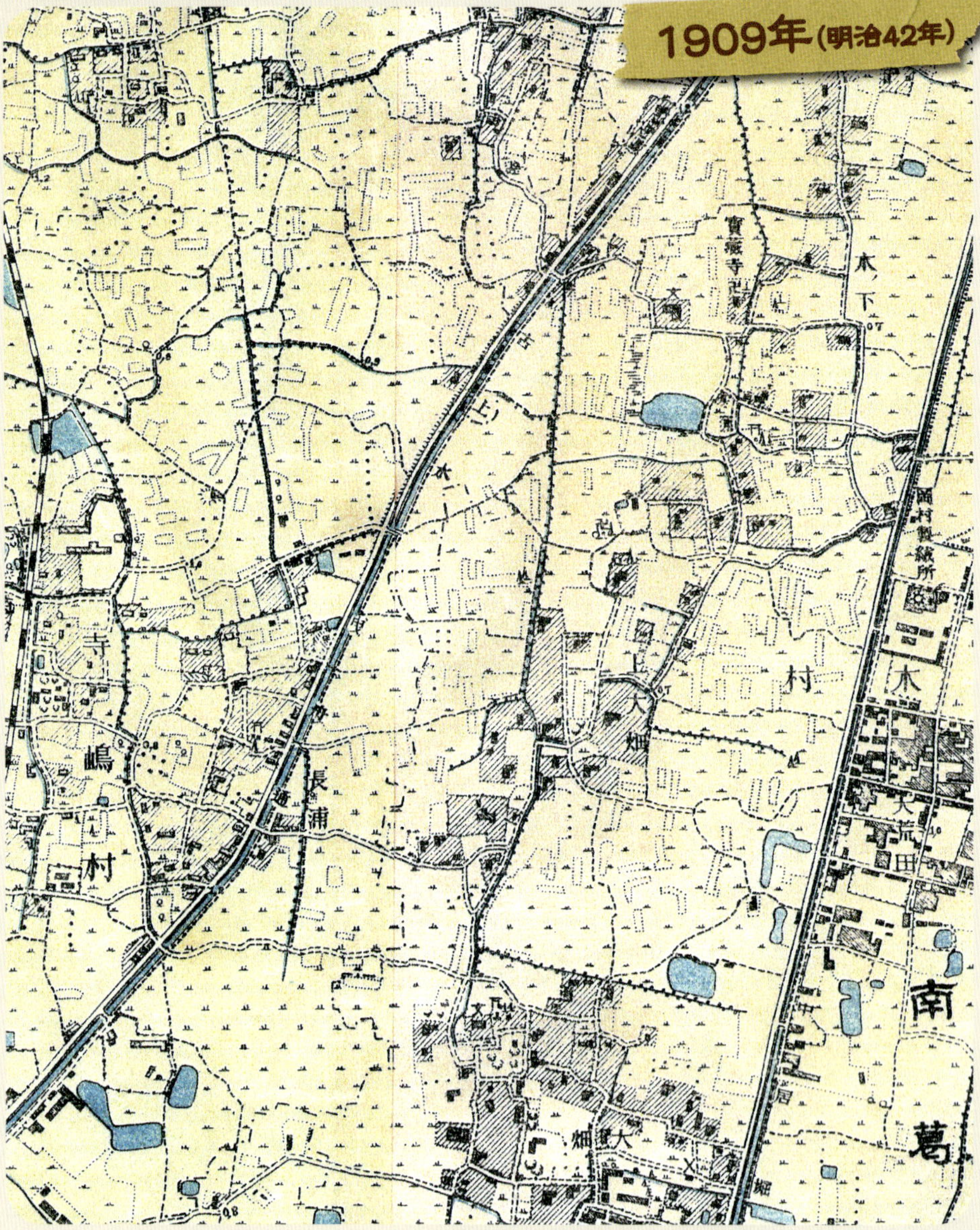

押上線

八広

1923年の開業以来、荒川駅を名乗る

明治時のこの地図では東側は大木村、西側は寺島村で、一帯に農地が広がっていた。中央を流れる曳舟川（古上水）沿いには道路が整備されて、曳舟通りとなっている。この東側に1912（大正元）年、京成押上線が開通することとなる。地図の南側に見える「文」の地図記号は、1875（明治8）年に私立江幡小学校として開校した、現在の墨田区立第三吾嬬小学校である。地図上部の東側は、荒川放水路（現・荒川）の開削により、大きな変化を遂げることとなる。

開業年	1923（大正12年）7月11日
所在地	墨田区八広 6−25−20
キロ程	2.3㎞（押上起点）
駅構造	高架駅／2面3線
乗降客	11,993人（2017年度）

八広は新しい地名・駅名

1923（大正12）年7月の開業以来、長く「荒川」の駅名で親しまれてきたのが現在の八広駅である。この付近の京成押上線は1912（大正元）年に開通しているから、駅の誕生は10年以上遅れた形である。

その間にこの地域で起こった大きな出来事として、荒川放水路（現・荒川）の開削が挙げられる。この工事は1913（大正2）年から1930（昭和5）年にかけて行われた大工事で、村々や鉄道の路線の移転を伴ったものである。これにより、隣の四ツ木駅も移転を余儀なくされた。現在、この荒川が墨田区と荒川区の境界線になっているが、墨田区側にも、もともとの「四ツ木」の地名（名称）が残り、当初はそのまま使用されていた。

一方で、この開削により、荒川の西側に誕生したのが、現在の八広駅であった。そのため、当初は「荒川」を名乗っていたが、その後に荒川区が誕生したことなどもあって、駅名が変更された。1994（平成6）年、所在地である八広6丁目に合わせて「八広」の駅名が採用された。この「八広」という地名は1965（昭和40）年、寺島町、隅田町などの一部が合併して生まれた新たな町域である。このときは8地区の合併で、縁起のいい「八」と末広がりの「広」を一緒にした地名が採用されている。現在、駅の西側には、墨田区立八広小学校が存在するが、この学校も2003（平成15）年に第五吾嬬小学校、更正小学校、

八広公園

墨田区の住宅地にある八広公園は、東京スカイツリーがよく見える穴場的公園。墨田区内を街歩きする観光客たちのためにベンチも設置され、ひと休みできる場所としても知られている。園内には、複合遊具施設や広場があり地域の人たちにも親しまれている。

墨田区八広5-10-14

建設省地理調査所発行「1/10000地形図」

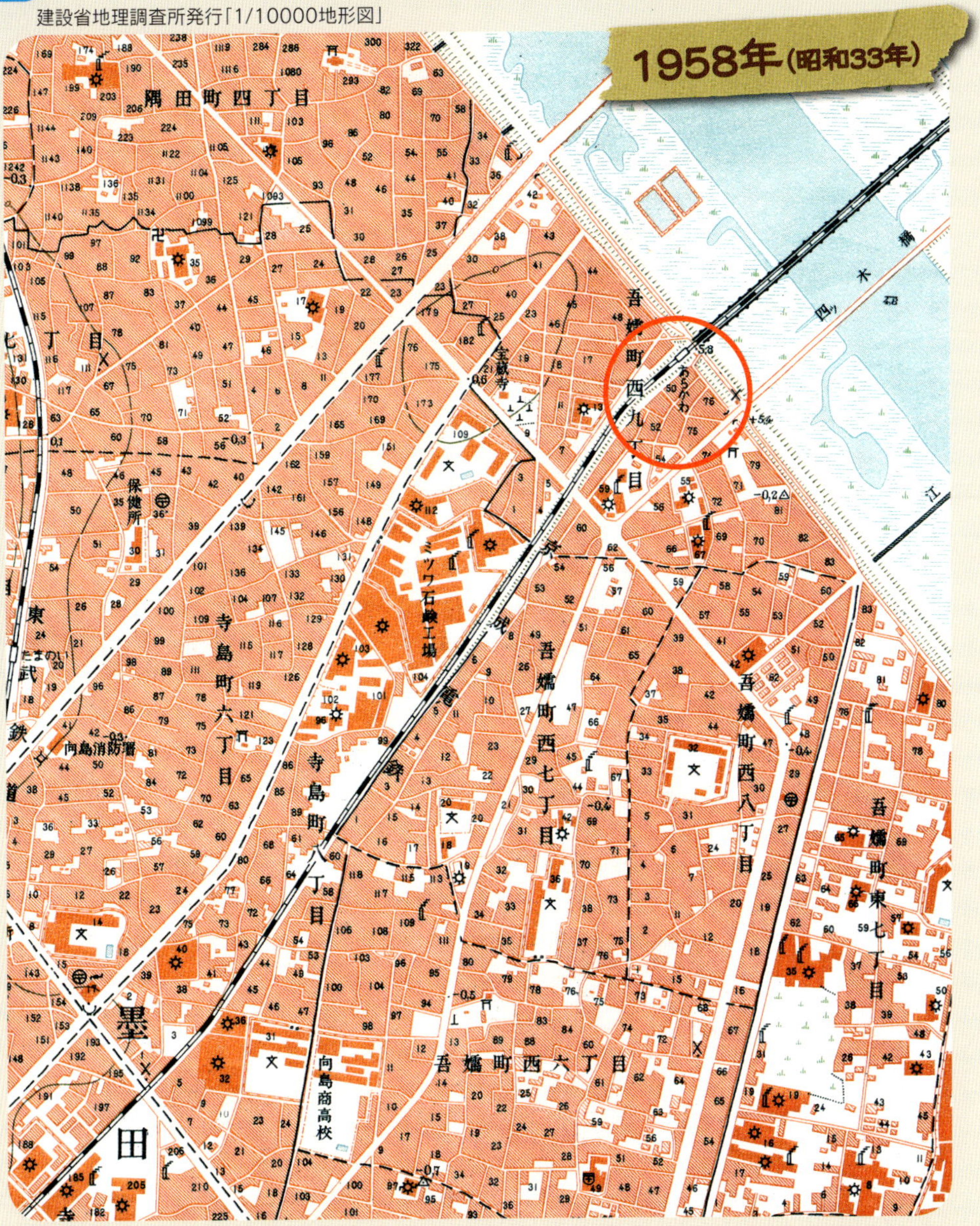

耕作地が多かった場所は戦後、東京都墨田区となり、すっかり市街地に変わっている。また、荒川放水路（現・荒川）が開削され、四ツ木橋、新四ツ木橋などが架橋されている。さらに地図を斜めに横切る京成押上線が開通し、荒川（現・八広）駅が誕生している。この駅の西側には真言宗豊山派の寺院、宝蔵寺があり、八広小学校が開校している。南側には三ツワ石鹸工場があったが、現在は都立墨田特別支援学校、八広図書館などに変わっている。曳舟川通りの西側には、並行するように国道6号が開通している。

木下川小学校が統合されて生まれた学校である。

また、荒川沿いに下ってゆくと、旧中川が分かれる木下川水門（木下川排水機場）がある。この付近には江戸時代に木下川梅園があり、その後は勝海舟の別荘となって、「松寿梅園」の名称で一般にも開放されていたという。しかし、この梅園も、荒川放水路の開削などで姿を消していった。

荒川改修工事（大正期）

荒川改修工事（開削）においては、浚渫した土砂を運ぶ船が活躍していた。

帝国陸軍陸地測量部発行「1/10000地形図」

1907年(明治40年)

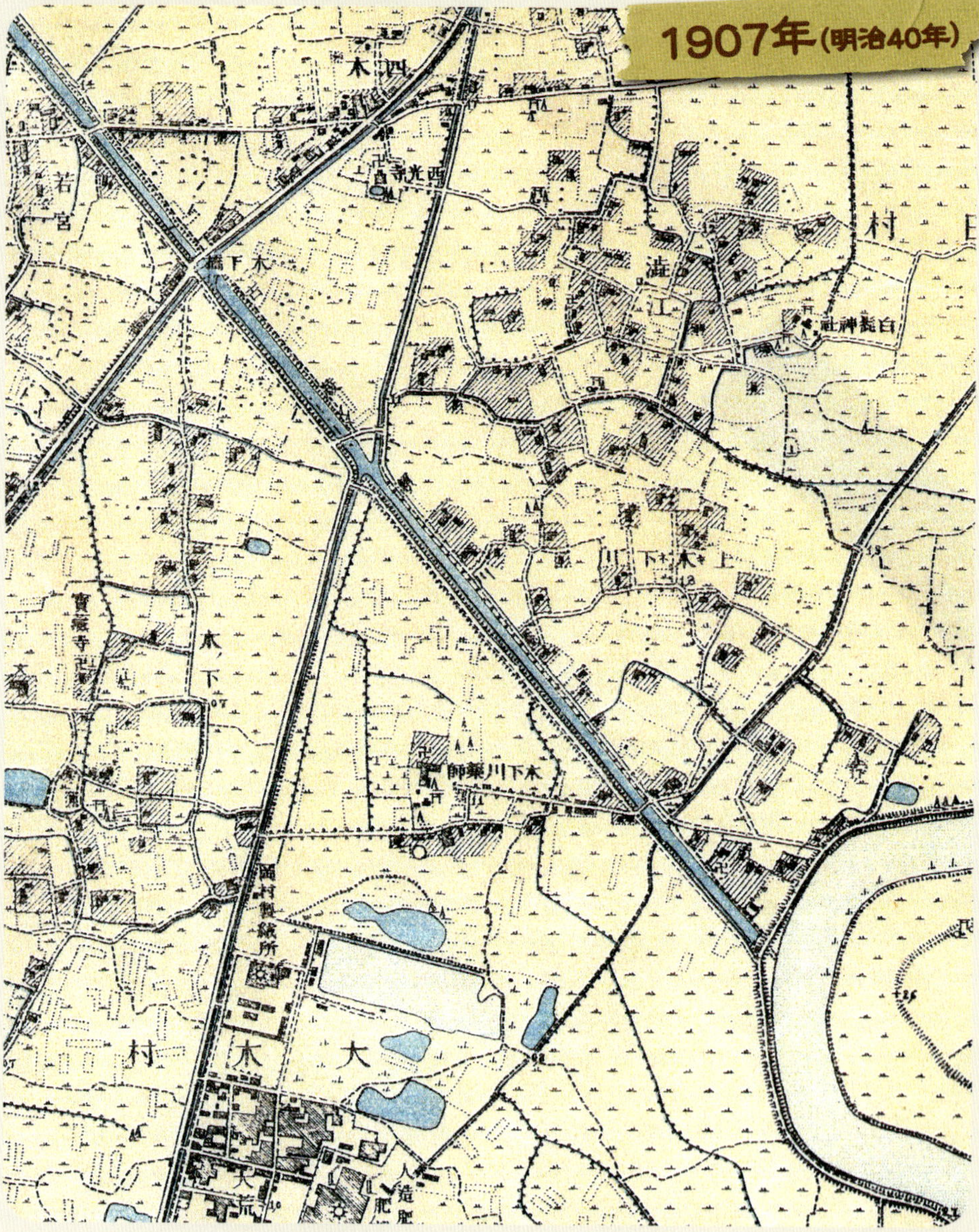

左上から右下にかけて古綾瀬川が流れ、南東で中川に合流している。地図の北東部分は本田村、南西部分は大木村で、1914(大正3)年、荒川放水路の開削により、大木村は廃止され、吾嬬町と本田村に分割編入されることとなる。地図の中央やや下には木下川薬師(浄光寺)があり、東西に参詣道が延びている。この寺も1919(大正8)年、荒川放水路の開削により現在地に移っている。この南西には、岡村製絨所が存在した。西側には真言宗豊山派の寺院、宝蔵寺が存在している。

押上線

四ツ木

荒川放水路の開削で移転し、現在地に

開業年	1912(大正元年)11月3日
所在地	葛飾区四つ木1−1−1
キロ程	3.1㎞(押上起点)
駅構造	高架駅/2面2線
乗降客	15,737人(2017年度)

木下川薬師・浄光寺も

四ツ木橋・新四ツ木橋、木根川橋に挟まれる形の荒川橋梁を渡った先に置かれているのが、四ツ木駅である。この駅は押上線が京成の本線だった1912(大正元)年11月に開業している。その後、荒川放水路(荒川)の開削により、1923(大正12)年に現在地に移転した。

江戸時代から、このあたりには四ツ木村が存在し、1889(明治22)年に新しく誕生した、立石村と隅田村に分かれている。現在の葛飾区側にあった南葛飾郡立石村は翌年(1890年)に本田村と改称。1928(昭和3)年に町制を施行して、本田町に変わった。1932(昭和7)年に東京市に編入され、葛飾区の一部になっている。

「四ツ木(四つ木)」の地名の由来には諸説が存在する。「松の大木が4本存在した」説や、源頼朝がここを通った時刻の「四つ過ぎ」による説、もともとは「世継」と呼ばれていたなどである。一方で、駅南東の中川との合流点付近には、葛飾区立木根川小学校が存在するように、木根川(木下川)という地名も、一帯で広く使われてきた。

この小学校の南側には、「木下川薬師」と呼ばれてきた天台宗の寺院、浄光寺が存在する。この寺の起源は849(嘉祥2)年に営まれた草庵にさかのぼり、860(貞観2)年に当時、浅草寺にいた円仁の命により、僧慶観が寺院にしたとされる。その後、荒廃、復興を繰り返し、江戸時代には徳川将軍の祈願所

建設省地理調査所発行「1/10000地形図」

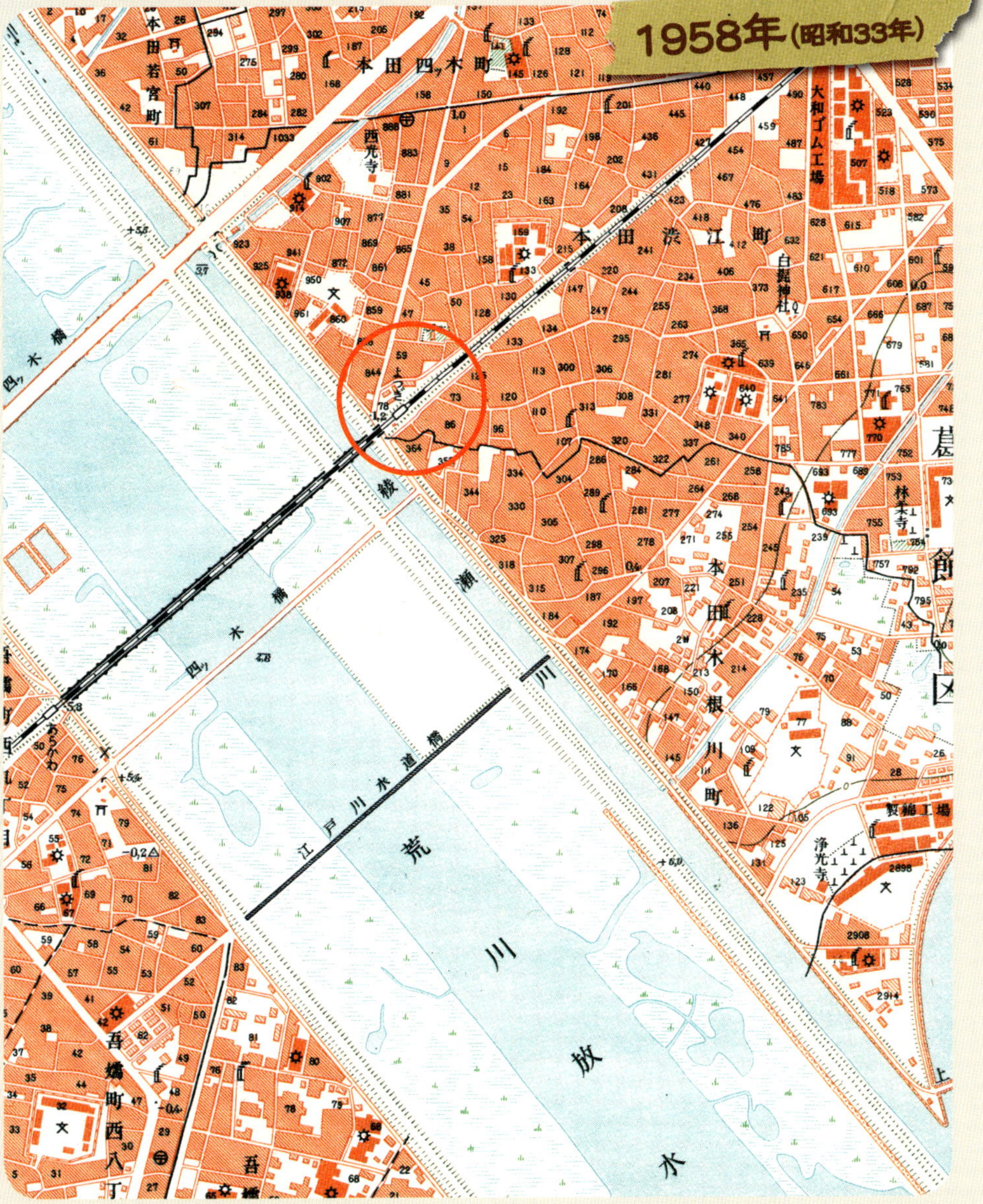

荒川放水路（現・荒川）が開削されたことで、地域は四ツ木（葛飾区）側と八広（墨田区）側に分断されている。放水路の手前に荒川（現・八広）駅、渡り切った場所に四ツ木駅が置かれている。京成の橋梁を挟んで、四ツ木橋、新四ツ木橋があるが、現在は架け替えが行われて、1969（昭和44）年に四ツ木橋の位置に木根川橋が架けられている。さらに旧新四ツ木橋が四ツ木橋と呼び名が変わり、すぐ下流に新しい新四ツ木橋が架けられている。放水路の東側には、綾瀬川が流れている。

西光寺（葛西清重史跡）

源頼朝に仕えて鎌倉幕府の創建に尽力し、奥州藤原氏攻めにも活躍した武将葛西清重ゆかりの寺。清重の草庵として1224（元仁元）年に創建され、1613（慶長18年）に浄土真宗より真言宗に宗旨を改めたと伝わる。敷地内には葛西清重の墓（都指定文化財）も建っている。

葛飾区四つ木1-25-8

浄光寺（木根川薬師）

天台宗寺院の浄光寺は、849年に創建された古刹。伝教大師作の薬師如来像を本尊とし、古くから木下川薬師として知られており、徳川家の祈祷所・御膳所として庇護され、江戸名所として賑わった。境内には家光御手植えの松や、日本大学の創設者山田顕義と加藤ひな子の親交を伝える碑がある。

葛飾区東四つ木1-5-9

荒川改修工事（大正期）

荒川改修工事（開削）は大変な難工事であった。人力だけではなく、当時の最新の機械も動員されていた。

となり、八代将軍徳川吉宗が鷹狩りの際に訪れ、御膳所となっていた。また、本尊の薬師如来の霊験を求めて、庶民も多く参拝に訪れた。この寺も1919（大正8）年、荒川放水路の開削のため、現在地に移転している。

帝国陸軍陸地測量部発行「1/10000地形図」

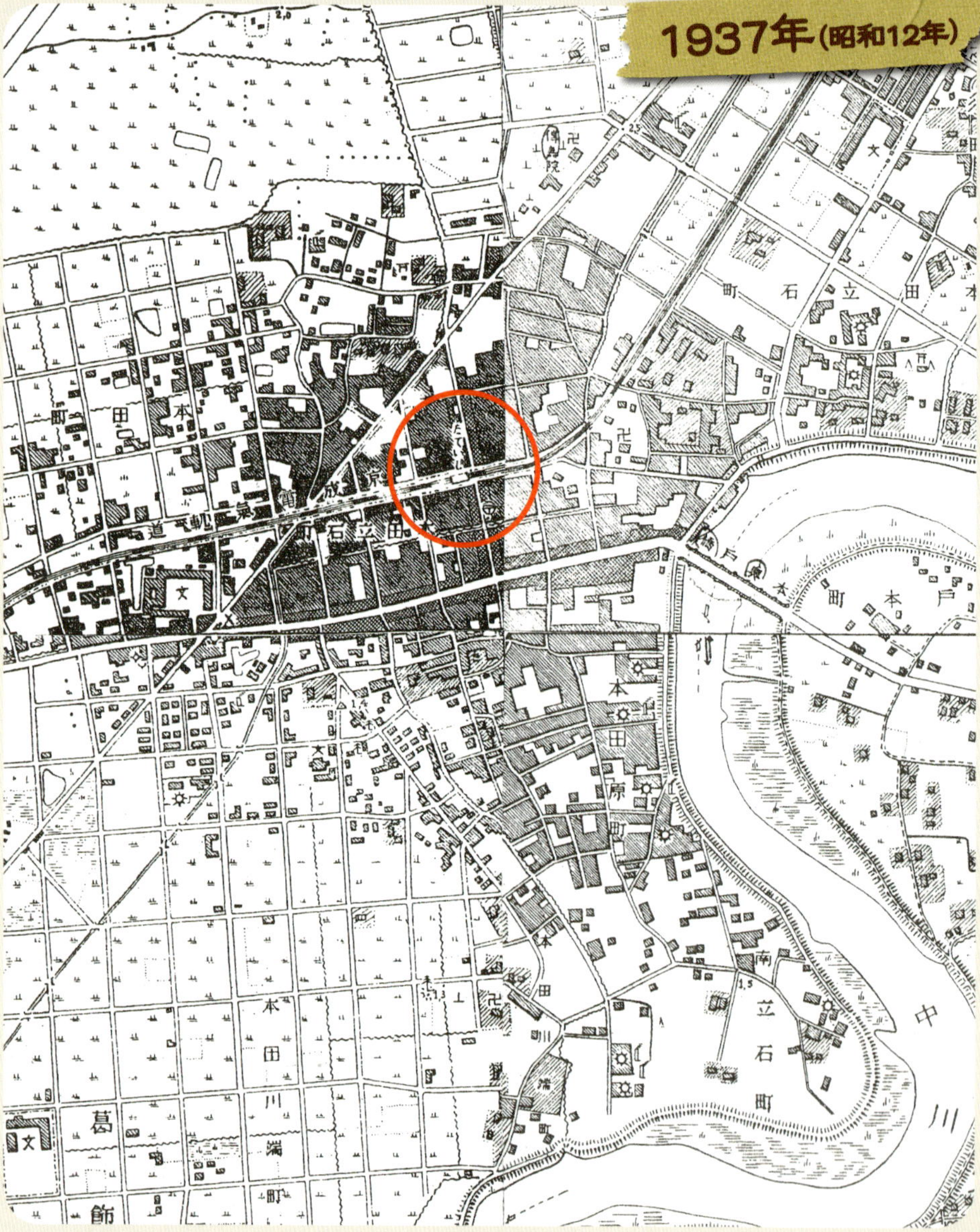

右下を大きく蛇行しながら、中川が流れている。西から進む奥戸街道は、本奥戸橋で中川を渡ることとなる。ここには古くから「奥戸の渡し」があったが、1932(昭和7)年に本奥戸橋が架橋された。この北側には、奥戸橋が架かる。こちらは「奥戸新田の渡し」があった場所で、1914(大正3)年に初代の橋が出来た。京成の立石駅は、奥戸街道の北側に置かれている。この当時の市街地は、この道路と鉄道線の付近に集中している。駅の東側に見える寺院は新義真言宗の寺院、西円寺である。

押上線

京成立石

葛飾区役所の最寄り駅。立石様が存在

開業年	1912(大正元年)11月3日
所在地	葛飾区立石4-24-1
キロ程	4.6km(押上起点)
駅構造	地上駅/2面2線
乗降客	38,856人(2017年度)

「せんべろ」の街で有名に

中川が流れる西側に位置し、奥戸街道の北側に置かれているのが京成立石駅である。この駅は1912(大正元)年11月の開業で、当時の駅名は「立石」であった。1923(大正12)年には、荒川放水路の開削に伴い、駅付近の併用軌道部分を専用軌道に変更するのに伴って、現在地に移転した。1931(昭和6)年に「京成立石」に駅名を改称している。

「立石」の地名の由来は、立石8丁目にある「立石様」による。この「立石様」とは、古代の官道(東海道)の道標として使用された石のことで、千葉の鋸山付近からこの地の古墳建造の際に持ち込まれ、道標として転用されたとされている。江戸時代には「根有り石」と呼ばれてきた。現在は立石8丁目にある児童公園の一角にある祠の中に祀られ、鳥居も建てられている。

明治維新後の1889(明治22)年、立石村、宝木塚村、梅田村などが合併して、新しい立石村が成立した。1890(明治23)年には、本田村と改称し、1928(昭和3)年に町制を施行し、本田村となった。

1932(昭和7)年にこの本田町のほか、新宿町、金町、奥戸町、南綾瀬町、水元村、亀青村が東京市に編入されて、葛飾区が成立している。葛飾区役所は、京成立石駅の北側に置かれている。現在、葛飾区では、立石駅北口地区市街地再開発事業により、近い将来に移転する計画が進められている。

葛飾区伝統産業館

葛飾区内の職人たちが培った伝統技術を広く知ってもらおうと、2001(平成13)年にオープンした。館内では、100年以上の歴史を誇る伝統工芸品などを見て、触れて、購入することができる。月に一度、体験教室も行われる。

葛飾区立石7-3-16

証願寺

1600(慶長5)年創建の由緒ある浄土真宗大谷派の寺院だが、敷地内に世界唯一のお寺のプラネタリウム「プラネターリアム銀河座」がある。17代目のユニークな住職のアイデアで、入口や塀には宇宙船や壁画、敷地内にはライオン像が鎮座し、廃品の恐竜オブジェなどが飾られている。

葛飾区立石7-11-30

立石様

立石8丁目の児童公園の祠には、立石の地名、駅名の由来となった「立石」が祀られている。もともとは古墳の石室用として持ち込まれたものとされ、鳥居と説明版が建てられている。現在、立石は地表にわずかに姿をのぞかせている。

建設省地理調査所発行「1/10000地形図」

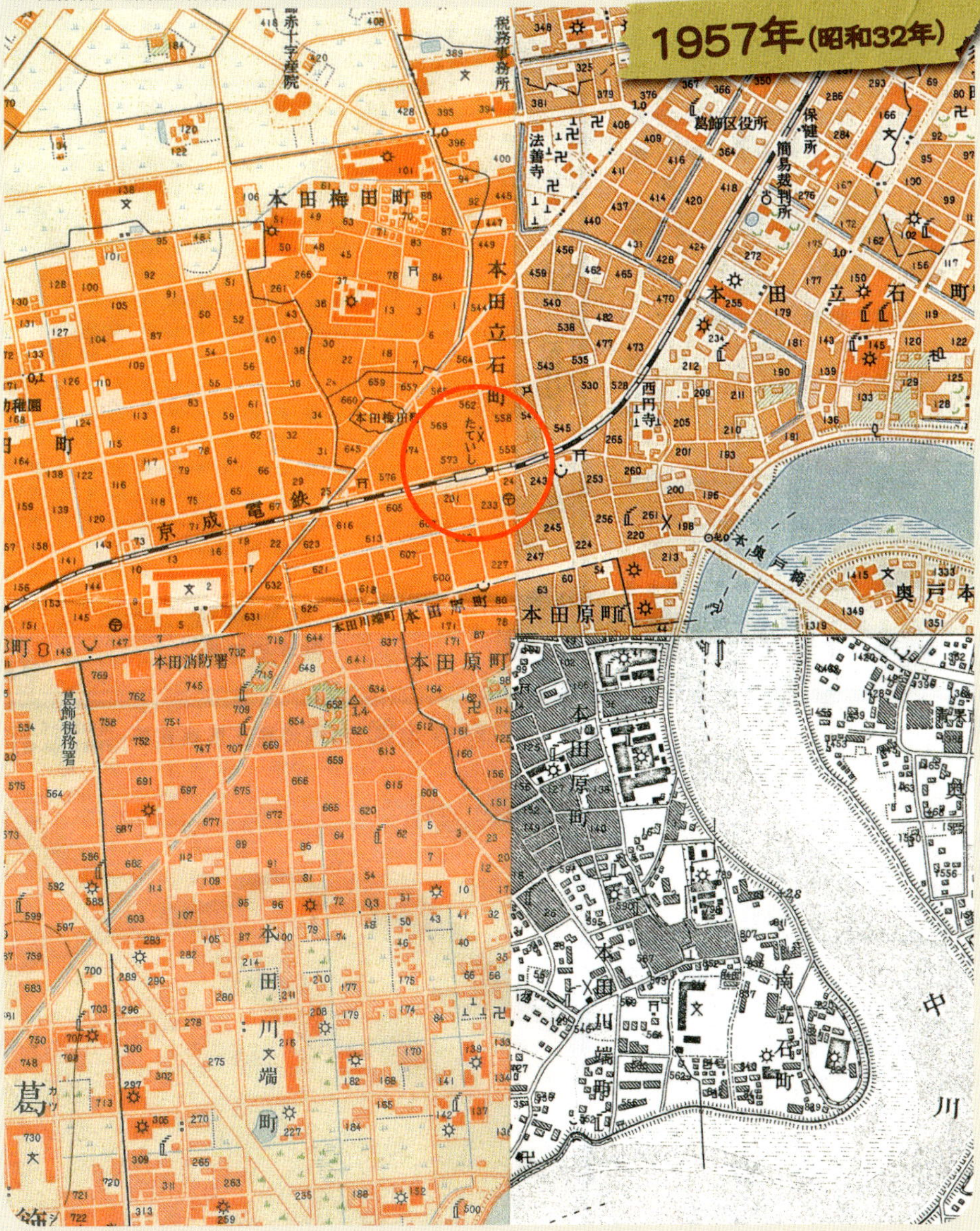

この時期、葛飾区役所は現在よりも東側、京成押上線に近い場所に置かれていた。現在は2つの「文」の地図記号が見える、都立南葛飾高校、区立渋和小学校の西側に移転している。この横(西)には葛飾赤十字病院が今も存在するが、2021年に移転する予定である。中央左、本田消防署の北側に見える「文」の地図記号は、本田小学校である。現在はこの東側に立石図書館が存在する。中川に向かって張り出した本田川端町(現・東立石)に、川端稲荷神社と本田中学校がある。

立石駅付近(昭和戦前期)

葛飾の中心地のひとつとして発展していた立石駅付近。

一方で、現在の京成立石駅の周辺は、古い路地などが残り、風情のある居酒屋が多く店を構えている。グルメ雑誌などでは「せんべろ(千円でベロベロに酔える)の街」として紹介され、特集なども組まれている。駅前には、立石仲見世商店街、立石駅前通り商店街もあり、ぶらりと散策に訪れる人も多くなっている。

帝国陸軍陸地測量部発行「1/10000地形図」

1918年(大正7年)

金町線

柴又

寅さん・矢切の渡しで観光客に人気の街

この時期には、南葛飾郡金町村であり、中央を大きくカーブしながら京成電気軌道の金町線が走っている。南の高砂方面から来た柴又街道は、帝釈天の門前までしか届いておらず、金町方面には延びていなかった。江戸川には現在も北側に矢切の渡しが存在するが、この時期には柴又帝釈天の東側には、下矢切の渡しが置かれていた。なお、「矢切」は対岸の松戸川の地名で、1889(明治22)年に松戸町が誕生する前には、上矢切村、中矢切村、下矢切村が存在していた。

開業年	1912(大正元年)11月3日
所在地	葛飾区柴又4−8−14
キロ程	1.0㎞(京成高砂起点)
駅構造	地上駅/2面2線
乗降客	10,050人(2017年度)

もちろん、帝釈天のお膝元

京成高砂駅と京成金町駅を結ぶ京成金町線で唯一の中間駅が柴又駅である。この柴又駅といえば、柴又帝釈天のお膝元であり、近年は「男はつらいよ」の舞台、「寅さん」の故郷として有名になった。

この帝釈天を訪れる参詣客のためには、明治中期の1899(明治32)年、東京では珍しい「人車鉄道」である帝釈人車鉄道(軌道)が柴又~金町間で開通している。人が車を押して参詣客を運んだ軽便鉄道で、このときに現在の柴又駅が開業している。この路線は1912(明治45)年、京成に譲渡されて京成金町線の一部となった。京成では、同年に柴又駅から曲金(現・京成高砂)駅までの路線を開通。翌年(1913)年に柴又~金町間の旧人車鉄道を改築し、現在のような約2・5キロの金町線とした。

1889(明治22)年、南葛飾郡の柴又村と金町村が合併して、金町村が成立した。1925(大正14)年に町制を施行し、金町となった。東京市葛飾区に編入されるのは1932(昭和7)年である。現在の「柴又」は、帝釈天と寅さんの街として有名である。江戸時代の1629(寛永6)年、日蓮宗の寺院、題経寺が創建された。仏教の守護神のひとつである「帝釈天」が信仰を集めるようになった。以後、日本では帝釈天といえば、柴又にある題経寺を指すほど、人口に膾炙する場所となった。

戦後になると名優・渥美清が主演し、山田洋次が監督を務めた人気シリーズ「男はつらいよ」が始まったことで一躍、

柴又帝釈天（帝釈天題経寺）

正式名称は「経栄山題経寺」。1629年、日忠が開山。本尊の帝釈天は日蓮の作と伝わる。一時所在不明だった本尊が見つかったのが庚申の日で、この日が縁日として賑わう。映画「男はつらいよ」では主人公寅次郎の実家が門前の団子屋という設定で、“寅さんのふるさと”としても知られる。

葛飾区柴又7-10-3

葛飾柴又寅さん記念館

世界一続いた映画としてギネスブックにも載った、映画「男はつらいよ」の記念館。撮影に使った「くるまや」のセットでメイキングなど貴重な映像や衣装、小道具などを見ることができる。リニューアルして、全国を放浪した寅さんの世界観がセットとして登場。

葛飾区柴又6-22-19

帝国陸軍陸地測量部発行「1/10000地形図」

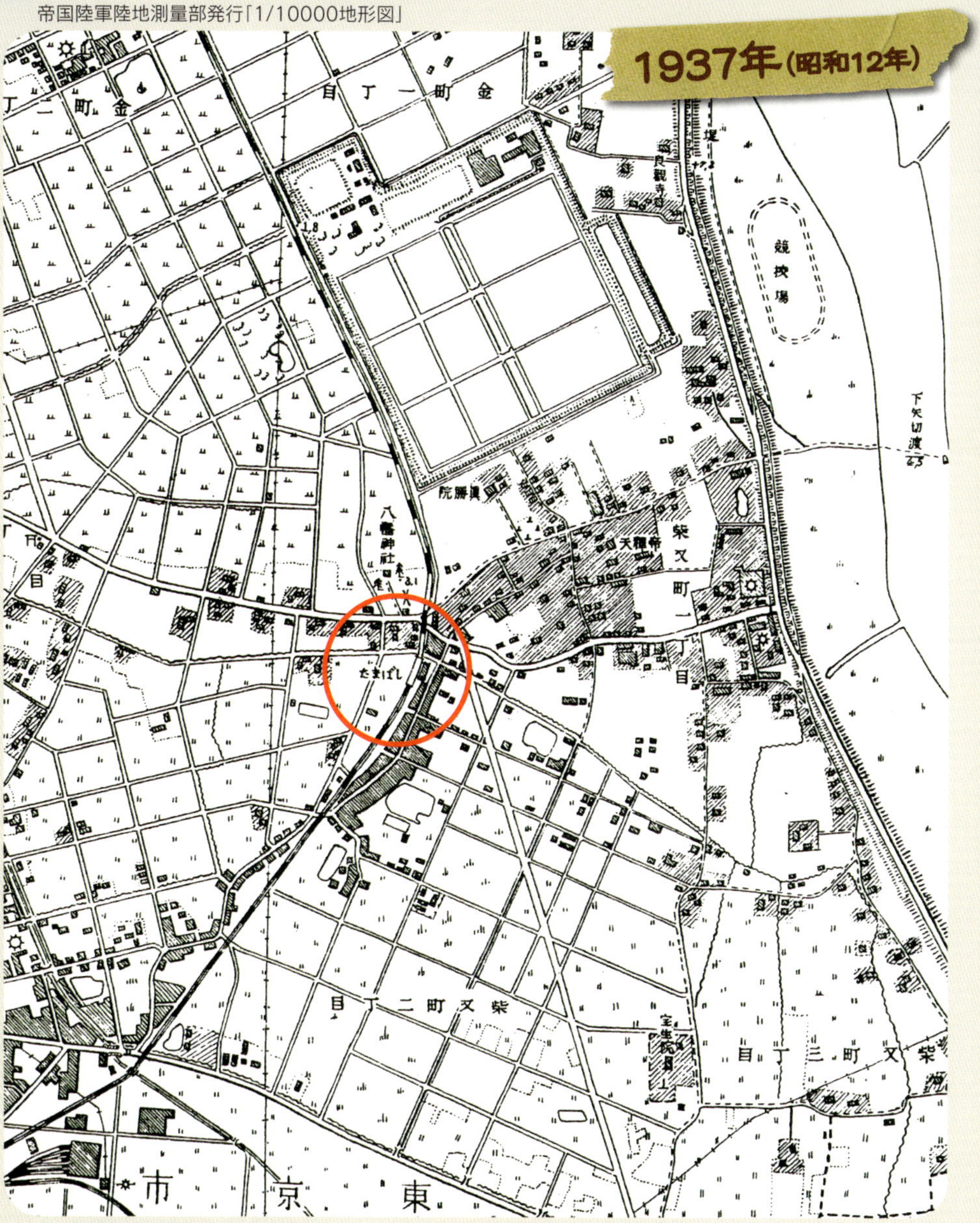

右側に江戸川の流れが見え、歌謡曲のタイトルとしても有名になり、今も現役の「矢切の渡し」が存在している。この付近には、川魚料理で有名な老舗料亭「川甚」があった。柴又駅からは、柴又帝釈天まで参道が延びている。また、江戸川の川べりにはこの時期、工場があったこともわかる。既に東京市葛飾区に変わっており、北側には金町浄水場が広がるものの、京成金町線の西側はほとんどが農地であった。また、東側も柴又駅周辺以外は、市街地になっていなかった。

柴又帝釈天本堂（昭和戦前期）

日蓮宗の寺院である題経寺の本堂は、日蓮を祀る祖師堂である。これは昭和戦前期に京成電車が発行した写真絵葉書セットの中の1枚。

全国区の人気を集める街となった。主人公である「フーテンの寅」こと車寅次郎の生家は、帝釈天の参道にある草団子屋で、そのモデルは、帝釈天門前の「とらや」とされている。

建設省地理調査所発行「1/10000地形図」

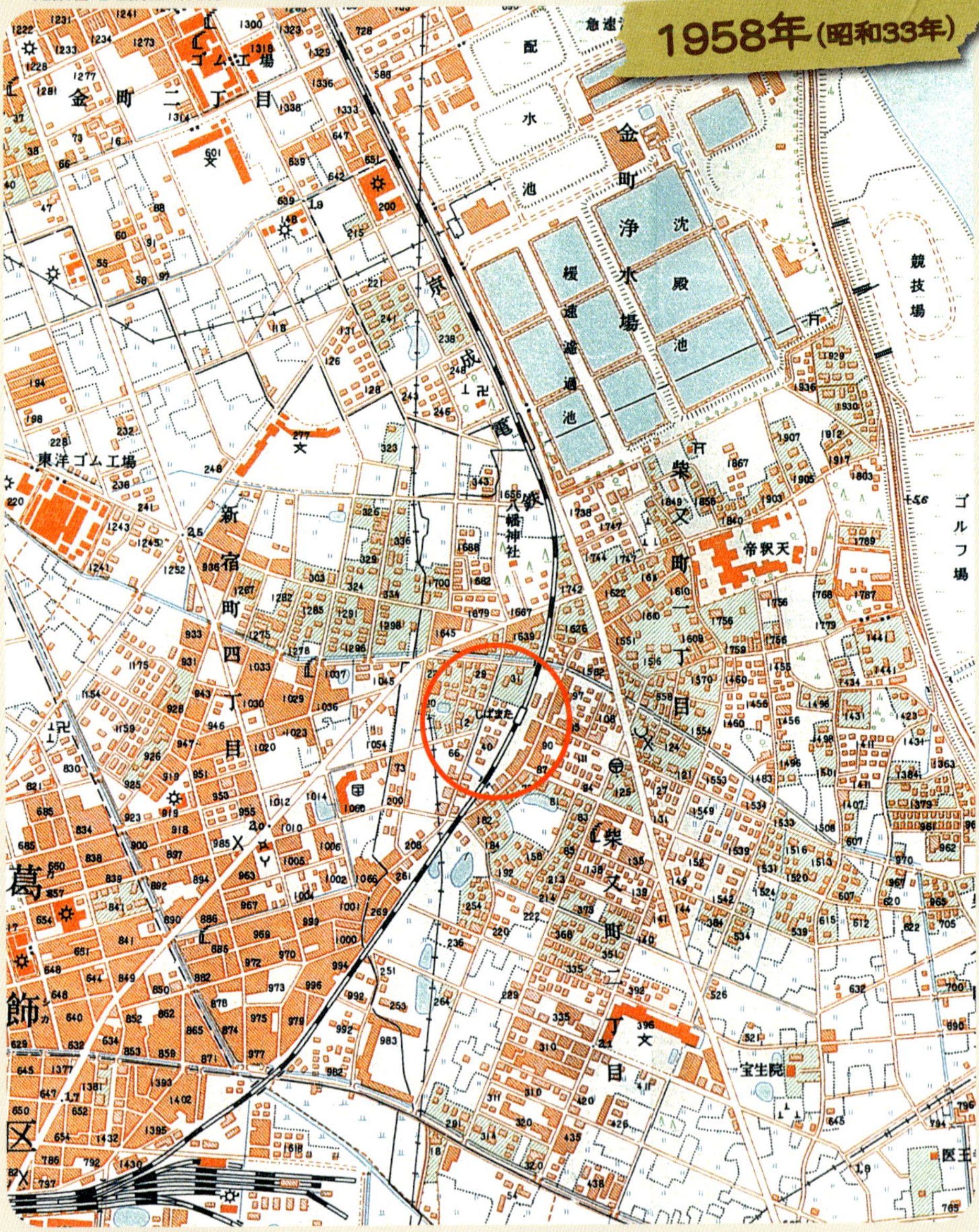

江戸川の河川敷には都道451号が通り、競技場とともにゴルフ場も整備されている。戦後に都市化が進み、農地は消えつつあった。人口増化に伴い、学校も次々と建てられていた。地図の下、柴又街道の西側に見えるのは、戦前の1939(昭和14)年に開校した葛飾区立柴又小学校である。道路を越えた東側には、戦後の1963(昭和38)年、東柴又小学校が開校している。西側の新宿町4丁目付近には、東洋ゴム工場が誕生している。

帝釈天参道

柴又駅から帝釈天(題経寺)に続く参道には、映画「男はつらいよ」のモデルとなった草団子屋をはじめとした飲食店、土産物店が並んでいる。

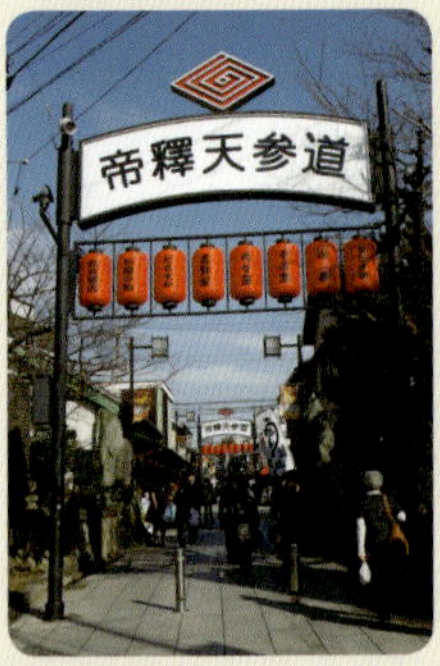

山田洋次ミュージアム

柴又には、葛飾柴又寅さん記念館に続いて、山田洋次ミュージアムが2012年(平成24)に開館した。「男はつらいよ」のほか、「幸福の黄色いハンカチ」「母べえ」などで知られる山田洋次監督の作品世界に浸れる場所となっている。

柴又に続々と新名所

もうひとつ、柴又といえば、有名なのが江戸川の渡し舟「矢切の渡し」。こちらは伊藤左千夫の小説『野菊の墓』で知られるようになり、近年は細川たかしらが歌った歌謡曲で知名度が増した。現在も柴又・矢切（松戸）間を結ぶ渡し舟が運航され、地元民や観光客が利用している。

帝釈天（題経寺）や参道の名店が、観光名所となっている柴又には、葛飾柴又寅さん記念館、山田洋次ミュージアムといった、新しい観光スポットも誕生している。この北側に存在する山本亭も、そのひとつである。

山本亭は、大正時代に建てられた和洋折衷の個人宅で、カメラ部品メーカーを経営していた山本永之助の邸宅であった。長屋門、土蔵を備え、木造2階建ての居宅を中心に、美しい書院庭園が設けられていた。葛飾区は登録有形文化財に指定した後、1988(昭和63)年に購入。1991(平成3)年から、一般公開を開始している。

さらに、帝釈天の東側にある川甚は、川魚料理で有名な老舗料亭である。創業は江戸時代の寛政年間とされ、かつては江戸川の畔に店を構えていた。この店は夏目漱石の「彼岸過迄」や尾崎士郎の「人生劇場」に登場するほか、映画「男はつらいよ」の第1作の舞台にもなっている。

矢切の渡し

対岸の松戸と葛飾区柴又とを結ぶ渡船場。船頭さんによる漕ぎ舟で往来するのはのどかだ、現在は観光目的がほとんど。伊藤左千夫が書いた純愛小説「野菊の墓」の舞台になったことで有名になった。その後、歌謡曲でも歌われ、ヒットしている。

松戸市下矢切1257

国土交通省国土地理院発行「1/10000地形図」

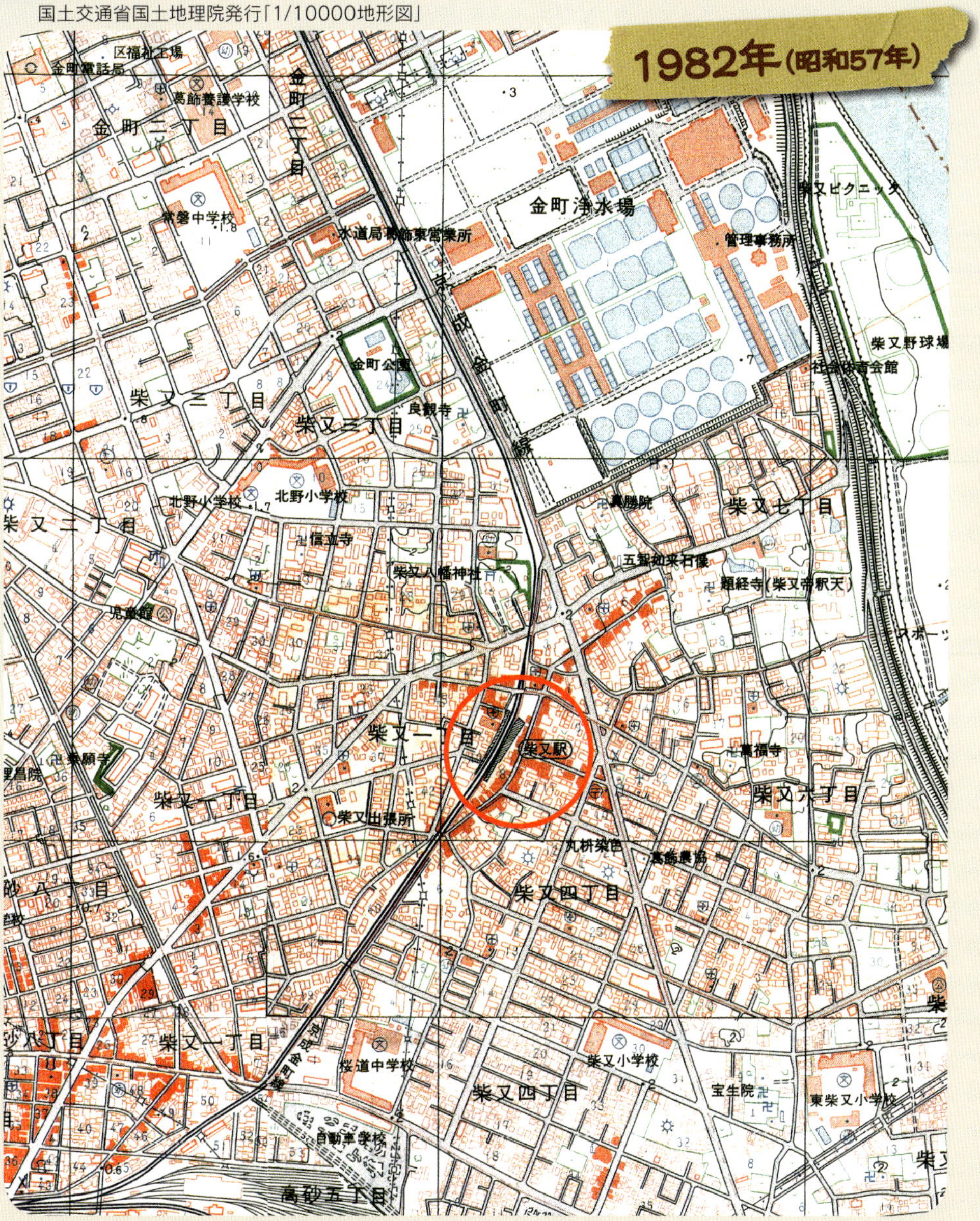

「柴又」の地名は、京成線の西側にも広がって、京成1～7丁目の住居表示が生まれている。江戸川の堤防を走る都道451号はさらに整備され、河川敷に柴又野球場、柴又ピクニックが誕生した。金町浄水場も近代化され、沈殿池などは消えている。このあたり、京成線の西側でもかなり住宅地が拡大している。左下の京成高砂車庫の北側には、自動車学校（京成ドライビングスクール）が出来ている。その北側には、葛飾区立桜道中学校が開校している。

川甚（明治後期）

江戸川の畔に店を構えていた頃の川甚。江戸時代から続く川魚料理の料亭として、文人墨客にも人気が高かった。

帝国陸軍陸地測量部発行「1/10000地形図」

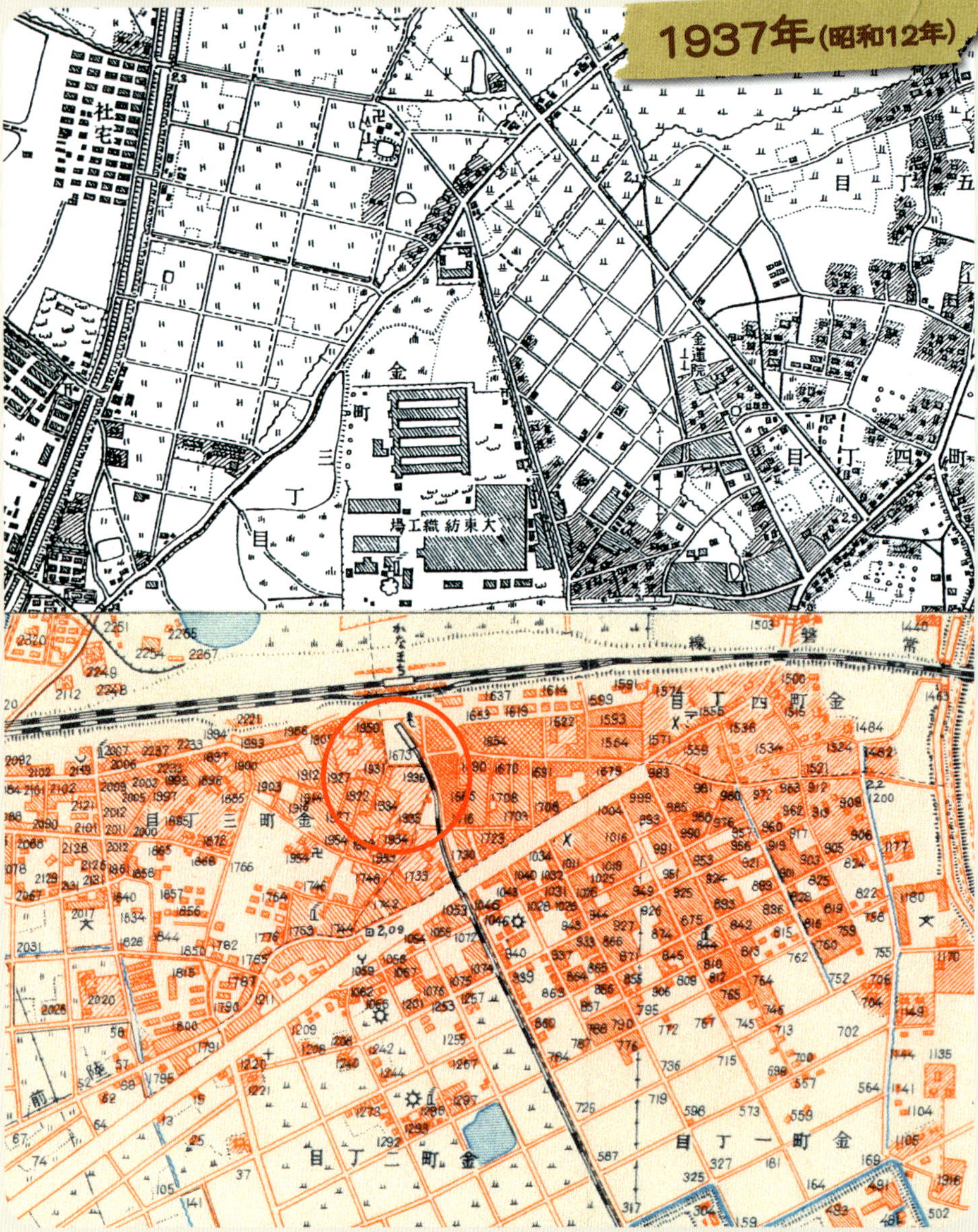

地図の中央を常磐線が東西に通り、金町駅が置かれている。南側には京成金町駅があり、南に向かって京成金町線が延びている。国道6号は両駅の東側まで整備されているが、その先はまだ整備が進んでいなかった。現在、常磐線を越えて北に進む旧道は都道471号に変わり、江戸川の葛飾橋を越えて東に進む新しい国道6号が開通している。金町駅の北側にはまだ農地が多く残っており、駅前に大東紡績工場が誕生している。西側には小合用水が流れているが、現在は道路に変わっている。

金町線

京成金町

京成金町線の起終点駅。常磐線と連絡

開業年	1913（大正2年）10月21日
所在地	葛飾区金町5－37－9
キロ程	2.5㎞（京成高砂起点）
駅構造	地上駅／1面1線
乗降客	25,442人（2016年度）

北には水元公園が広がる

地図を見れば、中川と江戸川の流れに挟まれるようにして、金町の市街地が広がっていることがわかる。東西を結ぶのがJR常磐線であり、その上に置かれた金町駅方面に向かって、やや東寄りから北上するのが京成金町線である。さらにもう1本、西寄りから北に延びているのは、総武本線の小岩駅（新小岩信号場駅）と金町駅を結ぶ新金貨物線である。

常磐線の金町駅は、1897（明治30）年に日本鉄道の駅として開業している。この駅と柴又駅を結ぶ参詣路線として、2年後の1899（明治32）年に開通したのが、京成線の前身である帝釈人車軌道であった。この路線は1913（大正2）年に改築・電化されて、京成金町線となっている。1931（昭和6）年には駅名を「京成金町」に改称した。

「金町」の地名の由来は不詳だが、古くは「金町郷」といい、江戸川のほとりにある香取神社領の中心地だった。「金町屋」といわれた時期もあり、1869（明治2）年に小菅県南葛飾郡金町村となった。1871（明治4）年に東京府に併合され、1889（明治22）年には柴又村と合併して、新たに金町村が誕生している。1925（大正14）年に町制を施行し、金町となった。1932（昭和7）年、東京市の拡大により成立した35区のひとつ、葛飾区の一部となっている。

川に挟まれた金町駅周辺には、水に関する施設が存在する。ひとつは南東

建設省地理調査所発行「1/10000地形図」

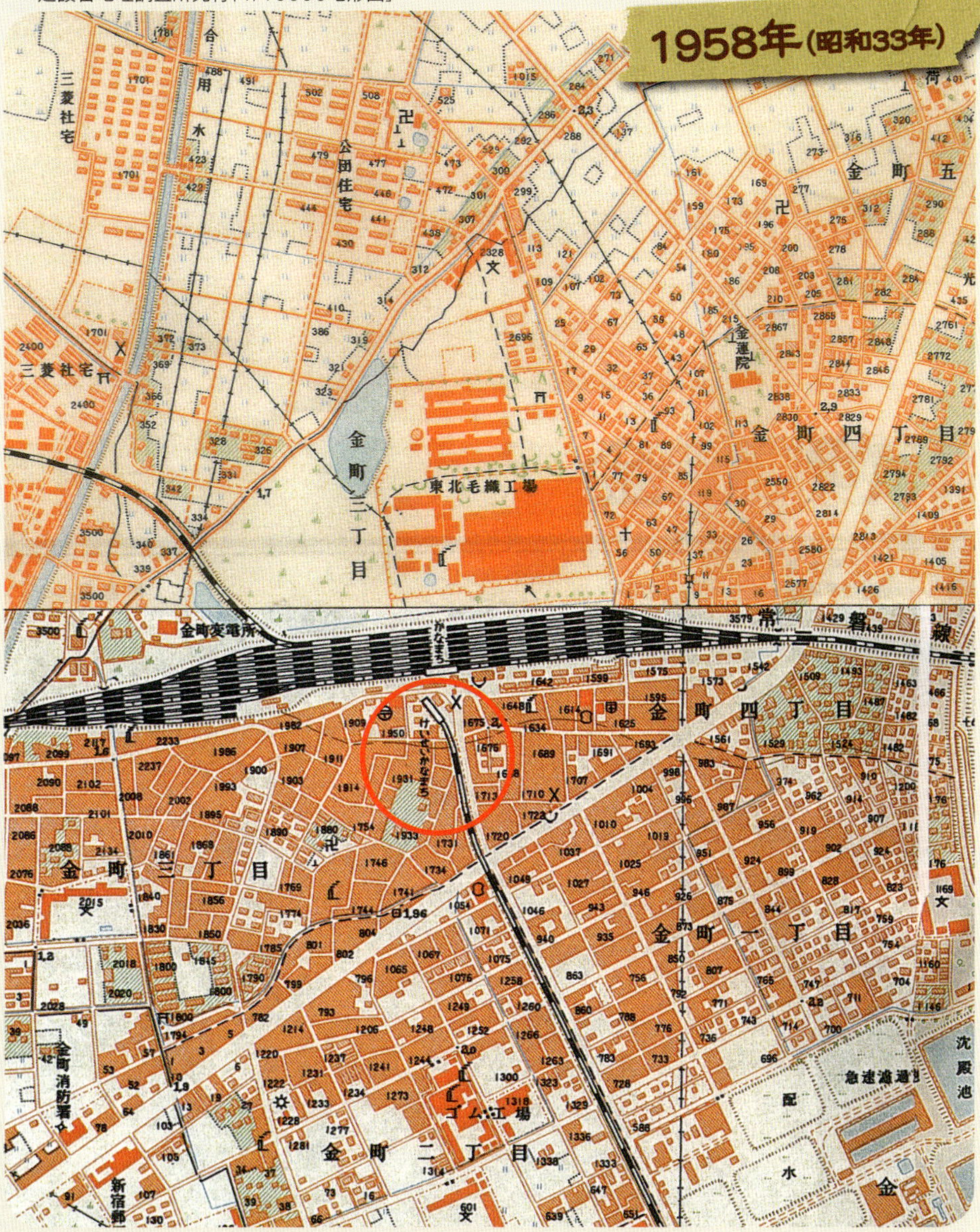

金町駅の北側にあった大東紡績工場は、東北毛織工場に変わっている。その後、工場は消えて、現在はUR都市機構金町駅前団地、東急ストアなどに変わっている。その北側に見える学校は、東金町小学校で、現在はその西側に金町中学校も存在する。この付近には、農地の中に公団住宅、三菱社宅などが出来ている。一方で金町駅の南側にはゴムの工場などが点在し、京成金町線、都道307号が南北に走る東側には、金町浄水場が存在している。

水元公園

小合溜から引いた大小の水路が園内を走る、都内で唯一水郷の景観をもった公園。園内にはポプラ並木やメタセコイアの森、ハンノキなど水辺に強い樹木が育ち、ハナショウブ・スイレン・コウホネといった水生植物も観察できる。アサザや古代種オニバスの自生地としても知られている。

葛飾区水元公園3-2

金町浄水場

1926（大正15）年に開設された、葛飾区金町にある東京都水道局の浄水場。江戸川から取水しており、現在、日量52万m3の施設能力を有している。有名なとんがり帽子の取水塔は1941（昭和16）年に造られた第2取水塔で、丸屋根の第3取水塔は1964（昭和39）年に造られた。

葛飾区金町浄水場1-1

南蔵院（しばられ地蔵）

葛飾区南水元2丁目にある南蔵院は、六歌仙のひとり、在原業平ゆかりの業平塚のかたわらに建てられた天台宗の寺院。正式名称は業平山南蔵院東泉寺で、縄で縛られた「しばられ地蔵」があることでも有名である。

京成金町駅付近（昭和戦前期）

国鉄常磐線と京成金町駅の2つの駅が置かれ、大いに発展してきた金町。右手に京成金町駅の駅舎がのぞく。

の江戸川沿いに存在する金町浄水場で、1926（大正15）年に開場している。一方、北側には中川の支流である大場川が流れており、そこから水を得た水元公園が広がっている。この水元公園は1940（昭和15）年に水元緑地として計画されていたものが、太平洋戦争で中断。戦後の1957（昭和32）年に水元公園として計画が再発足し、1965（昭和40）年に開園した。都内最大規模の水郷公園であり、防災公園としての機能も備えている。

白鬚線

京成白鬚線は、1928（昭和3）年から1936（昭和11）年まで、墨田区内に短期間存在した距離も短い支線である。起点となる向島駅から白鬚駅まで1・4キロの間に、長浦駅と京成玉ノ井駅という2つの途中駅が置かれていた。起点である向島駅は当時の本線（現・押上線）上に置かれていた駅で、1914（大正3）年に開業している。その後、太平洋戦争中の1943（昭和18）年に休止となり、戦後の1947（昭和22）年に廃止となった。途中駅の京成玉ノ井駅は、玉ノ井駅ともいわれていたが、一時期は同駅名であった、東武伊勢崎線の東向島駅とは異なる。

終点の白鬚駅は、隅田川に架かる白鬚橋の東詰付近に置かれていた。京成電鉄はこの先、隅田川を渡り、三ノ輪（現・三ノ輪橋）駅まで来ていた王子電気軌道（現・都電荒川線）と接続する計画であったといわれる。しかし、客足は伸びず、日暮里〜上野間の延伸が実現したことで、短期間で廃止された。

白鬚線の線名は、隅田川の畔にある白鬚神社に由来する。白鬚神社は951（天暦5）年に創建されたと伝わる古社で、良源が近江（滋賀県）の白鬚神社の分霊を祀ったとされる。旧寺島村の鎮守であり、主祭神は猿田彦大神だが、寿老神（寿老人）も祀られ、隅田川七福神のひとつとしても知られている。

白鬚神社があった南葛飾郡の寺島村は、1889（明治22）年に隅田村、請地村などと合併し、より規模の大きい寺島村となった。1923（大正12）年に町制を施行し、寺島町となった。1932（昭和7）年に東京市に編入し、向島区の一部となり、1947（昭和22）年に本所区と合併し、墨田区に変わっている。

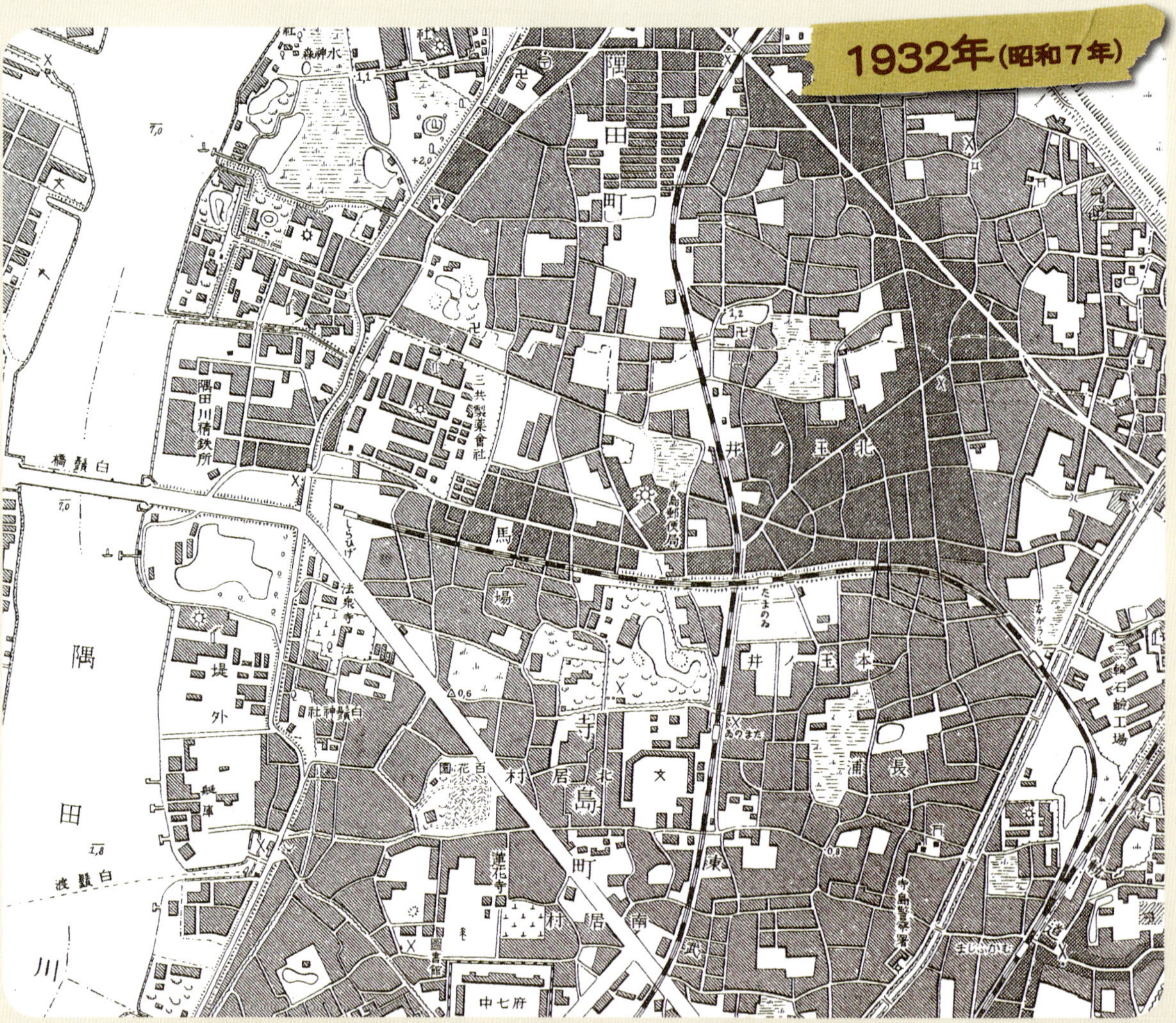

この時期、京成押上線の向島駅から分岐して、白鬚駅に向かう京成白鬚線が通っており、長浦駅と玉ノ井駅が置かれていた。玉ノ井駅が置かれていたのは、東武線との交差点付近で、この南側に東武の玉ノ井（現・東向島）駅が置かれている。関東大震災からの復興事業として、隅田川に白鬚橋が架けられ、この橋を通る明治通りが開通している。現在の国道6号は東武伊勢崎線に近い東向島交差点まで、延びているものの、その先はまだ開通していない。北側には、鐘淵紡績会社とともに日本車両会社があった。

3章
千葉線、千原線
成田空港線

京成宣伝絵葉書「海　銃後の護り先づ健康」

京成宣伝絵葉書「谷津遊園、船橋、稲毛、千葉海岸」

帝国陸軍陸地測量部発行「1/10000地形図」

京成千葉線が総武本線と分かれる付近に京成幕張駅と幕張駅が置かれている。一方、北西にはまだ、京成幕張本郷駅と幕張本郷駅は見えない。その南側、千葉街道(国道14号)は湾曲しながら通っている。さらに南側には、「袖ヶ浦」と呼ばれる砂浜が続いていた。中央上には「馬加」という古い地名が見える。この東側に見える「文」の地図地号は幕張小学校で、隣接して秋葉神社が鎮座している。この東側を県道57号が通っている。左上にも「馬加」の地名があり、子守(こまもり)神社と宝幢寺が存在している。子守神社は、幕張の総鎮守である。

千葉線

京成幕張本郷、京成幕張

花見川区に京成幕張本郷駅と京成幕張駅

京成幕張本郷駅

開業年	1991(平成3年) 8月7日
所在地	千葉市花見川区 幕張本郷1－1－3
キロ程	2.1㎞(京成津田沼起点)
駅構造	地上駅(橋上駅) 1面2線
乗降客	16,297人(2017年度)

京成幕張駅

開業年	1921(大正10年) 7月17日
所在地	千葉市花見川区 幕張町4－601
キロ程	4.0㎞(京成津田沼起点)
駅構造	地上駅／1面2線
乗降客	8,124人(2016年度)

幕張の地名は「馬加」から

京成千葉線は1921(大正10)年7月に津田沼(現・京成津田沼)～千葉間が開業したが、このときには現在の京成幕張本郷駅は置かれなかった。1991(平成3)年8月、ようやくこの京成幕張本郷駅が開業している。同一の構内にある、総武本線の幕張本郷駅も1981(昭和56)年に開業しており、ともに比較的新しい駅である。

京成幕張本郷駅の所在地は、千葉市花見川区幕張本郷1丁目である。花見川区が誕生したのは1992(平成2)年で、1954(昭和29)年に千葉市に編入される前は幕張町であった。さらに歴史をさかのぼれば、幕張町の前身である幕張村は、1889(明治22)年に馬加村、武石村、実籾村などが合併して成立している。6年後に幕張町と変わるが、その後、新しく誕生した習志野市との間で、一部の境界の変更が実施されている。

駅の南西では京葉道路が千葉街道と交差し、幕張インターチェンジが置かれている。この先、京葉道路は2本の鉄道線を越えて東に進み、その先には幕張パーキングエリアが設けられている。

京成幕張駅は1921(大正10)年7月に幕張駅として開業している。京成千葉線の北側を並行して走る総武本線には、少し先に幕張駅が置かれていた。こちらは総武鉄道時代の1894(明治27)年12月に開業している。しばらくは2つの幕張駅が存在したが、京成本線の駅は1931(昭和6)年に現在の駅

秋葉神社（昆陽神社）

古くからある、日防（ひよけ）・火伏せの神を祭神とする秋葉神社の敷地に、昆陽神社が並んで建つ。秋葉神社の創建年代などは不詳だが、境内社となる昆陽神社は、1846（弘化3）年の創建で、甘藷栽培を成功させた青木昆陽を祀る社として知られている。近くに昆陽が甘藷を試作した跡地もある。

千葉市花見川区幕張町4-594-2

幕張ビーチ花火フェスタ

2018年に40周年を迎えた「千葉市民花火大会」は2012（平成24）年から、場所を幕張に移し、「幕張ビーチ花火フェスタ」として、8月に行われている。

幕張メッセ

千葉市美浜区中瀬にある国際展示場、国際会議場、幕張イベントホールの総称。「東京ゲームショウ」「東京オートサロン」などが開催されている。

建設省国土地理院発行「1/25000地形図」

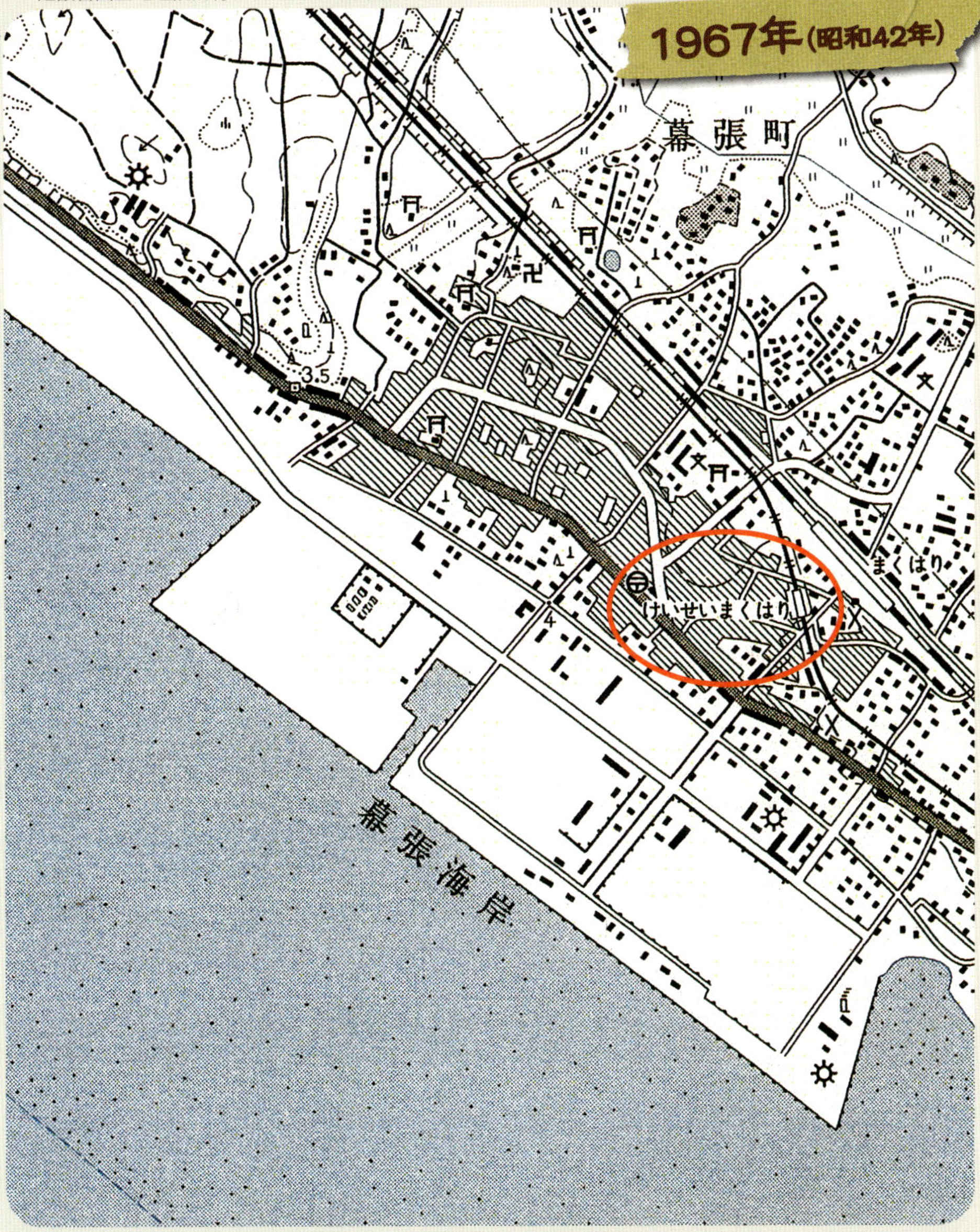

戦前の地図と比較すると、千葉街道（国道14号）が整備されて直線区間が長くなっている。その南側では海岸の埋め立てが進み、工場が建設され始めていた。現在はこのあたりに幕張南小学校、神田外国語大学、渋谷教育学園幕張高校、放送大学などが誕生している。一方、総武本線の北側においても住宅開発が行われていた。学校も建設され、県道57号沿いには幕張東小学校を示す「文」の地図記号が見える。その東側には、千葉市立幕張中学校が、実籾から移転してきた。この時期には既に千葉市になっており、1992（平成4）年に花見川区が誕生する。

名である「京成幕張」に改称した。

この両線の南側を、千葉街道（国道14号）が走っているが、当時はこのあたりに海岸線が存在した。京成の駅も海岸線に近い位置に存在し、戦前から戦後にかけては、海水浴や潮干狩りに訪れる客で賑っていた。しかし、「千葉海浜ニュータウン構想」により、1969（昭和44）年から本格的な宅地造成が行われ、海岸線は遠くなった。現在は新しい海岸に人工のビーチが造られている。

新しい埋立地を東関東自動車道・東京湾岸道路（国道357号）が走っており、京成幕張駅の南側には、湾岸千葉インターチェンジが置かれている。東京湾岸道路は、花見川を越えた先で千葉街道と合流することとなる。また、東関東自動車道はさらに先で、北東に進路を変えて進んでゆく。

「幕張」の地名の由来は不詳だが、古くは「馬加（まくはり）」ともいい、瓜の名や源頼朝の逸話によるという説などが存在する。江戸時代から明治時代にかけては馬加村が存在した。現在は「幕張」といえば、海側の埋立地に造られた幕張メッセが有名である。ここには日本最大級のコンベンション施設のほか、イオンモールやホテルがあり、千葉ロッテマリーンズの本拠地である千葉マリンスタジアム（ZOZOマリンスタジアム）も存在する。現在、この幕張メッセの玄関口となっているのが、京葉線の海浜幕張駅である。この駅は1986（昭和61）年に開業している。

帝国陸軍陸地測量部発行「1/10000地形図」

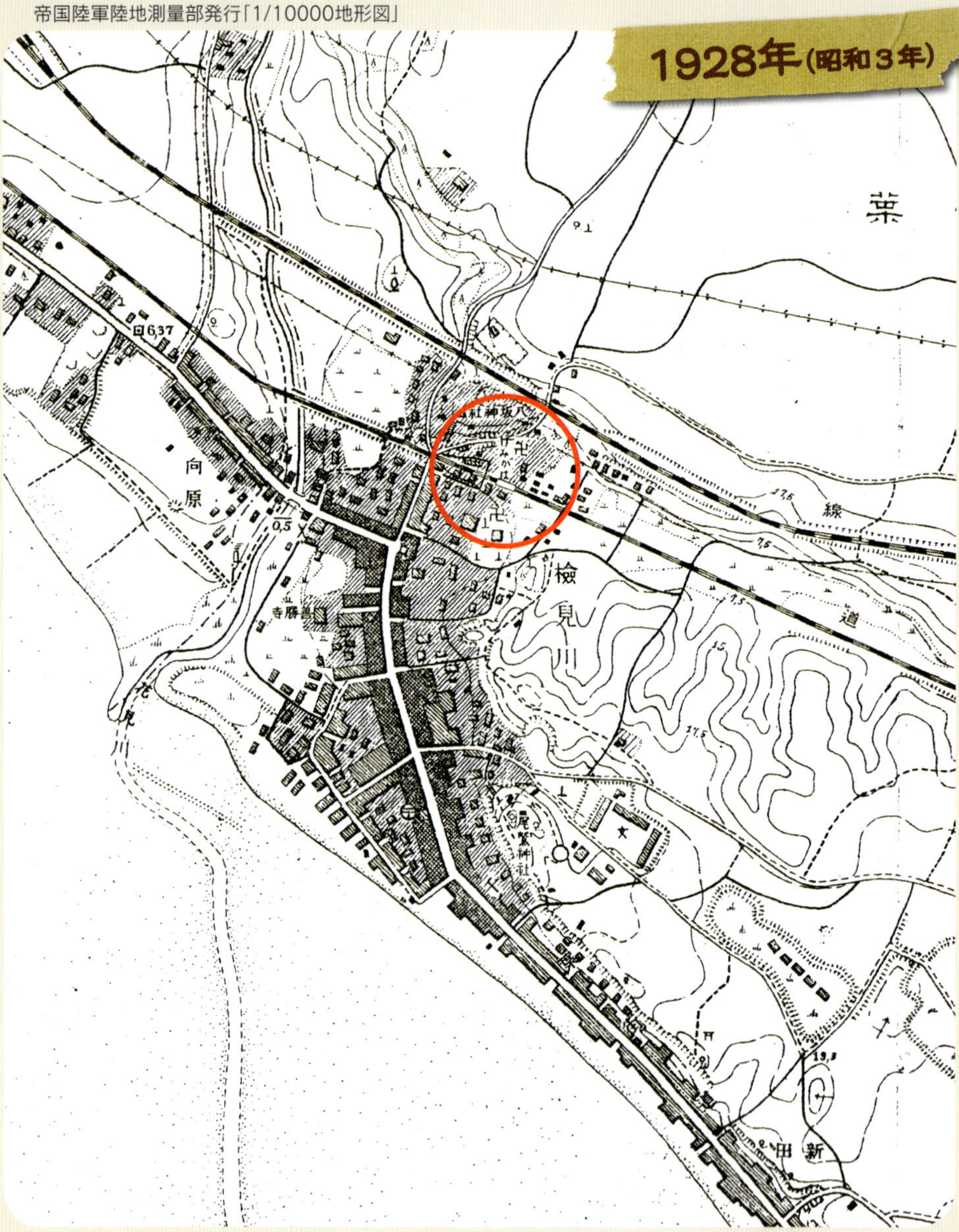

千葉線

検見川

千葉市花見川区に置かれている検見川駅

中央やや上を総武本線、京成電気軌道（現・京成千葉線）が通り、京成千葉線には検見川駅が置かれている。総武本線の新検見川駅はまだ開業していない。その南側を走ってきた千葉街道（国道14号）は、検見川駅付近で大きく南に折れて、さらに海岸線付近を走ることとなる。その先には尾鷲神社が鎮座し、検見川町の役場も存在する。東側に見える「文」の地図記号は、1873（明治6）年に島野小学校として開校した、現在の千葉市立検見川小学校である。

開業年	1921（大正10年）7月17日
所在地	千葉市花見川区検見川町1−791
キロ程	5.3㎞（京成津田沼起点）
駅構造	地上駅／2面2線
乗降客	3,928人（2016年度）

総武線・新検見川駅は後発

京成千葉線には千葉市花見川区に、検見川駅が置かれている。この駅に対応するように、北側に総武本線の新検見川駅、南側に京葉線の検見川浜駅が存在する。このあたりで最初に路線ができた総武本線では、開業当時は稲毛駅しか置かれず、新検見川駅は戦後に開業した後発駅である。また、検見川浜駅は千葉市美浜区に置かれている。

検見川駅は1921（大正10）年7月の京成千葉線の開通業に開業している。このときは国鉄駅が存在せず、現・JR駅（新検見川）よりも古い歴史をもっため、現在も「京成」を冠せず、開業以来ずっと駅名は変わっていない。

「検見川」の地名の由来は、「低湿地（ケミ）」によるとする説、徴税検査の「検見・毛見」による説などが存在する。もともとここには、東京湾に注ぐ小さな川である花見川が流れていた。その後、印旛沼の放水路として、現在の川（流路）が1969（昭和44）年に開削された。この印旛放水路は、上流では新川と呼ばれ、下流では検見川とも呼ばれる。

1889（明治22）年、検見川村と稲毛村、畑村が合併し、千葉郡に新しい検見川村が誕生、2年後に町制を施行し、検見川町となった。1937（昭和12）年に千葉市に編入され、1992（平成4）年に花見川区が誕生している。

この検見川には戦前から、逓信省の検見川送信所が置かれていた。1926（大正15）年に東京無線局検見川送信所として開局。戦後、日本電信電話公社

建設省国土地理院発行「1/25000地形図」

1967年（昭和42年）

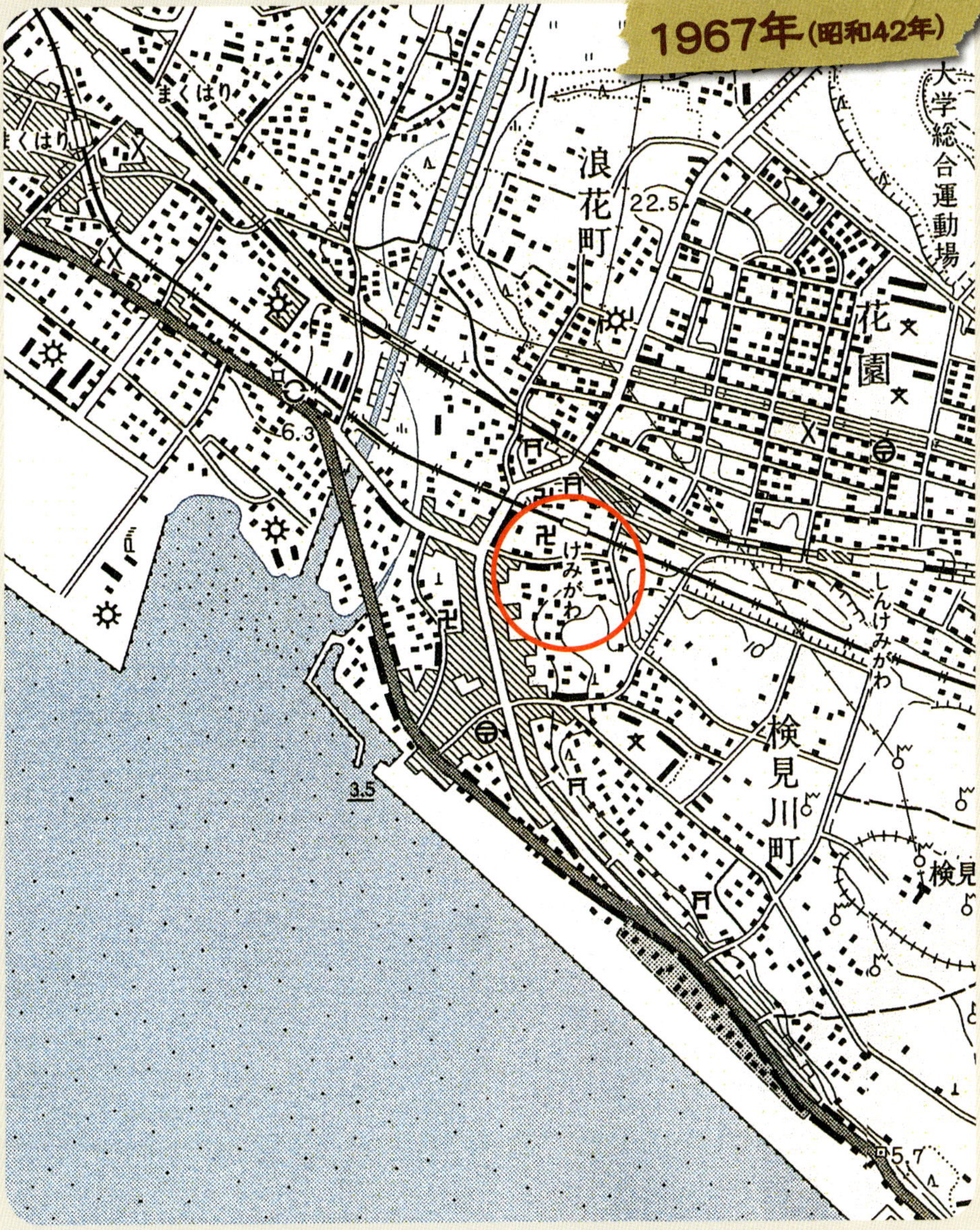

日本が高度成長期を迎え、この地図の南側の京成千葉線、北側の総武本線の沿線にも、多くの住宅が誕生している。総武本線には1951（昭和26）年、新検見川駅が開業した。千葉街道（国道14号）は整備が進み、バイパスが誕生している。現在はさらに整備されて、検見川駅の南側で、東京湾岸道路（国道357号）・東関東自動車道と合流する形となっている。右上には、東京大学総合運動場が存在する。ここには現在、東京大学検見川セミナーハウス、東京大学検見川寮などがある。

検見川神社

平安時代の創建で約1200年の歴史を誇る古社。検見川はかつて港町で、漁業で栄えた地。高台に鎮座する検見川神社は港に出入りする打瀬船の航海の安全を守護する神様として崇敬を集めた。現在は八方除総鎮護の神社として全国から多くの人が参拝に訪れる。

千葉市花見川区検見川町1-1

花見川

「花見川」は、花見川区の中央部を北から南へ流れる、緑豊かな河川。江戸時代以降に印旛沼の洪水対策として、印旛沼と花見川をと結ぶ工事が行われ、戦後、印旛放水路として完成した。現在、川岸には遊歩道やサイクリングコースが設置されている。

美浜大橋

近年は夜景スポットとして有名で、若者たちが集まって、ナンパの名所とされた時期もあった。花見川に河口に架かる道路橋で、最寄り駅は京葉線の検見川浜駅である。

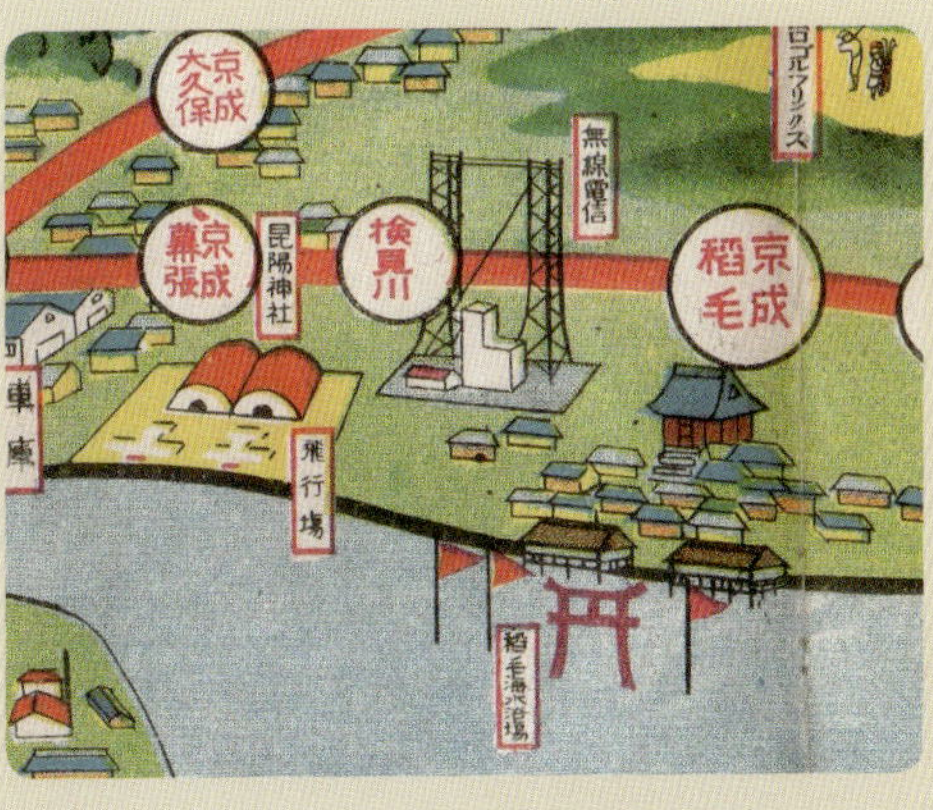

（現・NTT）の発足で、検見川無線送信所となり、1979（昭和54）年に施設は廃止された。そうした中、ここの本館は表現主義の影響を受けた通信技師、吉田鉄郎の設計であり、通信建築の代表作として保存されている。

千葉線

京成稲毛

かつての稲毛海岸は海水浴・保養の場所

帝国陸軍陸地測量部発行「1/10000地形図」

1928年（昭和3年）

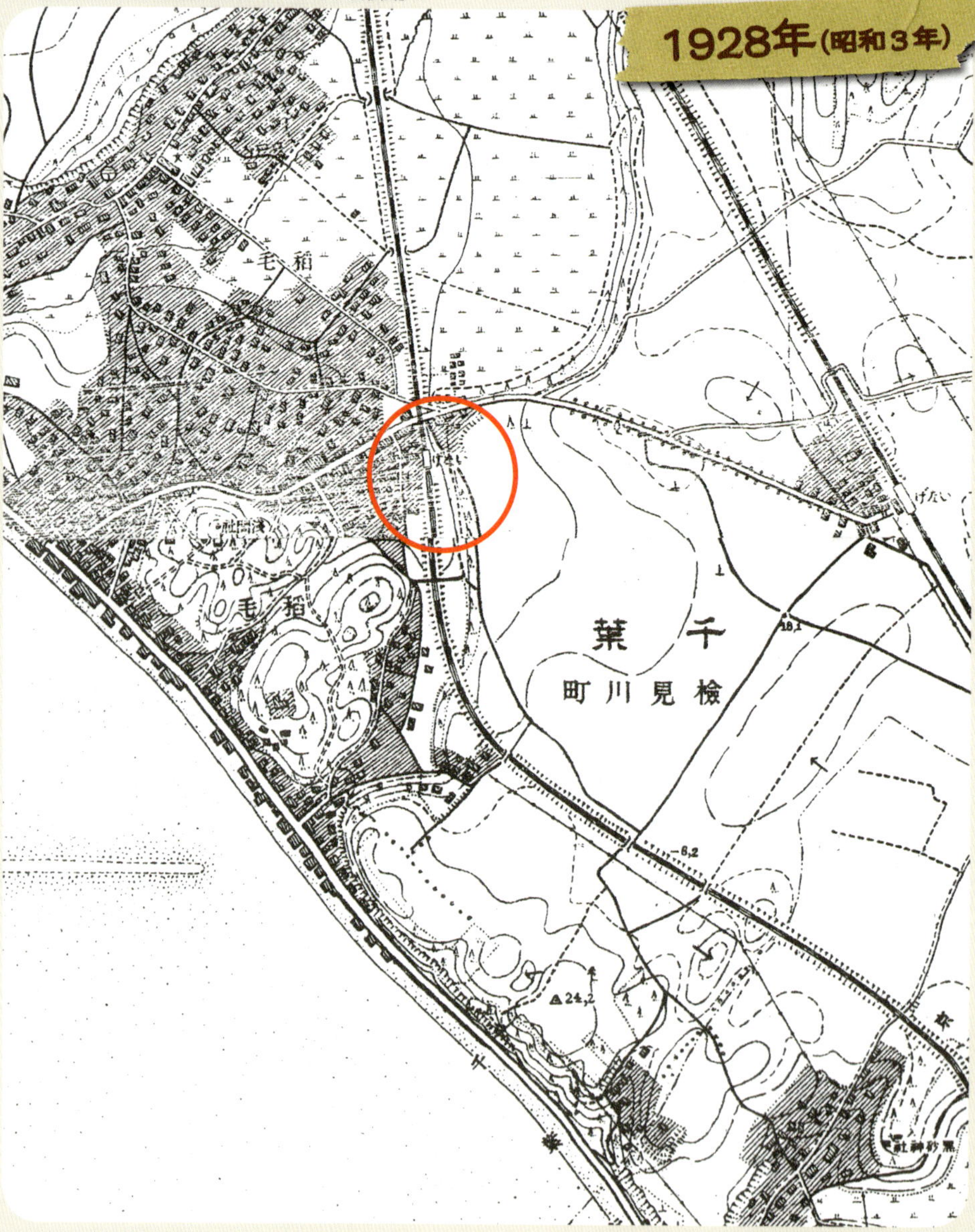

この区間では、総武本線と京成千葉線の距離がかなり離れている。両者に稲毛駅が置かれているが、京成千葉線の駅は1931（昭和6）年に京成稲毛駅となっている。この当時、千葉街道（国道14号）は海岸線を走っていた。2つの稲毛駅と千葉街道を結ぶ形で、千葉県道134号が通り、海岸に近い場所に、稲毛浅間神社が鎮座している。この神社は808（大同3）年、富士山本宮浅間大社から勧請され、江戸時代には広い境内地を有していた。現在、このあたりには、稲毛公園が整備されている。

開業年	1921（大正10年）7月17日
所在地	千葉市稲毛区 3－1－17
キロ程	8.1㎞（京成津田沼起点）
駅構造	地上駅／2面2線
乗降客	6,913人（2016年度）

埋め立てで海岸線は沖合へ

東に延びる京成千葉線は、花見川区から千葉市稲毛区に入る。次の京成稲毛駅には、新検見川駅と同様、総武本線に稲毛駅、京葉線に稲毛海岸駅という、対応する2つのJR駅が存在する。こちらは、総武鉄道開通時の1899（明治22）年に設けられた稲毛駅がはるかに先輩駅であり、京成稲毛駅は20年以上遅れた1921（大正10）年7月に開業した。当時の駅名は「稲毛」であった。1931（昭和6）年に現在の駅名である「京成稲毛」となった。ここでも、「稲毛」の名をもつ稲毛海岸駅は、美浜区に置かれている。

このあたりには、江戸時代から稲毛村が存在し、検見川村、検見川町の時代をへて、1937（昭和12）年に千葉市の一部となった。1992（平成4）年に稲毛区が誕生している。「稲毛」の地名は、古代の稲置に由来するなどの説がある。

江戸時代からの海岸付近には、稲毛浅間神社が鎮座していた。このあたりの松林が続く砂浜（袖ケ浜）は、明治時代に入ると保養地として注目され、1888（明治21）年に稲毛海気療養所が設立された。ここでは、海水浴などによる諸病の療養が行われていたが、その後、「海気館」として旅館的な要素が濃くなり、文人墨客も多く滞在するようになる。しかし、戦後の埋め立てなどで、海岸線が遠ざかり、海気館は姿を消した。

また、稲毛には隠れた明治の文化遺産が存在する。それは現在も千葉トヨ

稲毛浅間神社

安産の神「木花咲耶姫命」を祭神とする。808（大同3）年に村人から勧請され、1180（治承4）年には源頼朝が参籠、1187（文治3）年には千葉常胤が再建。創建以来の「稲毛の松林」と共に今日に至っている。同神社の神楽は県の指定無形文化財。

千葉市稲毛区稲毛1-15-10

稲毛海浜公園

園内には日本初の人工海浜「いなげの浜」がある。また、プールやバーベキュー場を備え、野球場や球技場、テニスコートなどのスポーツ施設も充実している。

稲毛ヨットハーバー

千葉市スポーツ振興財団が運営する施設で、クラブハウスには展望台、レストランもある。貸しヨットも利用できる。初心者のためのヨット体験会も開かれている。

建設省国土地理院発行「1/25000地形図」

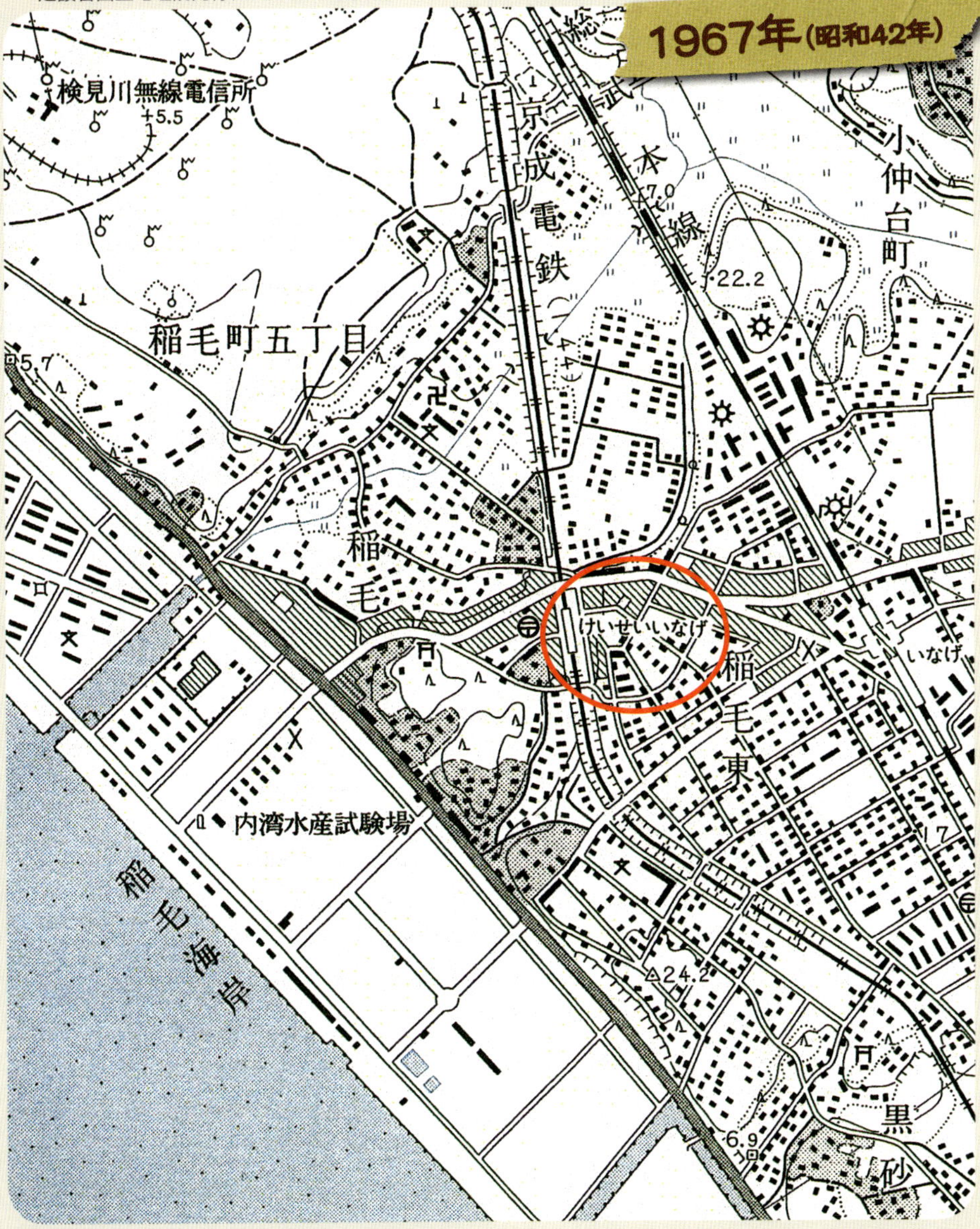

稲毛駅がある総武本線、京成稲毛駅がある京成千葉線の沿線は、ともに住宅地に変わっている。一方、検見川（北）側にはまだ農地が多く残っていた。千葉街道（国道14号）が走っていた海岸線の先が埋め立てられ、内湾水産試験場や千葉市立稲毛第二小学校などが誕生している。現在はさらに沖合に埋立地が出来ており、1986（昭和61）年にJR京葉線が開通し、稲毛海岸駅が開業している。南東には「黒砂」の地名が存在し、黒砂浅間神社を示す鳥居の地図記号も見える。

稲毛浅間神社の大鳥居（大正期）

稲毛海岸が埋め立てられる前、稲毛浅間神社の大鳥居は、海上に浮かぶように建てられていた。

ペット本社として使用されている、旧日本勧業銀行本社である。もともとは1899（明治32）年に都内（旧麹町区）に建てられ、1910（明治43）年に上野で開催された東京勧業博覧会の本館、迎賓館としても使われた。1926（大正15）年に京成電気軌道に売り渡され、谷津遊園で「楽天府」となり、映画の撮影などに使用された。1940（昭和15）年に千葉市に移築され、千葉市庁舎として20年余り使用された後、現在地に移され、復元工事を行って、1965（昭和40）年に現在の姿となった。設計は建築家の妻木頼黄で、桃山式の純和風2階建ての名建築である。

また、稲毛海岸には1912（明治45）年、日本最初の民間飛行場である稲毛飛行場が開かれている。これを記念して、1987（昭和62）年に当時の複葉機である鳳号の復元・飛行が行われ、1989（平成元）年には稲毛民間航空記念館が開設された。しかし、2018（平成30）年に閉館し、今後はレジャー施設に生まれ変わる予定である。

帝国陸軍陸地測量部発行「1/10000地形図」

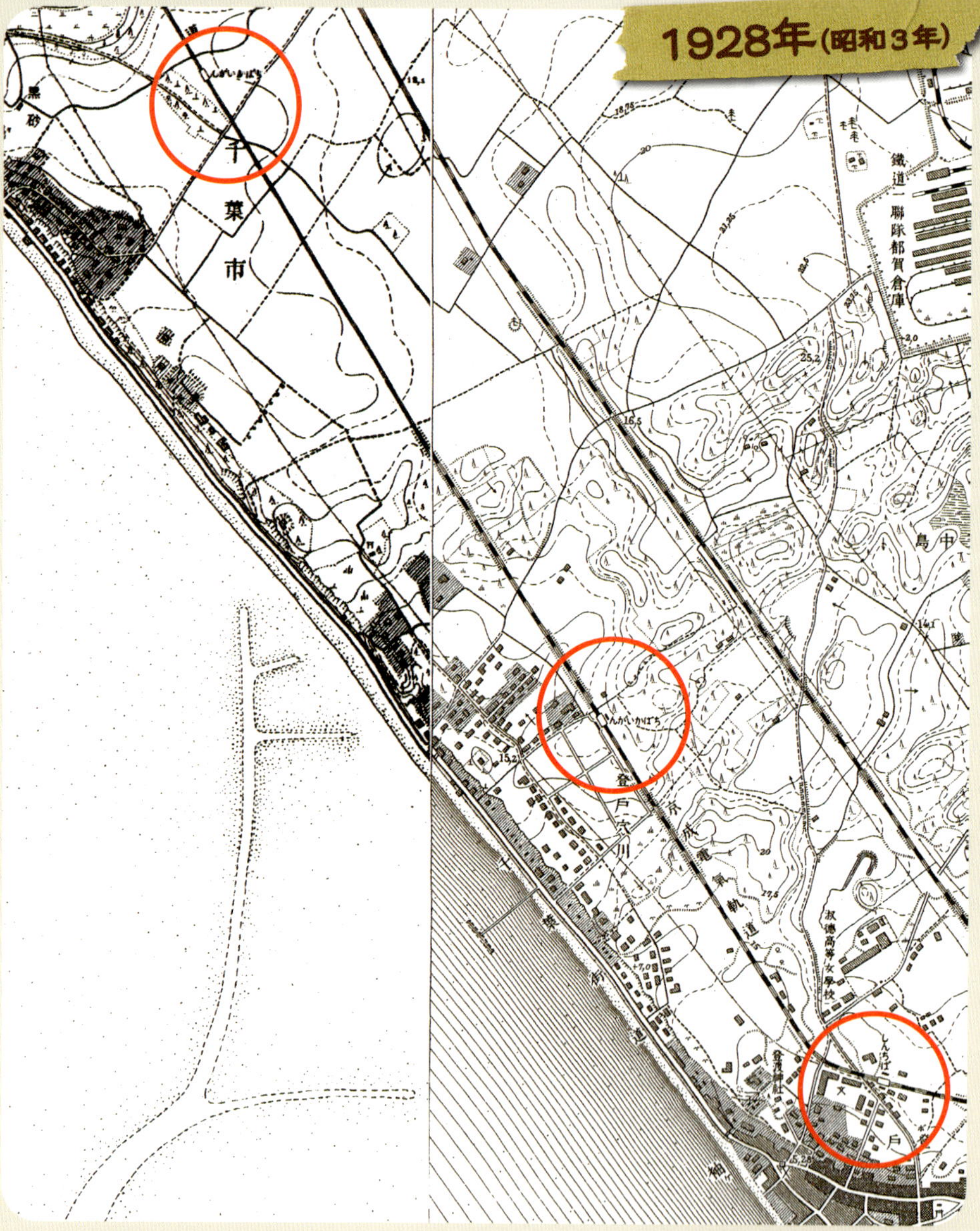

右側を走る総武本線には駅が置かれていないが、左側の京成電気軌道には浜海岸、千葉海岸、新千葉の3駅が置かれている。北側の駅の表記は「ちばかいがん」であるが、誤記と思われる。海岸線には千葉街道(国道14号)が通っている。新千葉駅の北側には、淑徳高等女学校が存在する。この学校は1925(大正14)年に開校し、戦後は千葉明徳高校・中学校となり、1964(昭和39)年に千葉市中央区生実町(現在地)に移転している。新千葉駅の西側には、登渡神社が鎮座している。

千葉線

みどり台、西登戸、新千葉

みどり台・西登戸には駅名改称の歴史

千葉駅と連絡していた新千葉駅

現在のみどり台駅は、過去に4回駅名を改称し、開業以来5つもの駅名を名乗ってきた。その改称の歴史は、この地域の変遷を物語っている。

1923(大正12)年2月、開業時の駅名は「浜海岸」であった。これはこのあたりの海岸が海水浴に適した、砂浜であったことを示している。その後、太平洋戦争中の1942(昭和17)年に東京帝国大学第二工学部(現・生産技術研究所)が開設されたため、「帝大工学部前」の駅名に変わった。

戦後の1948(昭和23)年4月、大学の名称が変わり、「工学部前」の駅名に。さらに1951(昭和26)年、駅名は「黒砂」に改称されている。これも砂浜の由来し、この時期にも黒砂から登戸にかけての砂浜は「千葉海水浴場」として多くの人々に親しまれていた。現在、駅の所在地は稲毛区緑町1丁目であるが、付近には「黒砂」「黒砂台」の地名(住居表示)が存在する。

しかし、工場の進出や埋め立てなどで砂浜は姿を消し、黒砂海岸の海水浴場は1964(昭和39)年を最後に開かれなくなる。そして、1971(昭和46)年に現在の駅名である「みどり台」と

みどり台駅

開業年	1923(大正12年)2月22日
所在地	千葉市稲毛区緑町1−7−1
キロ程	9.9㎞(京成津田沼起点)
駅構造	地上駅/2面2線
乗降客	7,524人(2017年度)

西登戸駅

開業年	1922(大正11年)3月8日
所在地	千葉市中央区登戸4−9−1
キロ程	10.9㎞(京成津田沼起点)
駅構造	地上駅/2面2線
乗降客	2,631人(2017年度)

新千葉駅

開業年	1923(大正12年)7月24日
所在地	千葉市中央区登戸2−10−15
キロ程	11.7㎞(京成津田沼起点)
駅構造	地上駅/2面2線
乗降客	1,792人(2016年度)

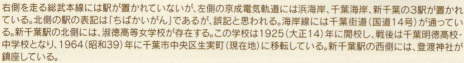

登渡神社（登戸神社）

千葉氏ゆかりの妙見社の一つ。西千葉の総鎮守で、通称「登戸（のぶと）神社」。千葉家の遺族、登戸権介平定胤が祖先を供養するために創建した白蛇山真光院（登戸妙見寺）の妙見大菩薩を創始とする。その後登渡神社と改め、鷲神社を合祀。戦前まで村社に列格していた。

千葉市中央区登戸3-3-8

登戸神社境内（昭和戦前期）

建設省国土地理院発行「1/25000地形図」

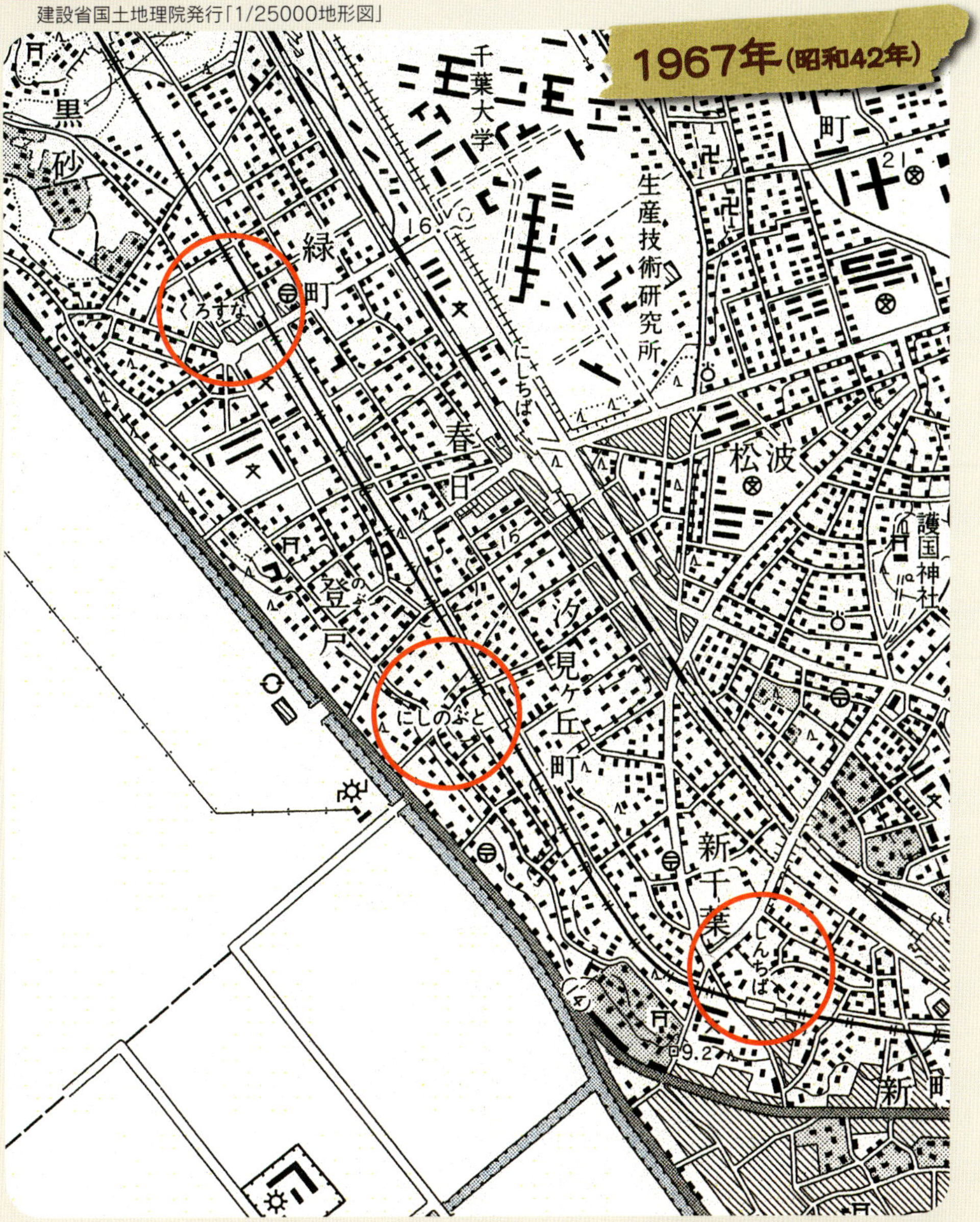

京成千葉線の2つの駅は、黒砂駅、西登戸駅に駅名を改称している。一方、北側の総武本線には、戦前の1942（昭和17）年に西千葉駅が開業している。この駅の稲毛駅側には、気動車の車両基地である千葉気動車区が置かれていた。その跡地は現在、西千葉公園となっている。また。駅の東側にはこの時期、千葉大学、東京大学生産技術研究所が存在している。千葉街道（国道14号）が走る海岸線の南側で埋め立てが行われ、既に工場も誕生している。

なった。駅名の由来は不詳だが、「緑町」の「みどり」と「台地」の「台」を組み合わせて出来たと考えられる。

西登戸駅は千葉市中央区に置かれている。1922（大正11）年に開業した当時は、隣駅と同様の理由で「千葉海岸」の駅名を名乗っていた。その後、海岸線が遠のいたことにより、1967（昭和42）年に現在の駅名である「西登戸」と改称した。少し離れた駅の東側には、「登戸神社」といわれる登渡神社が鎮座しており、駅のある場所の地名「登戸（のぶと）」に「西」を冠した駅名である。

次の新千葉駅は1923（大正12）年7月の開業である。駅の所在地は千葉市中央区登戸2丁目で、この駅の西側には登戸小学校と登渡神社（登戸神社）、千葉街道（国道14号）と東京湾岸道路（国道357号）が分かれる登戸交差点が存在している。この駅は短期間であるが、国鉄千葉駅との連絡駅の役割を果たしていた。

「登戸」の地名は全国各地に存在する。千葉では「のぶと」であるが、埼玉、神奈川では「のぼりと」、岩手では「のぼと」と読まれている。もともとは急傾斜地の入り口の場所を意味していた。江戸時代の浮世絵師、葛飾北斎が「富嶽三十六景　登戸浦」に描いたのは、このあたりの海岸線の風景である。

帝国陸軍陸地測量部発行「1/50000地形図」

千葉市になる前の千葉町の時代である。国鉄の総武本線や同時期に開通した房総線（現・外房線）が見える。この頃は、千葉駅と本千葉駅が置かれていた。本千葉駅の東側には県庁、町役場などが集っていた。さらに東側には千葉医学専門学校（現・千葉大学医学部）がある。南側には千葉寺があり、町（村）の名前にもなっていた。この西側は、かつての寒川村で「寒川」の地名が残っている。この時代の市街地が小さく、千葉駅の南側に千葉神社が鎮座している。

千葉線
千原線

京成千葉、千葉中央

京成千葉駅は新駅、千葉中央駅は移転駅

京成千葉駅

開業年	1967（昭和42年）12月1日
所在地	千葉市中央区新町250－3
キロ程	12.3㎞（京成津田沼起点）
駅構造	高架駅／2面2線
乗降客	28,118人（2016年度）

千葉中央駅

開業年	1921（大正10年）7月17日
所在地	千葉市中央区本千葉町15－1
キロ程	12.9㎞（京成津田沼起点）
駅構造	高架駅／2面2線
乗降客	17,287人（2016年度）

1992年に千葉急行電鉄線

現在の京成千葉駅は、JR千葉駅との連絡駅となっている。この駅は新千葉駅に代わる新たな連絡駅として1967（昭和42）年に開業した。当時の駅名は「国鉄千葉駅前」であった。この駅が開業した理由は、1963（昭和38）年に国鉄の千葉駅が現在地に移転したことである。1987（昭和62）年、現在の駅名である「京成千葉」に改称している。

地図を見れば明らかなように、この京成千葉駅はJR千葉駅と並ぶように、千葉街道（国道14）号の北に位置している。両駅を跨ぐように千葉都市モノレール（タウンライナー）が開通して千葉駅が設けられており、JR駅との連絡も便利になっている。

かつての京成千葉線は、新千葉駅から東に進み、外房線を越えて、現在の中央公園付近まで延びていた。当時の終着駅は「千葉」で、1921（大正10）年7月に開業している。1931（昭和6）年に「京成千葉」の駅名に改称した。

1958（昭和33）年に国鉄外房線の本千葉駅が現在地に移転したことで、その跡地に移転している。京成千葉線も外房線の手前で方向を変え、並行して南に進むことになった。1967（昭和42）年に高架化され、現在の「千葉中央駅西口ビル」が誕生した。1987（昭和62）年に「京成千葉」の駅名を当時の「国鉄千葉駅前」駅に譲り、現在の駅名である「千葉中央」に改称した。

1992（平成4）年に千葉急行電

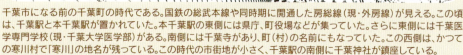

亥鼻城址

源頼朝の重鎮であった千葉常胤の父常重が1126（大治元）年に居館を構えたところで、千葉市発祥の地と言われている。土塁、堀切などが現存、城跡は市指定文化財に指定されている（別名「千葉城」「猪鼻城」）。古くから千葉の名所旧跡として知られている。

千葉市中央区亥鼻1-6-1

亥鼻公園

1959（昭和34）年に歴史公園（面積10,293㎡）として整備され、ほぼ現在の形になった。1981（昭和56）年に茶室（約23坪）及び庭園が整備された。園内にはソメイヨシノが約100本植えられ、桜の名所でもある。毎年春には「千葉城さくら祭り」が開催されている。

千葉市中央区亥鼻1-6-1

帝国陸軍陸地測量部発行「1/10000地形図」

総武本線、房総線（現・外房線）に加えて京成千葉線が開通し、初代の京成千葉駅が置かれている。北側には鉄道第一連隊の演習線があり、鉄道路線が入り組んだ形になっている。地図の上には鉄道第一連隊の本営と作業場があった。京成千葉線の南側には、千葉女子師範学校が存在した。この学校は、太平洋戦争の空襲で校舎が全焼した後、現・四街道市に移転し、千葉大学学芸学部（現・教育学部）となっている。房総線の西側に見える高等女学校は後の県立千葉女子高校で、現在は稲毛区小仲台に移転している。

鉄が大森台駅まで開通して、連絡駅となっている。3年後、ちはら台駅まで延長された路線は、1998（平成10）年に京成電鉄に譲渡されて、京成千原線と変わっている。

京成千葉駅（昭和戦前期）

1921（大正10）年に「千葉」の駅名で開業した現在の千葉中央駅。1931（昭和6）年に「京成千葉」と駅名を改称し、この駅舎は太平洋戦争の空襲で焼失した。

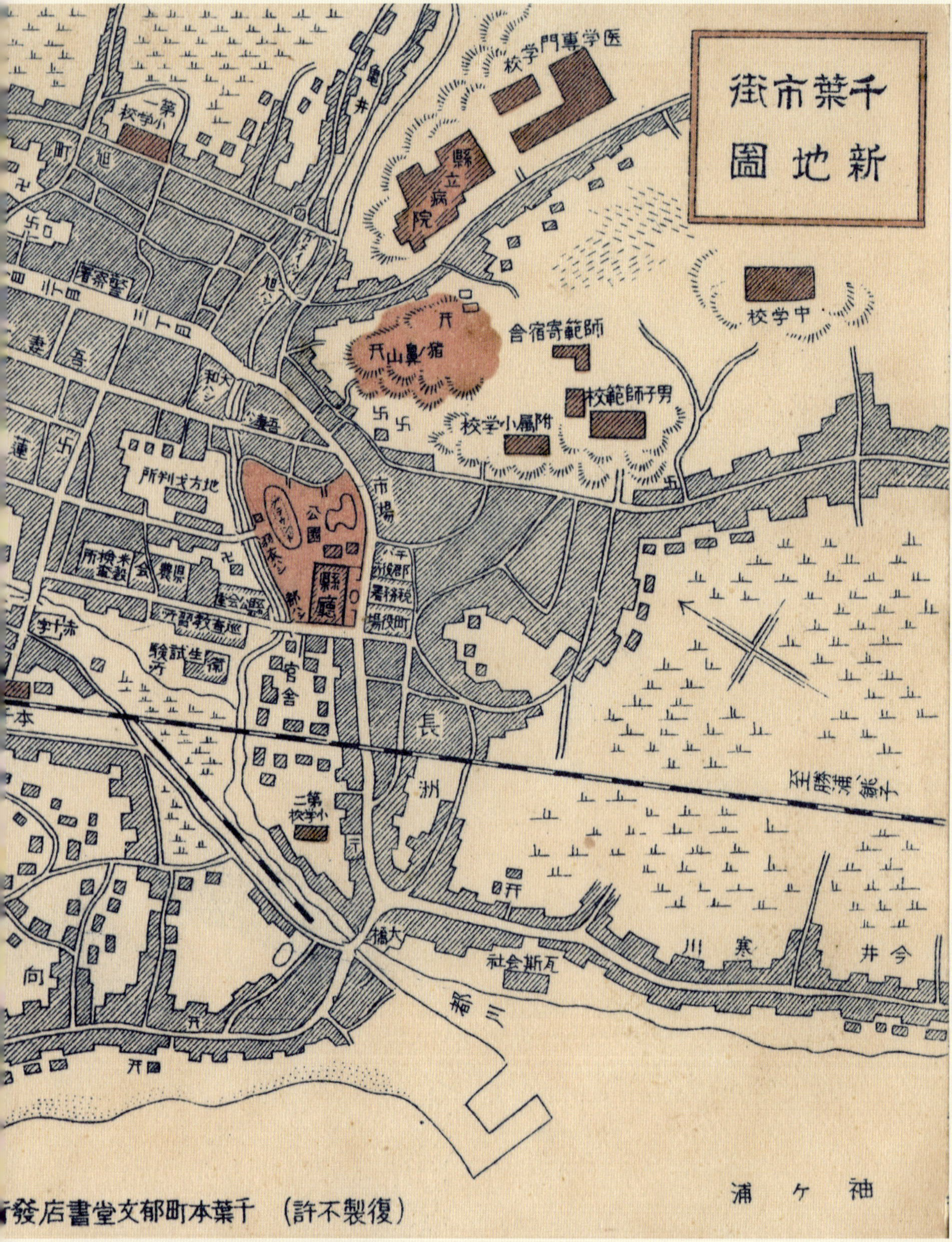

千葉市街新地図(明治後期～大正前期)

海岸部分(西)を下にした、明治後期～大正前期の千葉市街の地図である。総武本線と房総(現・外房)線が見え、千葉駅(停車場)と本千葉駅が置かれている。上には、当時の駅から本町通り(現・国道126号)が東側に延び、千葉神社の北、県庁の東側を通っている。軍用鉄道の路線が延びる、左の都賀村(現・千葉市)には鉄道連隊、陸軍歩兵学校が置かれていた。

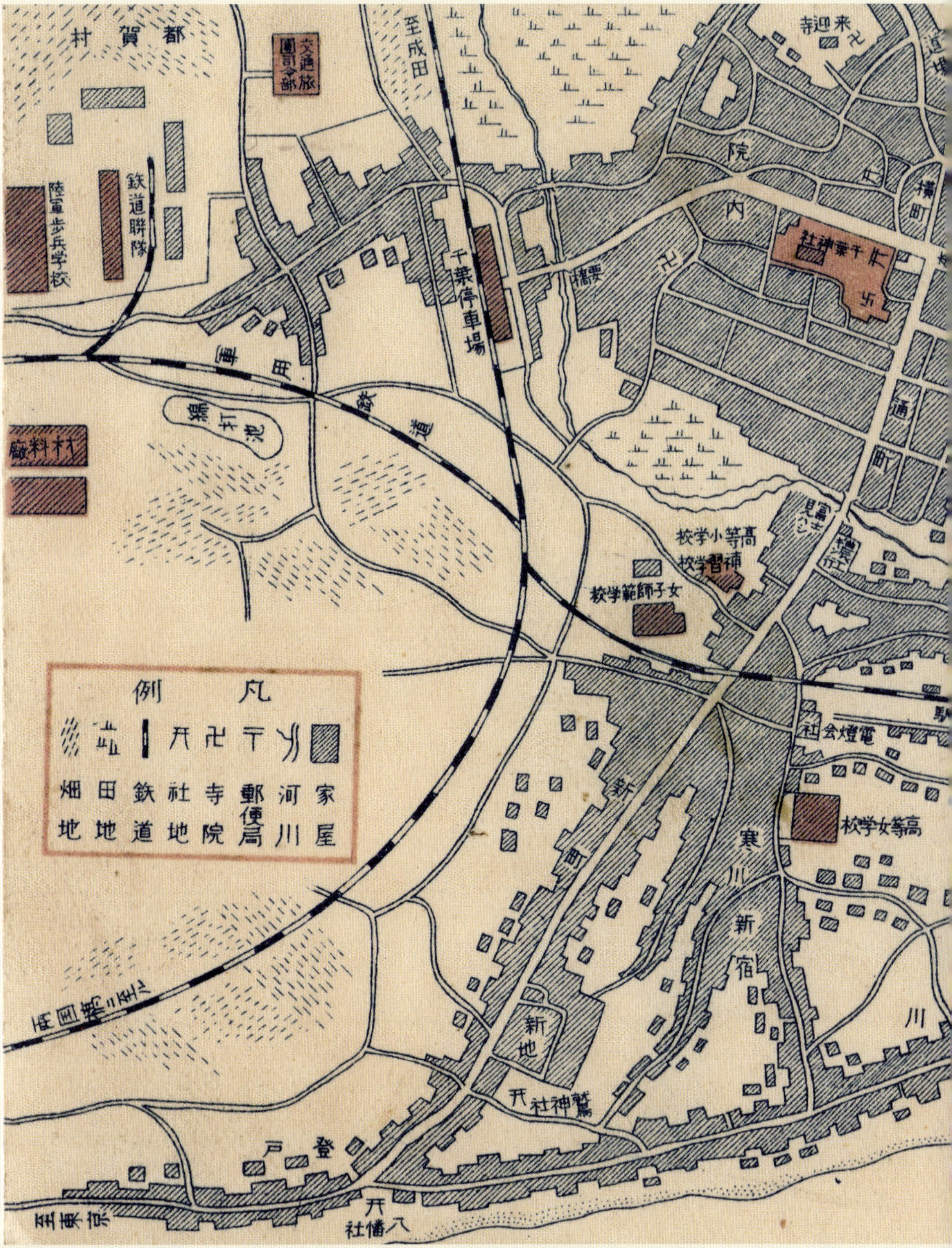
都賀村
交通旅團司令部
至成田
陸軍歩兵学校
鉄道聯隊
千葉停車場
要橋
院内
来迎寺
千葉神社
横町
通町
軍用鉄道
高等小学校
補習学校
女子師範学校
凡例
家屋
河川
郵便局
寺院
社地
鉄道
田地
畑地
電燈会社
駅
高等女学校
新町
寒川
新宿
新地
川
鷲神社
登戸
八幡社
至東京
両国橋ニ至ル

建設省地理調査所発行「1/25000地形図」

1952年（昭和27年）

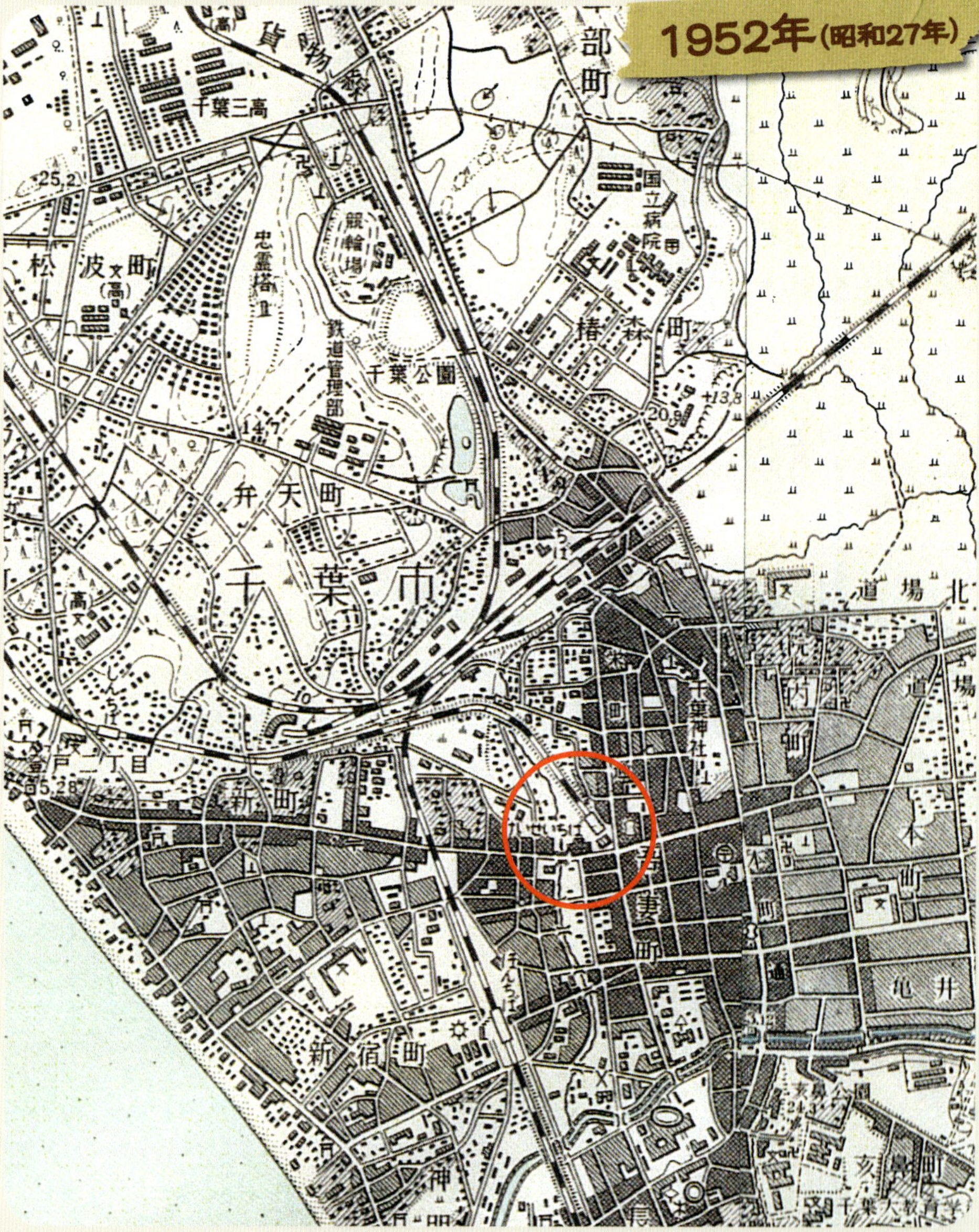

国鉄の千葉駅が現在地に移転する前で、外房線と内房線はスイッチバック運転を行っていた。千葉駅の北西に広がる高台は千葉公園として整備され、競輪場などもできている。千葉鉄道管理部がある場所には現在、千葉市中央図書館が開館している。北側には県立千葉第三（現・千葉東）高校が開校し、西側に県立千葉商業高校が存在している。千葉駅の北側に見える国立病院はその後、国立病院機構千葉医療センターに変わっている。その間を現在、千葉都市モノレールが通っている。千葉市の市域は大きく拡大している。

千葉神社

千葉氏の守護神、妙見菩薩を本尊とする寺院（千葉妙見宮）だったが、明治初年の神仏分離により神社となった。例祭は「だらだら祭り」として8月に開催。

千葉ポートタワー

1983（昭和58）年に千葉県の人口が500万人を突破、これを記念して、1986（昭和61）年に千葉ポートパークの園内に竣工した。高さ125.15メートルで、日本夜景遺産に認定されている。

千葉都市モノレール

1988（昭和63）年に最初の路線（2号線）が開通し、その後に1号線も開通し、千葉市民の新しい足となっている。1999（平成11）年に全通し、懸垂式モノレールとしては世界最長の距離（15.2キロ）は、ギネス世界記録に認定されている。

１９２１年に千葉市

千葉県の県庁所在地である千葉市は、古くは下総国守護職を務めた千葉氏の所領であった。江戸時代には、佐倉藩の領地や天領があった。１８７３（明治6）年に印旛県と木更津県が合併して千葉県が誕生。かつて千葉氏が本拠を置いていた猪鼻地区（千葉町）に県庁が設置された。１８８９（明治22）年、この千葉町と寒川村、登戸村、千葉寺村、黒砂村が合併して新しい千葉町が成立。１９２１（大正10）年に市制が施行され、千葉市が誕生した。

その後、１９３７（昭和12）年には蘇我町、検見川町、都賀村、都村を合併。１９４４（昭和19）年には千城村を合併した。戦後の１９５４（昭和29）年には犢橋村、幕張町を合併。その後も合併などを重ねて、現在のような広い市域をもつ政令指定都市に発展した。現在の人口は約97万人である。

千葉市街（大正期）

千葉市街中心部の商店街であるが、道路が未舗装で自動車の姿は見えない。

建設省国土地理院発行「1/25000地形図」

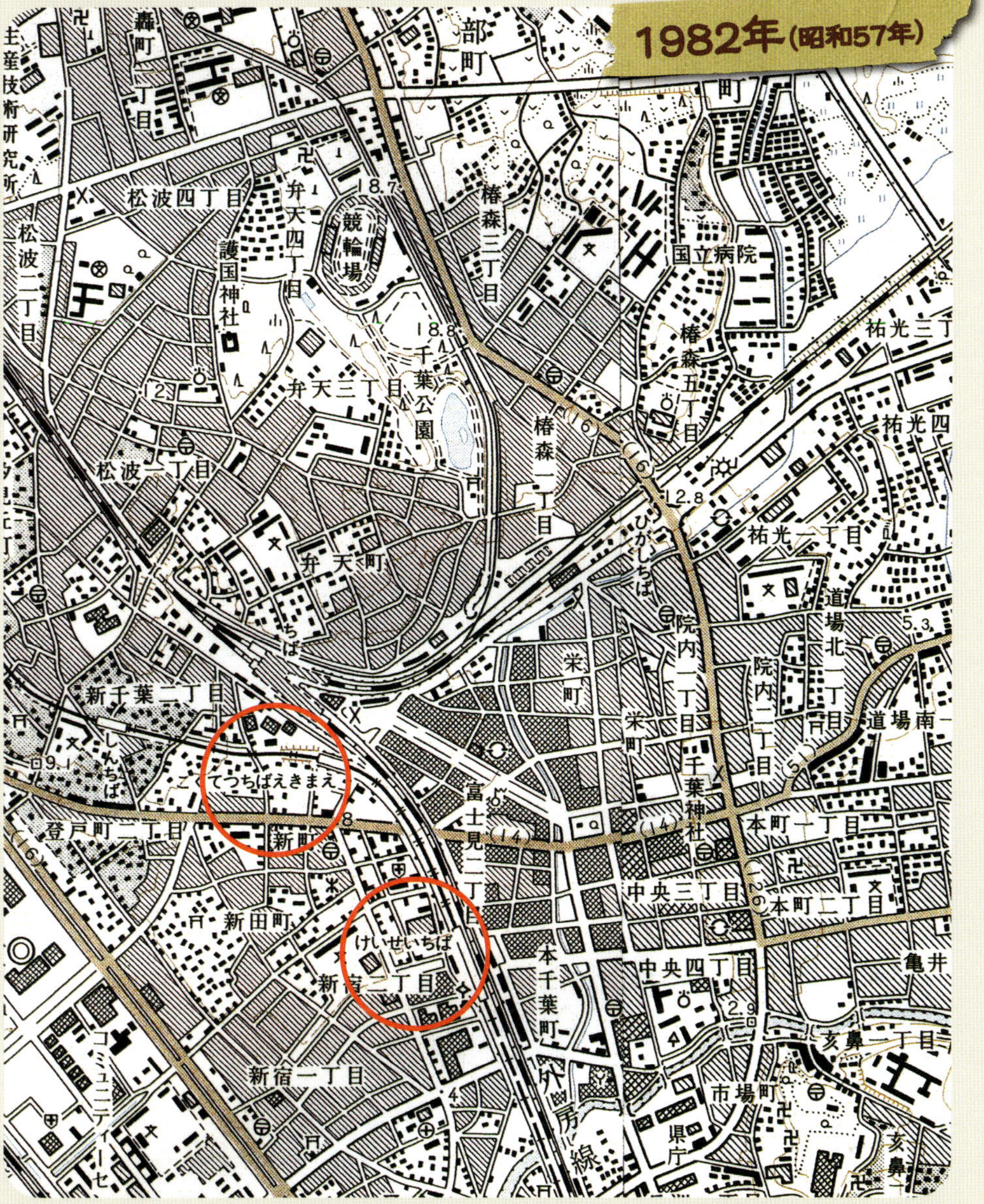

戦後30年以上が過ぎて、国鉄線、京成線ともに路線や駅が大きく変化している。国鉄の千葉駅は西側に移転し、総武本線と外房線のスイッチバックは解消された。旧駅の跡地には東千葉駅が開業している。京成千葉線はルートを大きく変えて、外房線に沿うように南に進む形になった。千葉駅との連絡駅として国鉄千葉駅前（現・京成千葉）駅が置かれ、京成千葉（現・千葉中央）駅も移転している。国鉄の本千葉駅は、南側（地図外）に移転している。千葉都市モノレールは、この時期まだ開通していない。

千葉市美術館

中央区役所との複合施設として設計され、1994（平成6）年に竣工した。特徴は、1927（昭和2）年竣工の旧川崎銀行千葉支店の建物が、新しいビルの内部に包み込まれるように復元保存されていること。中尊寺金色堂と同じ鞘堂方式だ。このためホールは“さや堂ホール”と称して使用されている。

千葉市中央区中央3-10-8

千葉公園

鉄道第一連隊の跡地に整備された公園で、16ヘクタールの面積を誇る。園内にはボート池、野球場、プール、体育館など多様な施設がある。また、鉄道連隊ゆかりの蒸気機関車「NUS5」が保存されている。

千葉市立郷土博物館

1967（昭和42）年に千葉市郷土館として開館し、1983（昭和58）年に現在の名称となった。建物は城郭建築4層5階で、天守閣の外観をもっている。

千葉市街（昭和戦前期）

昭和戦前期の千葉市街で、低い家並が続くなか、白亜の殿堂として千葉県庁が一際高い姿を見せている。

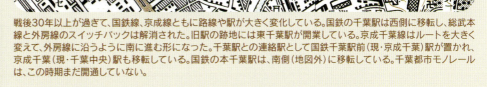

建設省地理調査所発行「1/25000地形図」

西側に国鉄の蘇我駅があり、外房線と内房線が分岐している。北側には農業技術研究所、東側には国立千葉療養所・千城園(国立療養所)が存在する。地図の左上には、県立千葉第一高校(千葉一高)がある。この学校は現在、中高一貫校の千葉中学校・高校となっている。この南側、千葉寺のある千葉寺町からは、大網街道(千葉県道20号)が東に延び、やがて緩やかに湾曲しながら南に向かってゆく。この時期、千葉急行電鉄(現・京成千原線)はまだ開通していない。

千原線

千葉寺、大森台

千葉急行電鉄からスタートした千原線

千葉寺駅

開業年	1992(平成4年)4月1日
所在地	千葉市中央区千葉寺町912−1
キロ程	2.5km(千葉中央起点)
駅構造	高架駅/1面1線
乗降客	4,747人(2016年度)

大森台駅

開業年	1992(平成4年)4月1日
所在地	千葉市中央区大森町463−3
キロ程	4.2km(千葉中央起点)
駅構造	地下駅/2面2線
乗降客	2,800人(2016年度)

千葉寺に「千葉笑い」の風習

千葉中央駅を始発駅とする京成千原線は、JR外房線に沿って進む。しばらくすると、外房線には本千葉駅が置かれているが、千原線には対応する駅は置かれていない。やがて、千原線は外房線を越えて南東に向かい、千葉寺駅に到着する。

この千葉寺駅は、1992(平成4)年4月、千葉急行電鉄(現・京成千原線)の駅として開業している。「千葉寺」の駅名は、この駅付近にある真言宗豊山派の寺院、千葉寺(せんようじ)に由来している。千葉寺は709(和同2)年、行基が開基したとされる古刹で、中世以来、地元の有力武士、千葉氏の庇護を受けてきた。この寺は大晦日に仮面をつけた人々が集まり、お互いに悪口を言い合う無礼講の風習「千葉笑い」で有名である。

この駅の北側を大網街道(千葉県道20号)が通っている。さらに北側には、青葉の森公園が広がり、千葉県立中央博物館や青葉の森野球場が存在する。現在、駅の周辺は、千葉寺県営住宅などが存在する住宅地となっている。

大森台駅は1992(平成4)年4月に当時の千葉急行電鉄の終着駅として開業している。1995(平成7)年に、ちはら台駅まで延伸して途中駅に変わった。駅の所在地は千葉市中央区大森町であり、建設時の仮称は「大森」であった。

現在、大森台駅の西側には京葉道路(国道16号)が通っている。少し離れた

千葉寺

県道千葉大網街道沿いの古い仁王門が目立つ千葉寺。境内の樹齢1000年余のイチョウの老木(県指定天然記念物)も有名だ。坂東二十九番の観音霊場としても知られ、市内最古の寺と言われる千葉寺は「せんようじ」と読み、この土地に咲く千葉(せんよう)の蓮の花が由来とされている。

千葉市中央区千葉寺町161

県立青葉の森公園

日本の畜産技術研究発祥の地とし1917(大正6)年に設立された農林水産省畜産試験場跡地に建設された。敷地は53.7ヘクタールと、東京ディズニーランドとほぼ同じ広さ。自然の地形が生かされており、桜や梅の名所でもある。スポーツ施設や博物館、文化ホールなど文化施設も充実。千葉市の史跡「荒久古墳」も保存されている。

千葉市中央区青葉町977－1

国土交通省国土地理院発行「1/25000地形図」

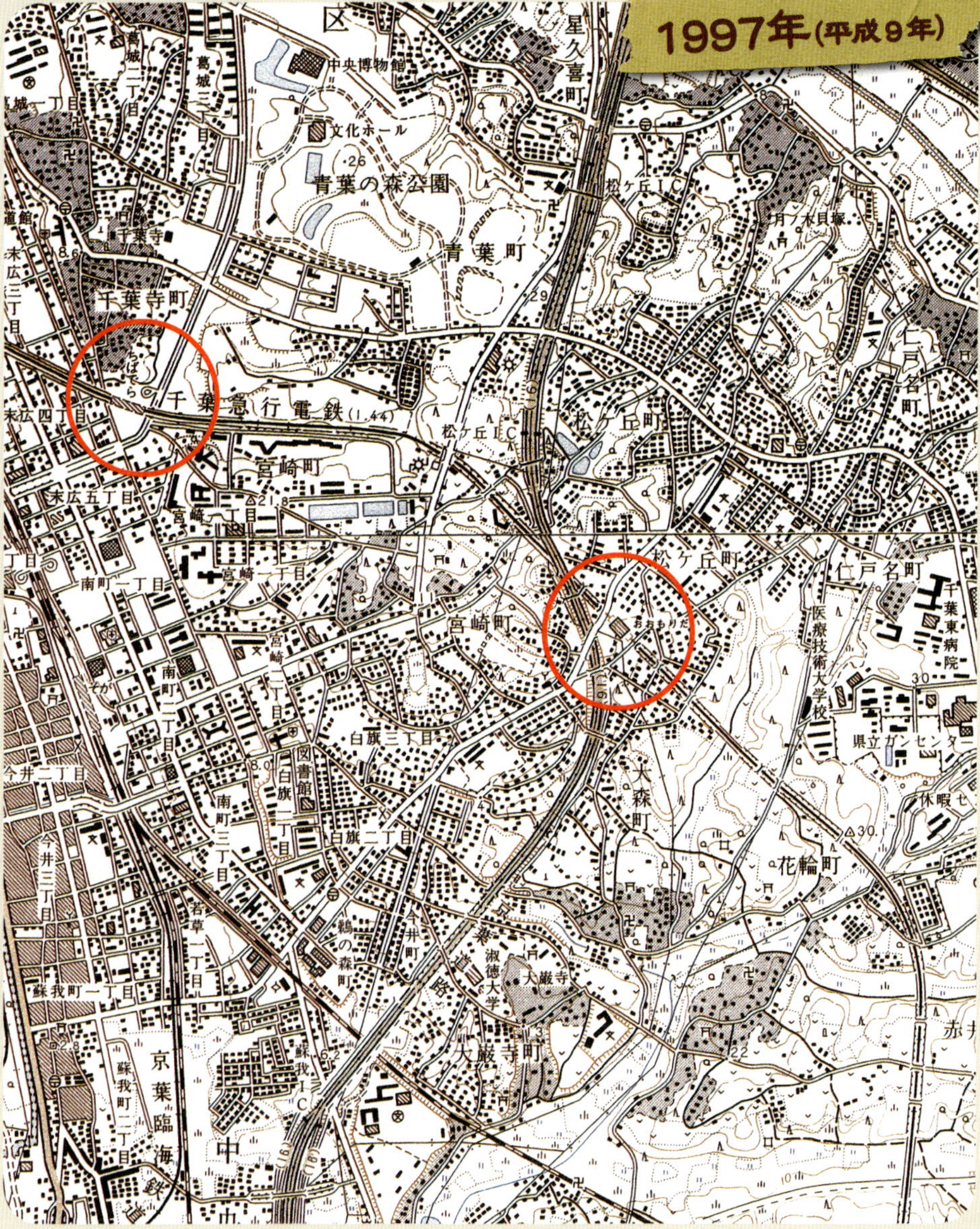

1992(平成4)年に千葉急行電鉄(現・京成千原線)が開通し、千葉寺駅と大森台駅が開業している。大森台駅の西側では、京葉道路(国道16号)と立体交差しており、北側には松ケ丘インターチェンジが置かれている。この北西、大網街道(県道20号)の北側には青葉の森公園が開園している。園内には芸術文化ホール、県立中央博物館などの施設が存在する。また、蘇我駅から南に進み、埋立地に向かう京葉臨海鉄道も開通している。

千葉寺(大正期)

千葉市千葉寺町にある真言宗豊山派の寺院である千葉寺。1828(文政11)年に再建されたこの観音堂は、太平洋戦争の空襲で焼失した。

西側には、JR京葉線・外房線の蘇我駅が存在するが、乗り換えには適さない。一方、駅の東側には仁戸名市民の森が広がり、大網街道沿いに国立病院機構千葉東病院、千葉病院、千葉県がんセンターなどの医療機関が存在する。ここは明治時代、千葉衛戍病院が開かれ、その後は千葉陸軍病院となっていた。戦後、組織変更などで国立療養所・病院に変わっている。

千 原 線

学園前、おゆみ野、ちはら台

ちはら台駅まで1995年に延伸した

建設省地理調査所発行「1/25000地形図」

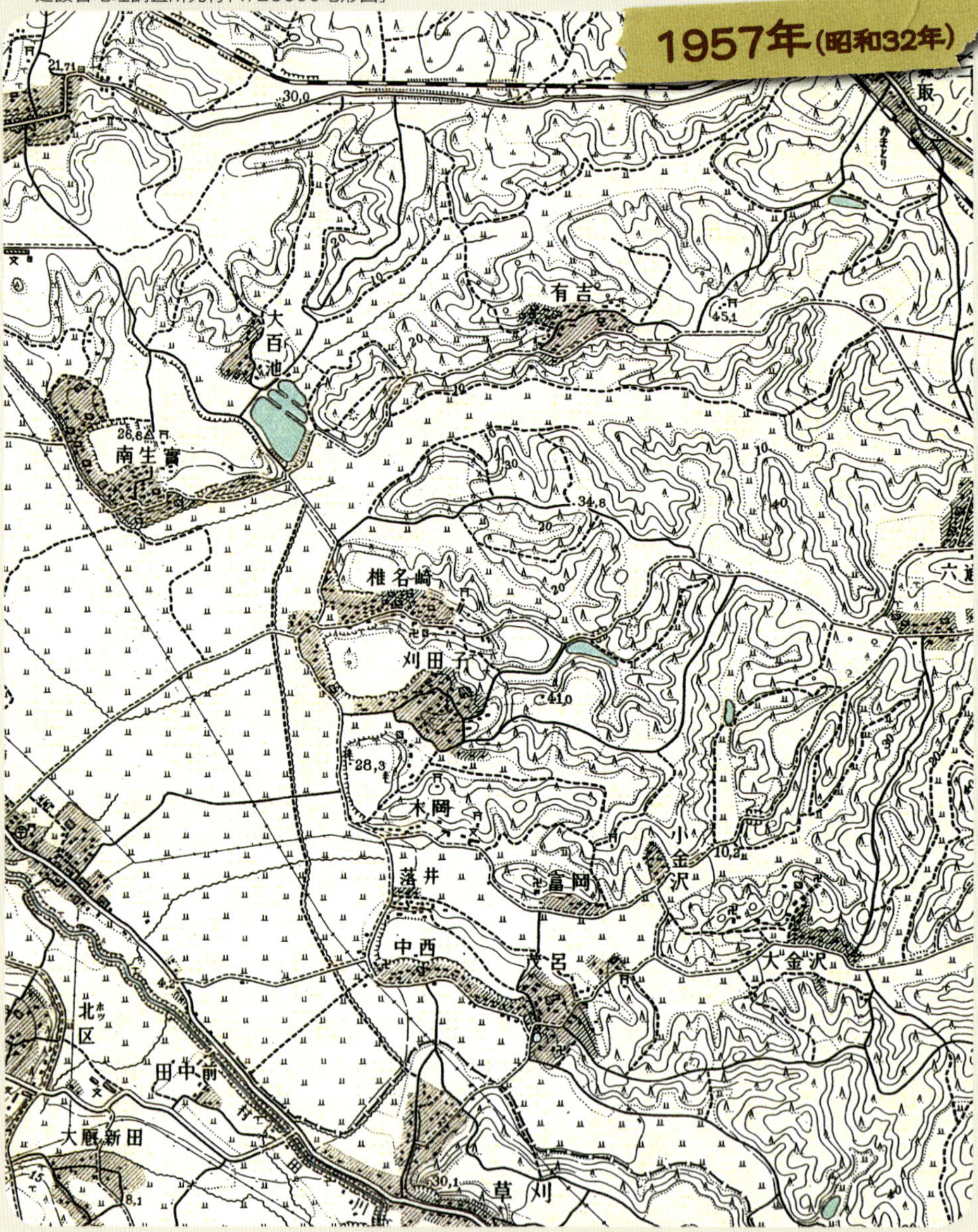

地図の上を外房線が通っており、鎌取駅が置かれている。この外房線の南側には、県道66号が走っている。鎌取駅は1952（昭和27）年に開業した比較的新しい駅で、この駅の東側には、大網街道（県道20号）が走っている。一方、左上に見える「文」の地図記号は、千葉市立生浜中学校である。その南側に「南生実」の地名が見える。この東側に見える大百池の周辺は公園として整備され、1997（平成9）年に完成している。現在、この池の東側を京成千原線が通っている。

学園前では幻のキャンパス計画

ＪＲ線は蘇我駅から外房線と内房線に分かれている。京成千原線は、蘇我駅の東側に置かれた大森台駅から南下し、外房線を越えてゆく。終着駅は、ちはら台駅で、途中駅の学園前、おゆみ野の両駅を含めて、いずれも1995（平成7）年4月の開業である。

学園前駅は、この地に明治大学のキャンパスが開設される計画があり、駅名として採用されたが、そのプランは実現しなかった。現在は駅の西側に、千葉明徳短期大学、千葉明徳高校・中学校が存在する。駅の南側には、千原線の両側にわたって大百池公園があり、その東側には有吉公園が存在する。

その後、千原線は東に方向を変え、おゆみ野駅に至る。ここまでの2駅は、千葉市緑区に置かれている。おゆみ野駅は緑区のニュータウン（公園都市）「おゆみ野」の玄関口となっている。ここは日本住宅公団（現・都市再生機構）を主体に開発され、1984（昭和59）年に街開きが行われた。この開発は、隣接するちはら台とともに行われ、こちらの玄関口として、千原線の終着駅であるちはら台駅が開設されている。なお、「おゆみ野」一帯は、もともとの地名は「小弓」で、後

学園前駅	
開業年	1995（平成７年）4月1日
所在地	千葉市緑区おゆみ野中央1－14－2
キロ程	7.3㎞（千葉中央起点）
駅構造	地上駅／2面2線
乗降客	4,786人（2016年度）

おゆみ野駅	
開業年	1995（平成７年）4月1日
所在地	千葉市緑区おゆみ野南3－27－1
キロ程	8.8㎞（千葉中央起点）
駅構造	高架駅／1面1線
乗降客	4,870人（2016年度）

ちはら台駅	
開業年	1995（平成７年）4月1日
所在地	市原市ちはら台西1－1
キロ程	10.9㎞（千葉中央起点）
駅構造	地下駅／1面2線
乗降客	5,716人（2016年度）

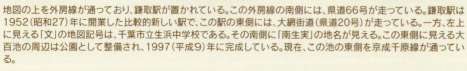

大覚寺山古墳

舌状台地の先端部を利用して造られ、全長約66mの規模を誇る前方後円墳。墳丘形態や立地等に古式古墳の様相をよく残しており、築造年代は5世紀前半と推定されている。1970（昭和45）年に行われた宅地造成の際に発見され、現在、史跡公園として整備・保存されている。県指定史跡。

千葉氏中央区生実1861-1ほか

大百池公園

緑区にある大規模な住宅団地「おゆみ野」の中にある緑地公園。公園の中央には、蒲・葦が茂る浅い池の「大百池」がある。ソメイヨシノ、オオシマザクラ、ヤマザクラ、サトザクラ、シダレザクラなどの桜をはじめ、数々の樹木が植樹されている。池の周囲には、ボードウォークが作られており、水辺を快適な気分で散歩することができる。

千葉市緑区おゆみ野中央2

椎名神社

744（天平16）年の創建で、もとは熊野神社と称していた。明治時代に熊野神社と椎名大明神が合併、椎名神社と改号した。椎名大明神は天平年間（729-749）の創建と伝わる。おゆみ野駅周辺にはほかにも熊野神社が3社鎮座している。いずれも祭神は共通している。

千葉市緑区椎名崎町633

建設省国土地理院発行「1/25000地形図」

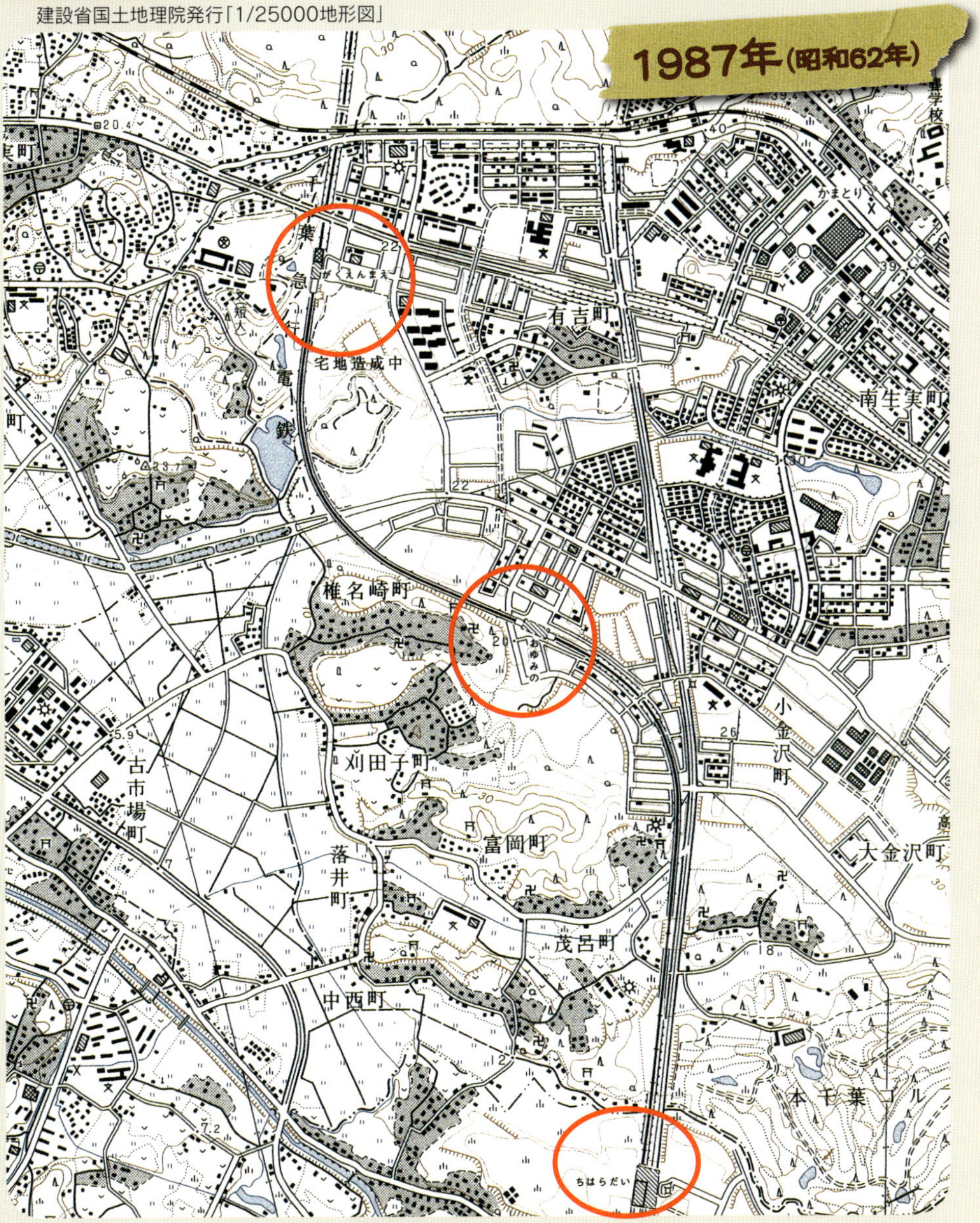

千葉急行電鉄（現・京成千原線）が開通し、学園前駅、おゆみ野駅、ちはら台駅が置かれている。学園前駅の東側では、住宅地が造成中であったことが示されている。駅の西側には、千葉明徳短期大学、千葉明徳高校・中学校の校地が誕生している。学園前駅から外房線の鎌取駅に続く一帯は、ほとんどが住宅地に変わり、千葉市立扇田小学校、有吉小学校、泉谷小学校などが開校している。住宅地を東西・南北に結ぶ道路も整備されている。右下には、本千葉ゴルフクラブ（カントリー）ができている。

に「生実」となり、江戸時代には生実落が存在した。

終着駅のちはら台駅は、市原市ちはら台西1丁目に置かれている。この駅のすぐ北側には、千葉市と市原市との境界線が通っており、千葉市と市原市にまたがることから「ちはら（千原）台」という地名、駅名が誕生した。この駅の北東には、本千葉カントリークラブのゴルフ場となっている。また、駅の南側には村田川が流れ、茂原街道（千葉県道14号）が通っている。この街道沿いの南側には現在、帝京平成大学のキャンパスがある。

行光寺

ちはら台駅に近い高台に建つ日蓮宗の寺院。稿本千葉県誌には、「元千葉郡濱野村本行寺末なりしが、明治二十三年十一月総本山妙満寺末となれり、大永二年二月妙満寺二十三世権大僧都日行上人の開基創立せし所なりと云ふ、境内に蓮戒坊と云へる支院あり」とある。

市原市草刈1328

帝国陸軍陸地測量部発行「1/25000地形図」

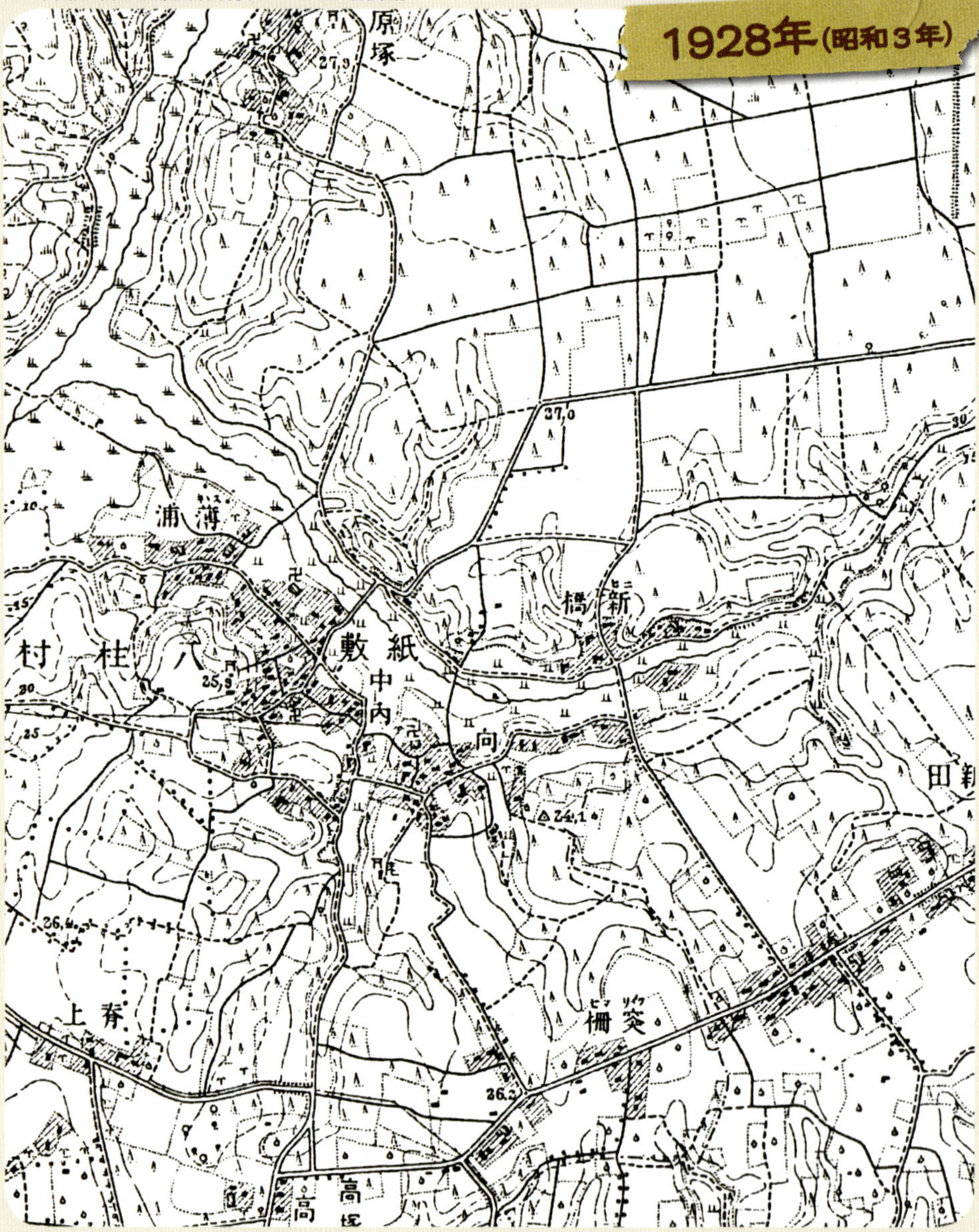

中央左に文字の見える八柱村が存在していた。この八柱村は1935（昭和10）年に東京市営の霊園（現・都立八柱霊園）が設けられた場所でもある。その右側に「紙敷」の地名が見え、この付近に現在の東松戸駅が置かれることとなる。「紙敷」の文字付近に見える3つの「卍」の地図記号は眞隆寺、傳法寺、廣龍寺で、鳥居の地図記号は春日神社である。この時期には、雑木林や果樹園などが広がっていた。駅南側の高津新田付近には、現在も多数の観光梨園が存在している。

成田空港線

東松戸

北総線＋成田スカイアクセス線

開業年	1991（平成3年）3月31日
所在地	松戸市東松戸2－158
キロ程	7.5㎞（京成高砂起点）
駅構造	高架駅／2面4線
乗降客	4,250人（2017年度）

市川市との境界近くに設置

2010（平成22）年7月、東京と成田空港を結ぶ新しい京成の路線として、京成成田空港（成田スカイアクセス）線が開業した。これは印旛日本医大駅まで開通していた北総鉄道北総線を、さらに東に延伸して京成本線と結ぶもので、京成高砂～印旛日本医大間は、既に北総線として開通していた路線と重複している。このとき東松戸、新鎌ヶ谷、千葉ニュータウン中央の3駅は、京成と北総鉄道北総線の共同使用駅となった。

東西に走る北総線の東松戸駅は1991（平成3）年3月に開業している。一方、南北を貫くJR武蔵野線には、1978（昭和53）年の開業時に駅は設置されていなかった。住民の請願が実り、1998（平成10）年に武蔵野線にも東松戸駅が開業したことで、連絡駅となっている。

駅付近の地名はもともと「紙敷」だったが、2012（平成24）年に「東松戸」と改称されている。この付近は市川市との境界に近く、もともとは紙敷村が存在した。1889（明治22）年、紙敷村ほか8村が合併して八柱村が誕生。1938（昭和13）年に八柱村が松戸市に編入され、その一部に変わった。

駅の南側には国道464号が通っており、武蔵野線の西側にある高塚十字路で千葉県道264号と交差している。国道464号の南側、市川市に入った先には、市川市動植物園・大町公園が広がっている。ここは水に恵まれた場所で、豊かな植物が自生している。また、

河原塚古墳

1955（昭和30）年の調査により、丘陵地に建つ松戸市立河原塚中学校の周辺には、5基の円墳からなる古墳群が形成されていることが分かった。まるで河原塚古墳群の上に中学校が立地しているような形で校内には3号墳と4号墳が存在。他の古墳と共に市の指定史跡・文化財として保護されている。

松戸市河原塚201
河原塚中学校内

東京都立八柱霊園

1935（昭和10）年に当時の東京市が都市計画法に基づいて開設した。正式な名称は「東京都市計画霊園第5号八柱霊園」である。東京ドーム20個分に相当する、105ヘクタールの広い面積を有している。ケヤキ並木や宝塔形の給水塔などがあり、柔道家の嘉納治五郎、写真家の土門拳、歌手の松山恵子らの墓があることでも知られる。

国土交通省国土地理院発行「1/25000地形図」

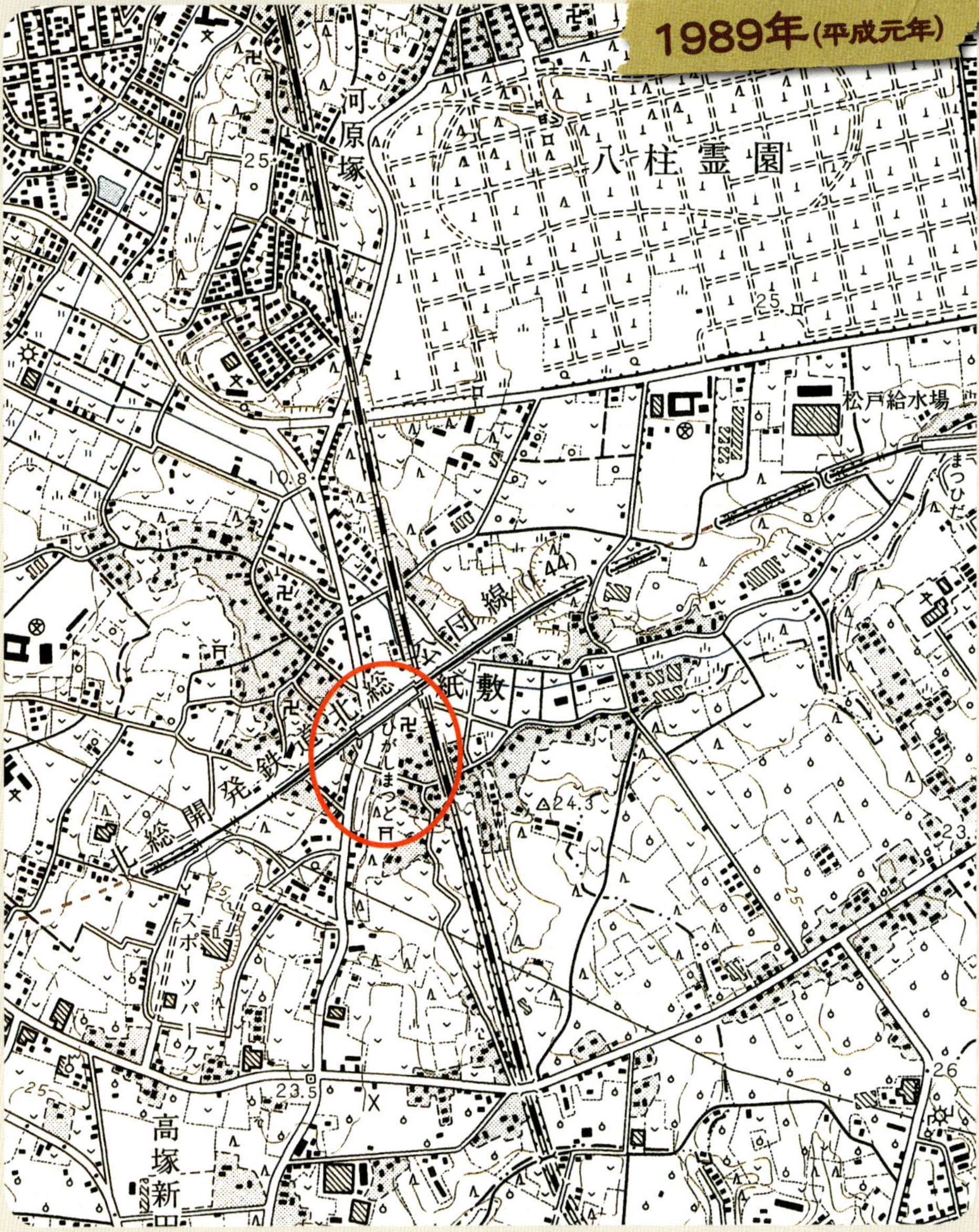

北総開発鉄道公団線（現・北総線）と武蔵野線が交差し、東松戸駅には駅が設置されようとしている（開業は1991年）。武蔵野線には駅は見えない。右上には都立八柱霊園が広がっている。ここには柔道家の嘉納治五郎、詩人の西条八十らの墓が存在する。この霊園の南側には松戸給水場が誕生している。その西側に見える学校は松戸市立松戸高校である。「河原塚」の地名が見える付近には、河原塚中学校が存在する。地図下には、国道464号が東西に走り、高塚十字路で千葉県道51号と交差している。

松戸市観光梨園

高塚新田地区には、松戸市観光梨園に属する多数の梨園が存在する。ここでは8月から10月にかけて、幸水、豊水、二十世紀、新高などの品種の梨狩りを楽しむことができる。

1987（昭和62）年には、市川市動植物園が開園し、レッサーパンダ、コツメカワウソなど小動物を中心にして飼育されており、「流しカワウソ」が話題になったことも。大きなバラ園があることでも知られており、隣接して市川市自然博物館も置かれている。

帝国陸軍陸地測量部発行「1/25000地形図」

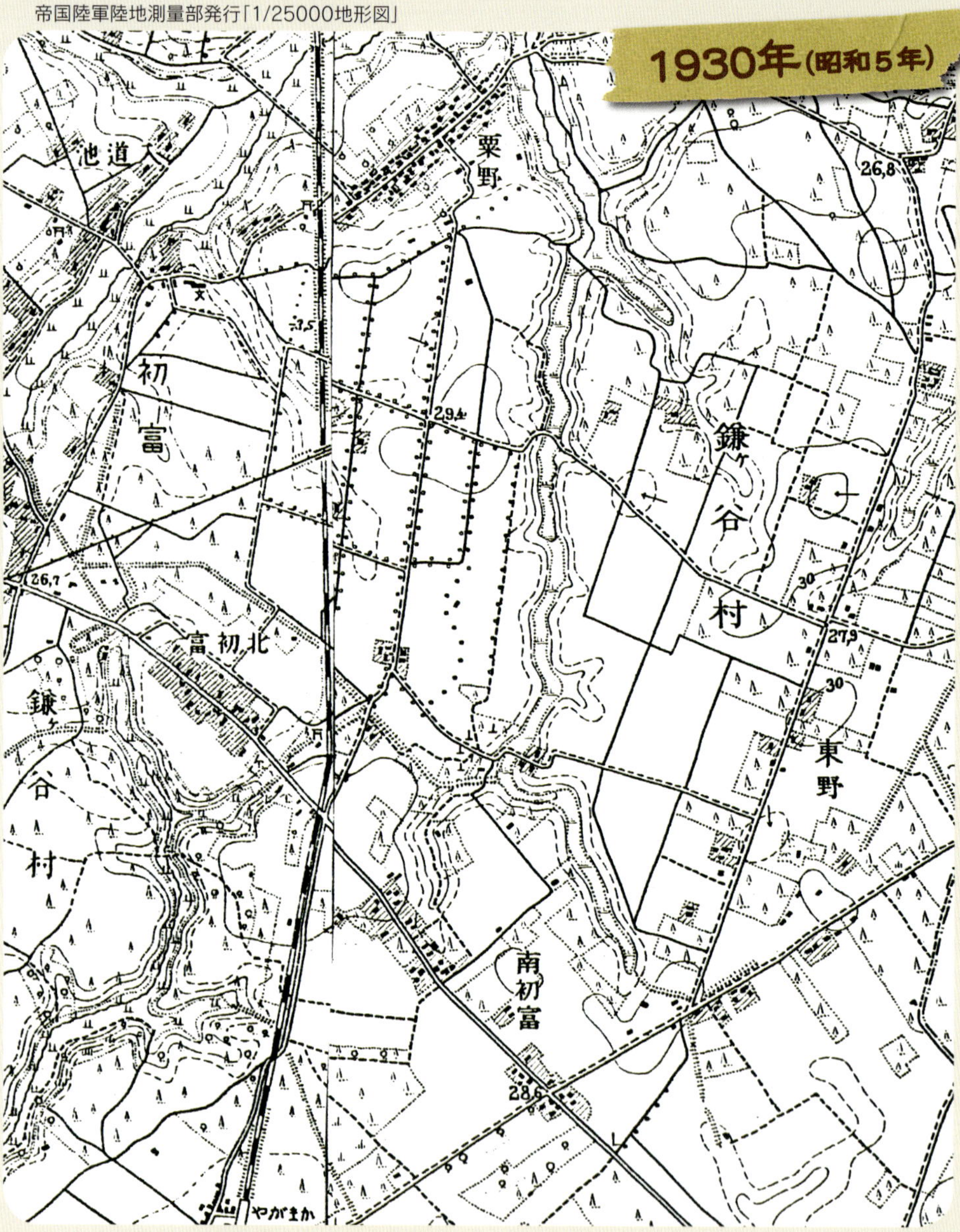

南北に走る東武野田線は既に開通し、鎌ケ谷駅が置かれている。この駅から約2キロ離れた北側に、新鎌ケ谷駅が開設されることになる。この時期は鎌ケ谷村で、「初富」「東野」などの地名が見える。「粟野」の地名がある西側、東武野田線の線路脇に見える鳥居の地図記号は、八坂神社である。その西側には豊作稲荷神社が鎮座している。こちらの神社は開墾地・初富における豊作を祈って、1873（明治6）年に建立された。現在は市中心部を走る道路、国道464号や県道8号はまだ整備されていない。

成田空港線

新鎌ケ谷

北総線・新京成線・東武野田線の連絡駅

開業年	1991（平成3年）3月31日
所在地	鎌ケ谷市新鎌ケ谷1−13−1
キロ程	12.7㎞（京成高砂起点）
駅構造	高架駅／2面4線
乗降客	26,093人（2016年度）

ファイターズ・ファームの本拠地

新鎌ケ谷駅は、北総線・京成成田空港（成田スカイアクセス）線と新京成線、東武野田線（東武アーバンパークライン）が連絡する駅となっている。最初に開通した東武野田線を跨ぐ形で、新京成線と北総線が通っており、新京成線と北総線の駅が並んで存在し、その東側に東武の新鎌ケ谷駅が置かれる形である。

東武野田線は1923（大正12）年12月、北総鉄道船橋線として開通している。その後、1955（昭和30）年4月に新京成線が開通するものの、両線ともに駅は開業されなかった。また、1979（昭和54）年に北総開発鉄道北総線（現・北総線）の北初富～小室間が開業するが、ここも信号所が設置されただけであった。

ようやく、1991（平成3）年3月に北総・公団線の京成高砂～新鎌ケ谷間が開通し、新鎌ケ谷駅が開業した。1992（平成4）年7月に新京成線にも新鎌ケ谷駅が開業。1999（平成11）年11月に東武野田線の新鎌ケ谷駅が開業して、3線の駅が揃ったのであった。

この新鎌ケ谷駅の南東には、鎌ケ谷市役所が置かれている。鎌ケ谷市は1889（明治22）年に鎌ケ谷村、初富村などが合併して成立。1958（昭和33）年に町制、1971（昭和56）年に市制を施行し、現在の人口は11万人に届こうとしている。

この新鎌ケ谷駅の南西には、鎌ケ谷カントリークラブがあり、このゴルフ

初富稲荷神社

明治初期の旧幕府の武士による初富地区の開拓が始まり、ご守護と繁栄を願うため、伏見稲荷大社より御分神を遷奉したのが始まりである。初富地区一帯の総鎮守として知られるようになった。

鎌ケ谷市初富本町1-515

鎌ヶ谷大仏

高さ1.8メートル、台座を含めても約2.3メートルしかない、青銅製の小さなサイズの「大仏」である。1777（安永5）年、鎌ヶ谷宿に住む大国屋福田文右衛門が建立し、当時、大掛かりな開眼供養を行ったといわれる。

中沢貝塚

直径130メートルの馬蹄形をした千葉県内有数の貝塚で、貝柄山公園西側の台地上に存在する。住居跡などとともに多数の石器、土器、土偶などが発見されている。東側の貝柄山公園は「谷津田」と呼ばれる湿地帯であった。

国土交通省国土地理院発行「1/25000地形図」

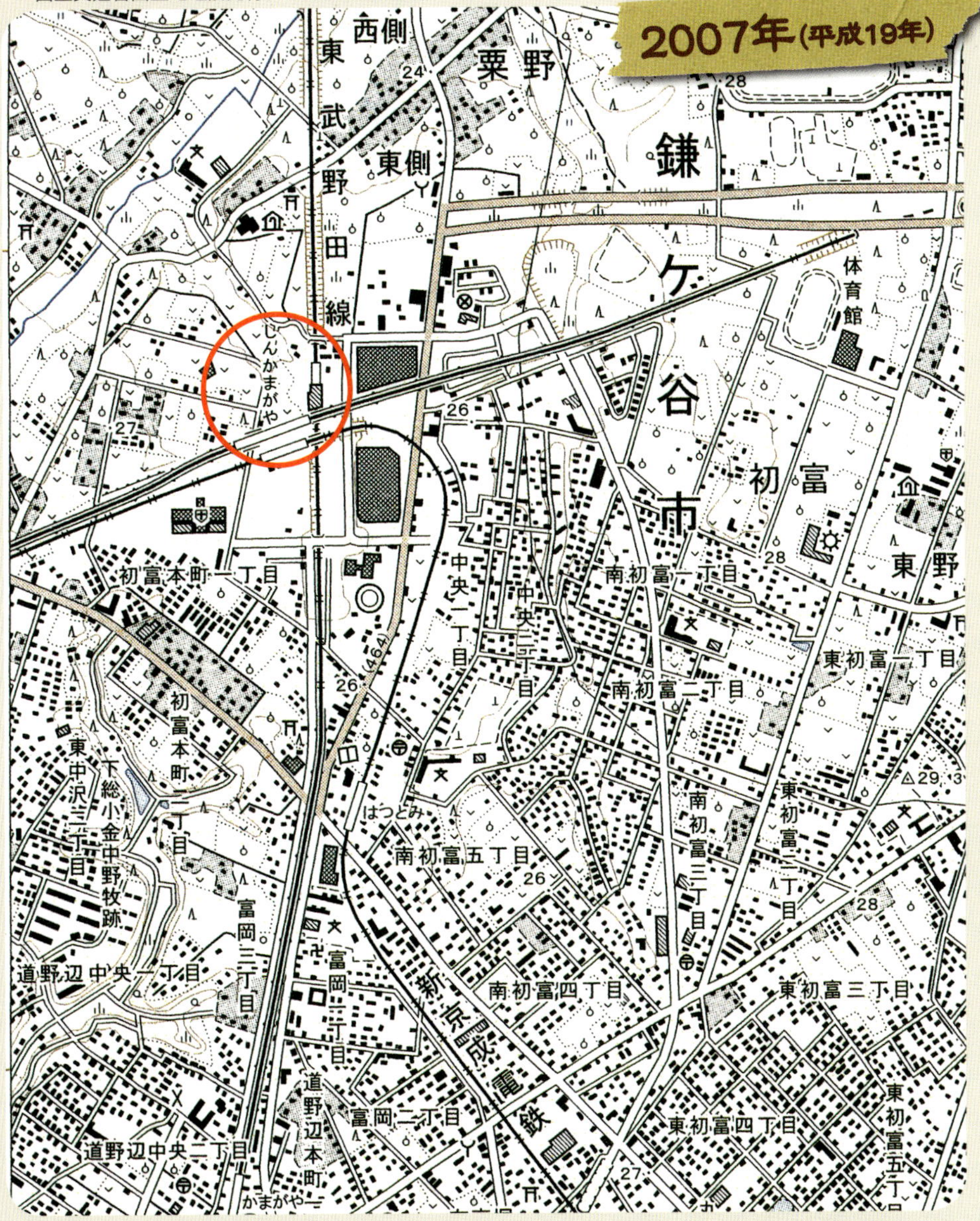

北総線、新京成線が開通し、新鎌ヶ谷駅は3線の連絡駅となっている。その南側には、鎌ケ谷市の市役所が置かれている。「初富」を冠した地名に囲まれるようにして、「中央」の地名が生まれている。また、現在は市役所周辺に「新鎌ヶ谷」の住居表示も誕生している。北総線を挟んで存在する大きな建物は、イオン鎌ケ谷ショッピングセンター（南側）とアクロスモール新鎌ヶ谷（北側）である。この東側には、体育館（現・福太郎スタジアム）と福太郎野球場が見える。現在はスタジアムの南側に、福太郎アリーナも誕生している。

場の南側にプロ野球、日本ハム・ファイターズの二軍本拠地であるファイターズタウン鎌ケ谷球場が存在する。近年、多くの人気有望選手が入団し、キャンプや二軍戦などが脚光を浴びている場所である。

　また、鎌ケ谷といえば、鎌ケ谷大仏が有名だが、こちらは南東に位置する新京成線の鎌ケ谷大仏駅付近に存在する。このほか、同じ鎌ケ谷市内には東武野田線の鎌ケ谷駅も存在している。

　東武野田線は、起終点駅のひとつである船橋駅において、京成本線の京成船橋駅と連絡している。新鎌ヶ谷～船橋間には鎌ケ谷、馬込沢、塚田、新船橋駅という4駅が置かれており、いずれも船橋市内に存在する。このうち、塚田駅は京成西船・海神駅のページで紹介した行田公園の東側に置かれている。この駅の北東には、船橋市運動公園が存在し、テニスコート、陸上競技場、体育館などの施設が充実している。また、駅に近い東側の長津川緑地は、緑豊かな親水公園として整備されている。

成田空港線

千葉ニュータウン中央

北総鉄道の駅として1984年に開業

建設省地理調査所発行「1/25000地形図」

1952年（昭和27年）

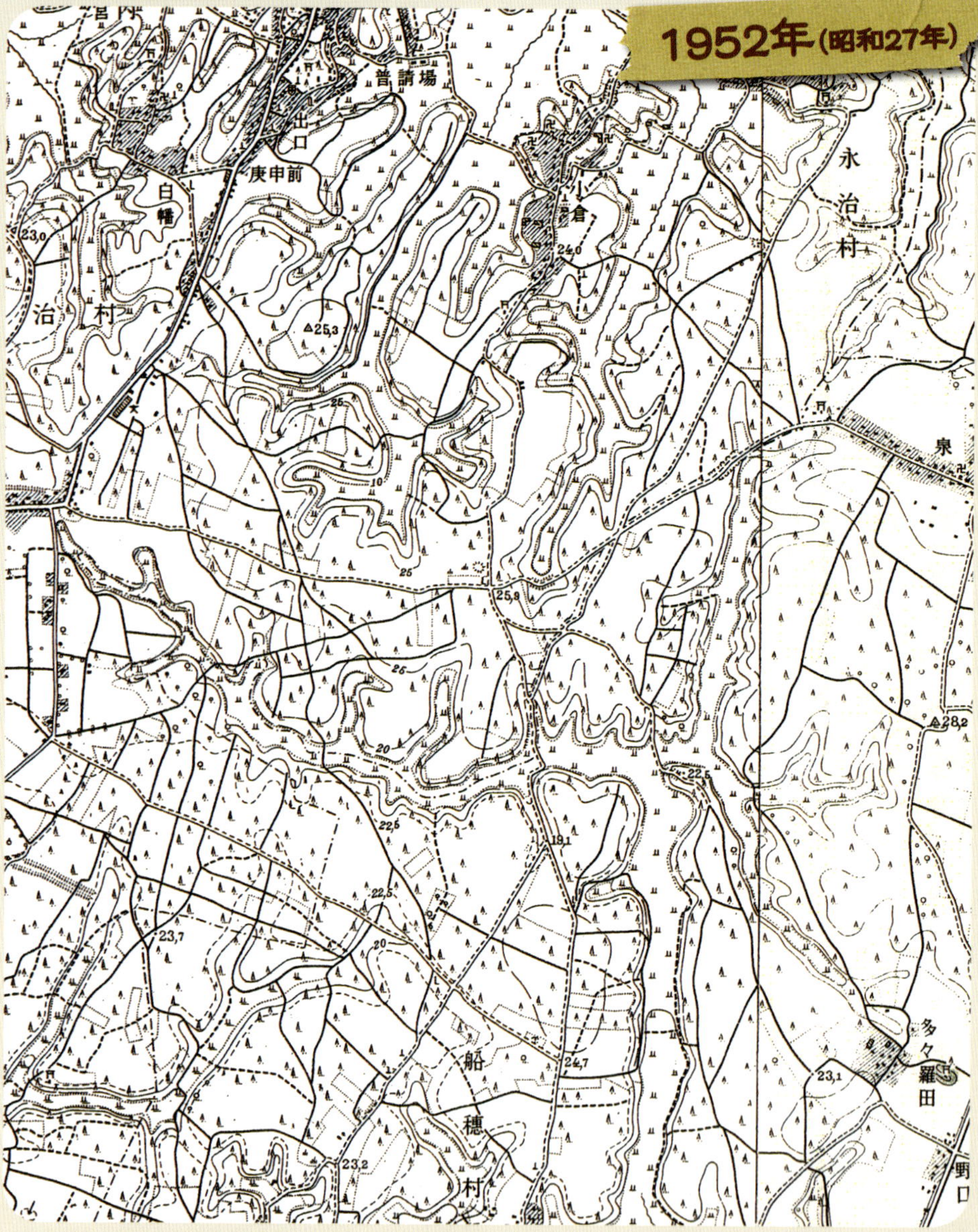

上には永治村、下には船穂村が存在していた頃の地図である。この2つの村などが合併して、1954（昭和29）年に印旛郡に印西町が誕生、現在は印西市になっている。左上を斜めに走る道路は、木下街道（千葉県道59号）で、西側は市川市の鬼越に至っている。「普請場」の文字が見える左側の鳥居の地図記号は、弁財天である。この東側には宝珠院観音堂が見える。この地図を見ると、現在の千葉ニュータウン中央駅周辺が、かなり起伏に富んだ場所であることがわかる。

開業年	1984（昭和59年） 3月19日
所在地	印西市中央南 1－1390－1
キロ程	23.8㎞（京成高砂起点）
駅構造	地上駅（橋上駅） 1面2線
乗降客	29,738人（2016年度）

印西市の中心として発展

千葉ニュータウン中央駅は1984（昭和59）年3月、北総鉄道の駅として開業した。2010（平成22）年7月、京成成田空港線（成田スカイアクセス）との共用駅となった。現在の駅の構造は島式ホーム1面2線の地上駅で、橋上駅舎を有している。

駅の所在地は、印西市中央南1丁目である。印西市は1996（平成8）年に印西町が単独で市制を施行し、千葉県で31番目の市となっている。その後、2010（平成22）年に印旛村と本埜村を編入した。現在の人口は約9万8千人で、10万人に届こうとする勢いで伸びている。一方、歴史をさかのぼれば、1954（昭和29）年に印旛郡の木下町、大森町、船穂村、永治村の2町2村が合併して、印西町が誕生している。「印西」の名称は、印旛沼の西にあることに由来している。

千葉ニュータウンはこの印西市、白井市、船橋市にまたがるニュータウンで、1966（昭和41）年に千葉県が事業を開始し、1978（昭和53）年に宅地開発公団（現・都市再生機構）が開発に加わった。現在は総面積約1930ヘクタールであるが、当初は1・5倍の面積を予定し、人口34万人を見込んでいた。この千葉ニュータウンには6つの地区があり、北総線にも6つの駅が存在する。そのうちの1つが千葉ニュータウン中央駅で、文字通り、ニュータウンの中心となっている。

千葉ニュータウン中央地区は、19

北総花の丘公園

印西市原山の千葉ニュータウン内にある都市公園で、2000（平成12）年に開園し、2009（平成21）年に全面オープンした。面積は36.1ヘクタールで、千葉県道61号に沿うような形で南北に広がっている。自然がそのまま残された場所があり、また四季折々の草花を見ることができる。園内は、都市の景ゾーン、水の景ゾーン、道の景ゾーン、緑の景ゾーンに分かれ、それぞれ違う景色に出合うことが可能である。

日本中央競馬会競馬学校

白井市根には1982（昭和57）年に日本中央競馬会（JRA）競馬学校が開校した。ここは以前、中山競馬場の白い分場として、競走馬の調教が行われていた場所である。1978（昭和53）年、美浦トレーニングセンターの開設により、厩舎は移転し、その後は馬事公苑白井分苑になった後、新人ジョッキーの養成機関（学校）に変わった。

国土交通省国土地理院発行「1/25000地形図」

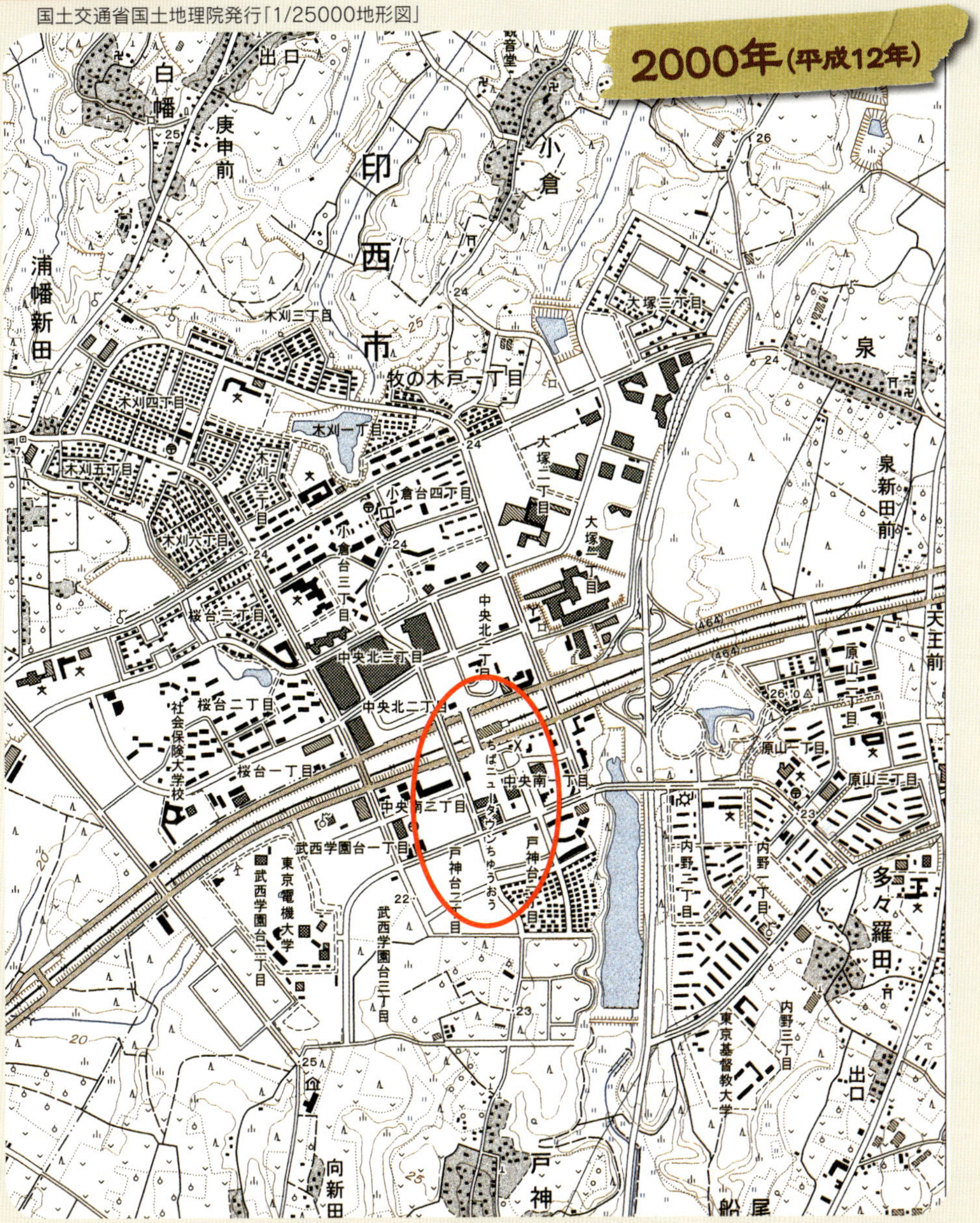

1984（昭和59）年に現在の北総線が開通し、千葉ニュータウン中央駅が開業したことで、周囲の風景は大きく変わっている。北総線の北側には社会保険大学校、南側には東京電機大学、東京基督教大学のキャンパスが誕生している。北総線とともに国道464号が通り、南北に走る千葉県道61号とは、駅の東側で立体交差している。駅の北側、木刈小学校と木刈中学校に挟まれるようにして、調整池のある浦幡新田公園が誕生している。

牧の原公園

現在は印西市牧の原5丁目にあるが、以前は「草深（そうふけ）中央公園」と呼ばれていた。この公園にある標高41メートルの築山からは、360度の眺望が楽しむことができる。また、テニスコートや健康歩道、遊具も整備されている。

84（昭和59）年に街開きが行われている。ここは8つの住区で構成され、駅の北側にはイオンモール千葉ニュータウンがあり、社会保険大学校（現・日本保険機構研修センター）などがある。また、駅の南側には、県立北総花の丘公園があり、大学のキャンパスも開かれている。

成田空港線

印旛日本医大、成田湯川

この駅から成田スカイアクセス線延伸

建設省地理調査所発行「1/25000地形図」

南に印旛沼の一部が見え、この時期にはまだ北総線は開通していない。左上から南下して沼岸に至る道路は、千葉県道64号である。中央やや右上には、「松虫」の集落が見えるが、この南西に印旛日本医大駅が置かれることとなる。設置前には、この地名を生かした「印旛松虫」の駅名案も検討され、現在も副駅名は「松虫姫」である。ここに鎮座する松虫神社は、745(天平17)年に建立された真言宗豊山派の寺院で、聖武天皇第三皇女の松虫姫(不破内親王)ゆかりの寺とされている。

印旛日本医大駅

開業年	2000(平成12年)7月22日
所在地	印西市若萩1－1
キロ程	32.3㎞(京成高砂起点)
駅構造	地上駅(橋上駅)1面2線
乗降客	5,367人(2016年度)

成田湯川駅

開業年	2010(平成22年)7月17日
所在地	成田市松崎1620－1
キロ程	40.7㎞(京成高砂起点)
駅構造	高架駅／2面2線(別に通過線2線)
乗降客	1,431人(2017年度)

日本医大が看護学校、病院を

北総線・京成成田スカイアクセス線は、地理的に見れば、千葉県の北側を東西に走っている。この印旛日本医大駅付近では南北に分かれた、印旛沼の間を抜けてゆくことになる。また、北側にはJR成田線、南側には京成本線が通っている

印旛日本医大駅は2000（平成12）年7月、北総鉄道北総線の終着駅として開業している。2010（平成22）年、この駅と成田空港駅を結ぶ京成成田空港線（成田スカイアクセス）が開業し、両者の共同使用駅となっている。

印旛日本医大駅は現在、印西市若萩1丁目に存在するが、開業時は印旛郡印旛村であった。印旛村は1889（明治22）年からこの地にあった印旛郡の六合村、宗像村が、1955(昭和30)年に合併して誕生した。その前年（1954年)には印西町(現・印西市)が成立しており、2010(平成22)年、本埜村とともに印西市に編入されて、その一部となっている。村名は印旛沼、印旛郡から採られていた。

一方、駅名の一部となっている日本医大は、この駅の南側に日本医科大学の千葉北総病院、看護専門学校が存在することによる。1993（平成5）年にまず、日本医科大学看護専門学校が開設され、1994（平成6）年に日本医科大学付属千葉北総病院が開院した。2001(平成13)年には全国で初めて、ドクターヘリを導入したことで有名である。2006（平成18）年に現在の病

国土交通省国土地理院発行「1/25000地形図」

2000年（平成12年）

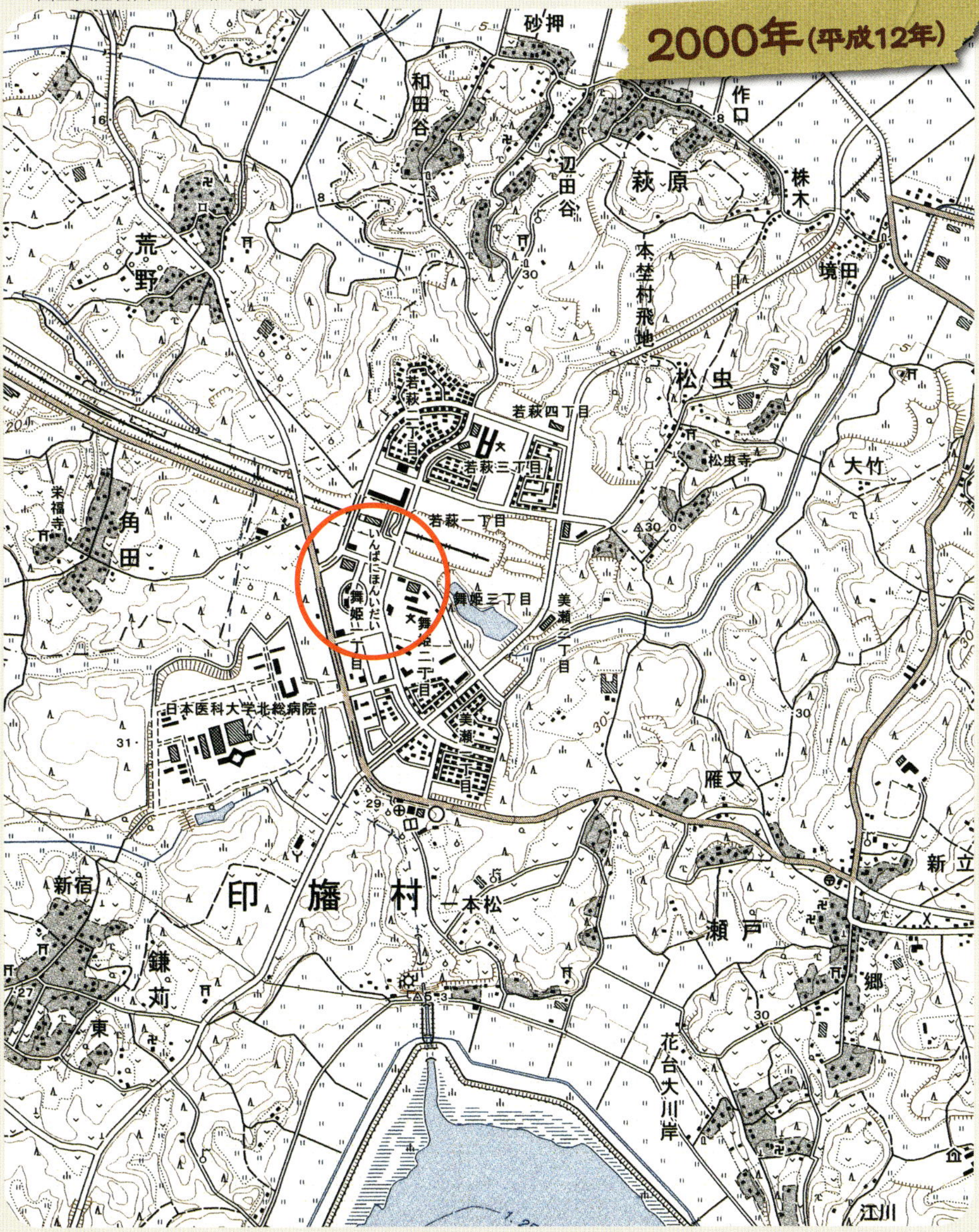

西から伸びてきた北総線に印旛日本医大駅が置かれている。この当時は印旛村で、松虫付近には本埜村の飛び地が存在していた。駅の南西には日本医科大学北総病院が開院している。駅の東側には国道464号が南北に走り、北側で千葉県道12号、291号と接続している。駅の西側、「角田」の集落には、栄福寺が存在する。この寺は行基の開基とされ、室町時代の1472（文明4）年に建立された、茅葺寄棟造の薬師堂は、国の重要文化財に指定されている。

松虫寺

745（天平17）年建立の真言宗豊山派寺院。聖武天皇の皇女松虫姫が病で臥せ、ある夜、夢枕に立った薬師如来の導きで下総の印旛の地に向かい、そこで祈りをささげて病に打ち勝つ。喜んだ聖武天皇はこの薬師如来を祀る寺を建立。寺は松虫姫寺と呼ばれ、地名も松虫となったという。本尊の薬師瑠璃光如来は国重要文化財。

印西市松虫7

松虫姫公園

松虫姫伝説の松虫姫の名にちなんだ公園。谷津の地形や既存林を活かした市民の健康づくりに役立つ機能を持つ。園内には姫を乗せて来た牛にちなむ伝説から「牛むぐり池」と呼ばれる池がある。

印西市舞姫3-2-1ほか

栄福寺薬師堂

江戸時代の中期に建てられたもので、屋根は茅葺き寄せ棟造り、正面側面共に三間の単相の堂。棟札に「寛政7年（1466年）6月柱立、応仁3年（1469年）霜月上棟、文明4年（1472年）2月成就」と墨書銘があり建立年代の明確な県下最古の建造物。国重要文化財。

印西市角田2

院名となっている。

現在の印西市は、人口約9万8千人。成田スカイアクセス線を使えば、都内への通勤、通学に便利なことから、東京のベッドタウンとして発展している。また、ここは1966（昭和41）年にナウマン象の化石が発見されたことでも知られる。市内の双子公園には、ナウマン象の親子の像が建てられている。

2010（平成22）年7月に成田スカイアクセス線が開通した際には、途中駅として、成田湯川駅が置かれた。高架駅でありホームの下をJR成田線が通っているが、連絡する駅は置かれていない。

【著者プロフィール】

生田 誠（いくた まこと）

1957（昭和32）年、京都市生まれ。
東京大学文学部美術史学専修課程修了。全国紙記者として東京本社・大阪本社の文化部に勤務。現在は地域史研究家。集英社、学研パブリッシング、河出書房新社、彩流社、アルファベータブックス、フォト・パブリッシング等から著書多数。

【執筆協力】

山下ルミコ（沿線各地の見どころ紹介の執筆）

郷土史研究家。東京都在住。JTBパブリッシング、彩流社、アルファベータブックス等から著書多数。

【現在の写真撮影】

斎藤岳敬

京成電鉄 古地図さんぽ

2018年12月30日　第1刷発行
2019年1月29日　第2刷発行

著　者……………………生田 誠
発行人……………………高山和彦
発行所……………………株式会社フォト・パブリッシング
〒161-0032　東京都新宿区中落合2-12-26
TEL.03-5988-8951　FAX.03-5988-8958
発売元……………………株式会社メディアパル
〒162-0813　東京都新宿区東五軒町6-21（トーハン別館3階）
TEL.03-5261-1171　FAX.03-3235-4645
デザイン・DTP ………柏倉栄治（装丁・本文とも）
印刷所……………………株式会社シナノパブリッシングプレス

ISBN978-4-8021-3134-6 C0026

本書の内容についてのお問い合わせは、上記の発行元（フォト・パブリッシング）編集部宛てのEメール（henshuubu@photo-pub.co.jp）または郵送・ファックスによる書面にてお願いいたします。